TABLEAUX DE SIÉGE

PARIS, 1870-1871

OUVRAGES DU MÊME AUTEUR

DANS LA BIBLIOTHÈQUE-CHARPENTIER

à 3 fr. 50 chaque volume

PREMIÈRES POÉSIES (Albertus. — La Comédie de la mort, etc.) . . . . 1 vol.
ÉMAUX ET CAMÉES. . . . . 1 vol.
THÉATRE DE POCHE. . . . . 1 vol.
MADEMOISELLE DE MAUPIN. . . . . 1 vol.
LE CAPITAINE FRACASSE. . . . . 2 vol.
LE ROMAN DE LA MOMIE. . . . . 1 vol.
SPIRITE, nouvelle fantastique. . . . . 1 vol.
VOYAGE EN RUSSIE. . . . . 2 vol.
VOYAGE EN ESPAGNE (Tra los montes). . . . . . . 1 vol.
ROMANS ET CONTES (Avatar. — Jettatura. — Arria Marcella. — La mille et deuxième nuit. — Le pavillon sur l'eau. — L'enfant aux souliers de pain. — Le chevalier double. — Le pied de momie. — La pipe d'opium. — Le club des hachichins). . . . . 1 vol.
NOUVELLES (La morte amoureuse. — Fortunio. — La toison d'or. — Omphale. — Le petit chien de la marquise. — La chaîne d'or. — Le nid de rossignols. — Le roi Candaule. — Une nuit de Cléopâtre). . . . 1 vol.

PARIS, IMP. SIMON RAÇON ET COMP., RUE D'ERFURTH, 1.

THÉOPHILE GAUTIER

TABLEAUX
DE
SIÉGE

PARIS, 1870-1871

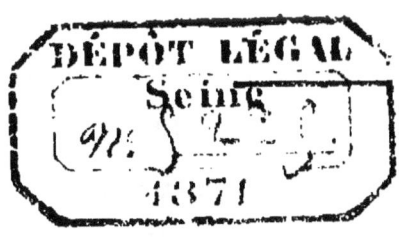 

PARIS

CHARPENTIER ET Cie, LIBRAIRES-ÉDITEURS

QUAI DU LOUVRE, 28

1871

TABLEAUX DE SIÉGE

I

UNE NOUVELLE MADONE

LA STATUE DE STRASBOURG.

Septembre 1870.

Quand on traverse la place de la Concorde, qu'animent les évolutions et le passage des troupes, l'œil est attiré par un groupe qui se renouvelle sans cesse aux pieds de la statue représentant la ville de Strasbourg. Majestueusement, du haut de son socle, comme du haut d'un autel, elle domine la foule prosternée ; une nouvelle dévotion s'est fondée, et celle-là n'aura pas de dissident ; la sainte statue est parée comme une Madone, et jamais la ferveur catholique n'a couvert de plus d'ornements une image sacrée. Ce ne sont pas, il est vrai, des robes ramagées de perles, des auréoles constellées de diamants, des manteaux de brocart d'or brodés de rubis et de saphirs comme en porte la Vierge de Tolède, mais des drapeaux tricolores lui composent une sorte de tunique guerrière qui semble rayée par les filets d'un sang pur.

Sur sa couronne de créneaux, on a posé des couronnes de fleurs. Elle disparaît presque sous l'entassement des bouquets et des *ex-voto* patriotiques. Le soir, pareilles aux petits cierges que les âmes pieuses font brûler dans les églises devant la Mère divine, les lanternes vénitiennes s'allument et jettent leurs reflets sur la statue impassible et sereine. Ses traits, d'une beauté fière, ne trahissent par aucune contraction qu'elle a, enfoncés dans la poitrine, les sept glaives de douleurs. On dirait presque qu'elle sourit quand la lueur rose des lanternes flotte sur ses lèvres pâles. Des banderoles où sont tracées des inscriptions enthousiastes voltigent autour d'elle.

Sur le piédestal se lisent des cris d'amour et d'admiration. Des pièces de vers, des stances sont écrites au crayon, et si l'art manque à ces poésies, le sentiment s'y trouve toujours. Devant le socle est un large registre ouvert, et les noms s'y ajoutent aux noms. Le peuple parisien s'inscrit chez la ville de Strasbourg. Le volume, relié magnifiquement et blasonné aux armes de la glorieuse cité, sera offert à la grande martyre qui se dévoue pour l'honneur et le salut de la France. Jamais ville n'aura eu dans ses archives un plus glorieux livre d'or.

Par un de ces mouvements d'exquise délicatesse qui parfois remuent les foules d'un frisson électrique, le peuple semble, en adoptant cette statue comme une image sacrée, comme une sorte de Palladium, et en lui rendant un culte perpétuel, vouloir dédommager la ville malheureuse, lui prouver son ardente sympathie et la soutenir, autant qu'il est en lui dans son héroïque résistance.

Que de fois, pendant ces courtes vacances que l'été fait au feuilletoniste, nous avons traversé Strasbourg en allant à Bade, à Wiesbaden, à Heidelberg, à Munich, à Stuttgart. Nous y faisions toujours un temps d'arrêt et nous allions rendre une visite à notre vieil ami le *Münster*. A chaque voyage nous le retrouvions élançant vers le ciel, avec la foi des anciens jours, sa flèche vertigineuse. Sur ses murs de granit rouge, la rouille du temps verdissait par places, comme sur une armure de cuivre. Les saints montaient la garde dans leur niche découpée en dentelle et, sous le porche, les vierges sages et les vierges folles continuaient leur procession symbolique. Les douze apôtres venaient ponctuellement à l'heure de midi tourner autour de Jésus-Christ, sur l'horloge astronomique de M. Schwilgué, qui remplace celle de Conrad-Dasypodius.

Du coin de la place, la statue d'Erwin de Steinbach, l'architecte de la cathédrale, nous lançait un sourire d'intelligence comme pour nous dire qu'il nous reconnaissait bien. Les cigognes s'envolaient, les pattes tendues en arrière, comme sur la vignette des livres de Delalain, ou se tenaient debout dans leur nid, au sommet d'un de ces immenses toits à six étages de lucarnes qui sont particuliers à Strasbourg.

La ville nous plaisait par sa physionomie pittoresque, et ces petites singularités de détail et d'accent, reflet du pays voisin qu'on retrouve dans les places des frontières. Mais cela n'empêchait pas Strasbourg d'être français et très-français; il le prouve aujourd'hui de la façon la plus éclatante.

Qui nous eût dit alors que cette ville charmante et paisible, amoureuse de l'étude et des savantes recherches, guerrière cependant malgré son air de bonhomie patriarcale, et bouclant autour de ses reins une ceinture de canons, serait un jour attaquée avec une si incroyable furie! Lorsque nous regardions, le soir, le *Chariot*, la *Petite Ourse* et *Cassiopée* scintiller comme des points d'or derrière les dentelles noires du *Münster*, qui jamais aurait pensé que ces douces lueurs d'étoiles eussent pu être éteintes par le flamboiement sinistre des bombes! Et cependant une pluie de fer tombe nuit et jour sur le *Münster*, brisant les clochetons, mutilant les statuettes, perçant les voûtes des nefs et écornant l'horloge avec son peuple de figurines et ses millions de rouage. La bibliothèque, unique au monde en son genre, a brûlé. Des incunables provenant de l'ancienne commanderie de Saint-Jean de Jérusalem; l'*Hortus deliciarum* dû à Herrade de Landsberg, abbesse de Sainte-Odile à la fin du douzième siècle, le poëme de la *Guerre de Troie*, composé par Conrad de Wurzbourg, les poésies de Gaspard de Haguenau, des missels, des bréviaires, des manuscrits à miniatures, cent cinquante mille volumes du choix le plus rare sont réduits en cendre. La rue de la Nuée-Bleue, dont le nom romantique nous plaisait, a perdu plusieurs maisons et le théâtre n'est plus qu'un monceau de décombres.

Malgré tous ces désastres, avec une obstination héroïque, la ville spartiate résiste toujours. Rien ne peut abattre sa grande âme. Elle s'ensevelira sous ses débris plutôt que de se rendre. Le brave général Uhrich tient bon contre l'effroyable déluge de feu. Malgré les incendies qui s'allument de toutes parts comme des flammes sur des trépieds et qui brûlent sur sa chair les pans de sa robe, la ville sublime fait de la tête un geste négatif à toute offre de capitulation, et l'Allemagne appelle des artilleries encore plus monstrueuses et leur commande de foudroyer cette insolente.

Cette rebelle, cette entêtée ne veut pas se souvenir de son origine germanique et ne sait qu'une chose : c'est qu'elle s'est donnée à la France de tout cœur et de toute âme et qu'elle est résolue à mourir pour elle. Mais elle ne mourra pas. En dépit des bombes, des obus, des boulets qui sillonnent le ciel enflammé, la cathédrale est toujours debout, et, dans la silhouette sombre de sa flèche, se découpe toujours cette croix de lumière, signe d'espérance et de salut, que l'ennemi peut voir briller de l'autre rive du Rhin.

II

NAVIGATION

Octobre 1870.

Il semble que Paris soit une ville énorme capable de lasser le promeneur le plus infatigable. Eh bien, depuis qu'on n'en peut sortir, l'immense enceinte gêne et serre les flancs de la population comme une ceinture trop étroitement bouclée. Le bois de Boulogne, Meudon, Saint-Cloud, Ville-d'Avray, Versailles, Vincennes et tous ces gais paysages qui s'étendent au delà de Charenton, le long des rives de la Marne, nous sont interdits. A l'intérieur, les jardins des palais ont été transformés en campements et en parcs d'artillerie, de même que les squares où jouaient les enfants, et, comme pour irriter ce désir de locomotion qui, à cette époque, pousse au voyage les plus paresseux et les plus sédentaires, il fait un temps d'une splendeur sans pitié ; un ciel implacablement pur, où ne se produit d'autre nuage que quelque fumée lointaine de canon, s'étale au-dessus de nos têtes, et l'azur sur lequel se profilent les minarets du Caire et les colonnes du Parthénon n'est pas d'une transparence et d'une netteté plus parfaites. La nature a souvent de ces ironies ; ses joies ne coïncident pas avec nos tristesses, elle ne prend aucun souci de se mettre à l'unisson de nos âmes, et l'on est parfois tenté de lui reprocher ce désintéressement des affaires humaines. Cependant, quelque navré qu'on soit, quelque amer chagrin qu'on ait dans le cœur, il est difficile de ne pas se laisser gagner un peu par cette profonde sérénité, par cette lumière qui se pose sur votre ombre, par cette joie inconsciente de votre deuil. Les choses ont leur sourire comme leurs larmes, et l'on descend dans la rue, quittant le livre qu'on ne lisait que des yeux, abandonnant la page commencée d'où la pensée était absente, et vos pieds vous conduisent à votre insu sur le quai, vers cette large trouée de la Seine pleine d'air et de soleil, animée par le mouvement des eaux, où il semble qu'on respire plus à l'aise que partout ailleurs.

Les bateaux à vapeur-omnibus montent et descendent avec une prestesse de dorades, se croisant en route, prenant et déposant des voyageurs aux débarcadères disposés sur le bord du fleuve, tantôt à droite, tantôt à gauche, suivant l'importance des quartiers. Qu'ils aillent ou retournent, ils sont toujours chargés. La cabine regorge, le pont est couvert, les banquettes n'offrent de place qu'aux points extrêmes de départ. La faible rémunération exigée (15 c.) contribue sans doute à cette vogue extraordinaire des bateaux-mouches, mais elle n'en est pas la cause unique. Cette course est comme une espèce de petit voyage, qui remplace les excursions qu'empêche la présence de l'ennemi. Elle donne une illusion de liberté, et l'on va au Point-du-Jour ou à Charenton comme on allait naguère faire son tour de lac.

C'est en effet une charmante promenade qui vous fait voir Paris sous un aspect auquel on n'est pas habitué; et comme notre état de critique de théâtres nous laisse des loisirs, nous allons monter à la première station, et croyez, sur notre parole de touriste, que nous avons fait souvent bien du chemin pour de moins beaux spectacles.

On part de l'embarcadère établi près du pont Napoléon, et, en plongeant les yeux à travers les arches, on aperçoit les travaux de barrage, qui défendent le cours du fleuve, et les hautes cheminées des usines, semblables à des obélisques égyptiens.

Le bateau prend sa course et les rives filent de chaque côté comme des bandelettes qu'on déroulerait, développant une grande variété d'aspects. Bercy apparaît avec ses rangées de tonneaux sur le port, ses maisons frappées d'un vif soleil, ses magasins, ses enseignes en grandes lettres et, dans l'interstice des constructions, ses masses d'arbres surmontées de quelques hauts peupliers, qui, malgré l'automne avancé déjà, ont gardé leur verdure d'été. La saison est si clémente, d'ailleurs, que les gamins tous nus se baignent le long du rivage, ou, de l'eau jusqu'au ventre, pêchent des épinoches dans leur mouchoir. Des palefreniers mènent les chevaux à l'abreuvoir; des femmes agenouillées sur une poignée de vieille paille lavent leur linge à la rivière, car les blanchisseuses de la banlieue n'arrivent plus à jour fixe avec leurs charrettes, et Paris, pour changer de chemise, a dû s'armer lui-même du battoir.

Une animation extrême règne sur tout le quai : on va, on vient, on monte, on descend, on charrie toutes sortes de denrées, on empile les bûches, on range par assises les planches et les madriers. Le mouvement dans la lumière ressemble à de la joie, et, malgré la tristesse de la situation, le spectacle de l'activité humaine sous un beau ciel bleu est toujours gai. « Si une bombe tombait sur un de ces tas de bois, quel incendie! dit près de nous sur le bateau une de ces prudences qui prévoient tous les malheurs. — Eh bien, on verserait la rivière dessus. Quoi de plus commode! »

Il y avait longtemps que nous n'étions venu par là, et c'était pour nous comme une ville nouvelle. Ceux qui ont connu l'ancien Paris auraient peine à retrouver dans cette ligne de maisons superbes et de restaurants somptueux le vieux quai de la Rapée avec ses guinguettes barbouillées de rouge comme la joue d'un buveur, et qui souriaient si vermeilles à travers le feuillage des tonnelles et l'ombre des marronniers. Ce lieu était célèbre par ses matelotes, et les canotiers y faisaient escale, montrant que s'ils aimaient l'eau ils ne haïssaient pas le vin. En ce temps-là on ignorait l'absinthe, le bitter, le vermouth et tous ces poisons amers que recherchent les estomacs délabrés ; on méprisait la bière. Gambrinus n'avait pas détrôné Bacchus. On s'enivrait avec le généreux sang de la vigne, ce breuvage vraiment français. Le luxe moderne a démoli ces humbles cabarets, nids de franche gaieté.

La Seine à cet endroit s'épanche largement et forme un bassin où jadis les canots à voile aimaient à courir des bordées. Asnières n'était pas encore à la mode. En ce moment cette portion de la Seine ressemble au grand canal de Venise. Les embarcations se sont réfugiées dans la ville : grandes barques pontées, blondies de goudron, avec une ceinture verte comme les treschuits de Hollande, toues cloutées de chevilles en bois, bateaux à vapeur, remorqueurs, galiotes, clippers, youyous, canots, yoles, périssoires, bateaux de tous les gabarits. Les mâts se dressent rayant l'air bleu de leur ton saumon-clair, et balancent leur légère flamme qu'agite ce vent d'est qui pousse nos lettres par delà les remparts et les forts, au-dessus des casques pointus de l'ennemi. Mais voici, parmi cette flottille pacifique, des chaloupes d'un galbe farouche et rébarbatif. Leur avant porte un éperon comme une galère romaine. L'arrière plonge dans l'eau comme pour exhausser la proue. Une sévère peinture grise revêt leurs flancs de tôle striés de meurtrières. On dirait des orques dans un banc de harengs inoffensifs. Pour que la ressemblance soit plus frappante, quelques-unes de ces chaloupes ont près du bec deux trous noirs bordés de rouge, qui rappellent les yeux de certains poissons. Ce sont les chaloupes canonnières, chargées de protéger le cours et les rives du fleuve.

Le pont de Bercy avec ses œils-de-bœuf évidés et fenestrés est d'une richesse élégante, et il enjambe gracieusement la Seine en trois ou quatre pas hardis.

Comme il n'est pas tombé depuis plusieurs semaines une seule goutte de pluie, l'eau est d'une limpidité merveilleuse et elle offre un miroir d'une transparence parfaite au visage bleu du ciel. De larges glacis d'azur, des lumières frisantes s'étalaient sur ce fond d'un vert émeraude et nous faisaient penser à la sérénité céleste du lac Léman. Ziem, William Wyld et les maîtres de l'aquarelle auraient trouvé là les suavités et les tendresses de ton qu'ils vont chercher à Venise, à Constantinople ou à Smyrne.

En franchissant le pont d'Austerlitz qui mène au jardin des Plantes, nous pensâmes avec un sourire à cette idée de lancer dans les bois qui environnent Paris les lions, les tigres, les panthères, les jaguars, les ours blancs et noirs de la ménagerie, dont plusieurs journaux ont parlé parmi les moyens de défense plus ou moins saugrenus proposés par la fertile imagination des inventeurs; mais il aurait fallu remettre à chacune de ces bêtes fauves un carnet contenant les uniformes coloriés de l'armée prussienne, sans quoi elles auraient pu dévorer par ignorance des moblots, des lignards et même des francs-tireurs. Rien de plus pratique. Le lion de Saint-Marc ne tient-il pas un livre dans sa griffe?

Du pont de l'omnibus aquatique, on voyait des gardes nationaux et des mobiles faire l'exercice, évoluer, manœuvrer, sous la conduite de leurs officiers instructeurs avec un zèle infatigable, sur les terre-pleins des berges. Dans les endroits un peu retirés, des écoliers-tambours frappaient la peau d'âne de leurs baguettes encore un peu novices. Il faut du temps pour arriver à être un virtuose sur le *ra* et le *fla*, et ce qu'ils exécutaient le mieux, c'était la charge. Plus loin, des clairons apprentis sonnaient les fanfares avec une persistance qui supposait des poumons aussi vigoureux que ceux de l'antique Éole. Ces batteries et ces sonneries ont une mâle allégresse. Le clairon est clair, aigu et vigilant comme le chant du coq.

L'île Louviers, dont nous escaladions jadis les piles de bois comme pour monter à l'assaut de forteresses imaginaires dans nos grands combats d'écoliers, n'existe plus ; elle a été réunie à la terre ferme et couverte de maisons. Quelques madriers de l'estacade restent seuls et rappellent l'ancienne physionomie des lieux. Voici les bains Petit, où nous obtînmes jadis, après des épreuves solennelles, le droit de porter le caleçon rouge, objet de notre secrète ambition, et le long quai de l'île Saint-Louis où le Sainte-Beuve des *Consolations* promenait sa rêverie, le dimanche.

Le pont de la Tournelle, gâté par une collerette d'arcatures en fer dont on l'a enjolivé pour en élargir le tablier, est bientôt dépassé, et Notre-

Dame de Paris se présente par le chevet appuyée sur ses arcs-boutants, dressant ses deux tours gigantesques comme deux bras éternellement levés pour la prière. On a rétabli à l'intersection du transept cette flèche hardie, découpée à jour et portant une croix radiée à sa pointe, qu'on voit dans les estampes anciennes. Naguère la place en était marquée par une plaque de plomb, emplâtre de la cicatrice qu'avait laissée l'amputation.

On ne saurait rien imaginer de plus beau que la vieille cathédrale dont Victor Hugo a fait le principal personnage de son épopée, vue ainsi du niveau de la Seine sur cette pointe d'île taillée en proue qui divise le fleuve en deux bras. Un parc d'artillerie est installé dans le square qu'on avait pratiqué derrière le chevet. L'ombre difforme de Quasimodo semble du haut des tours regarder avec étonnement ces formidables engins de guerre et se demander si un nouvel assaut ne va pas être tenté contre sa bien-aimée Notre-Dame, et si ces artilleurs de la garde nationale n'ont pas l'intention secrète d'enlever la Esméralda.

Nous passons sous le pont qui a remplacé le pont Rouge, et ce souvenir nous fait penser à l'*Assassinat du pont Rouge*, dramatique roman de Barbara. Un bruit de tambours et de clairons se fait entendre dans la paisible île Saint-Louis, surprise de ce tapage belliqueux.

Le bateau longe le quai de l'Hôtel de Ville dont la silhouette se dessine sur un fond de ciel admirablement pur. Ses toits écimés n'ont pas la fière tournure que leur avait donnée Boccador, mais l'ensemble de l'édifice fait très-bonne figure à l'horizon. Un peu en arrière se dresse Saint-Gervais, avec la façade un peu trop admirée peut-être de Jacques de Brosse. Il y a beaucoup d'animation sur ce débarcadère. Une foule de bateaux se presse contre le quai : des écoles de natation, des bains à quatre sous se sont garés là et forment un encombrement pittoresque.

Bientôt le Théâtre-Lyrique et le théâtre du Châtelet apparaissent vus au raccourci au-dessus de la ligne du quai, avec leur loggia ouverte à l'italienne. Sur l'autre rive, le Tribunal de commerce arrondit son dôme destiné à faire perspective au bout du boulevard Sébastopol. On file comme la flèche sous le pont Notre-Dame refait à neuf, mais dont les artistes regrettent la vieille tour carrée coiffée d'ardoises et portant sur un enchevêtrement d'énormes pilotis qui obstruaient une arche et rejetaient le courant le long du quai, sous l'*arche du Diable*, passage périlleux redouté des mariniers de Seine à l'égal du pont Saint-Esprit des mariniers du Rhône. Le souvenir en est conservé par une admirable eau-forte de Méryon, le Rembrandt du vieux Paris. Puis se présente le pont au Change, rebâti à la moderne, et l'on découvre le Palais de justice avec sa tour de l'horloge, ses tours aux toits en éteignoir, ses vieux murs percés de fenêtres à meneaux, où les constructions récentes, gauchement encastrées, font des taches désagréables. Il était si simple de suivre le style ancien pour les agrandissements nouveaux dont on avait besoin! On eût gardé ainsi sa physionomie gothique à ce berceau de l'antique Lutèce qui fut longtemps tout Paris!

A peine a-t-on le temps de regarder, tant le bateau nage avec prestesse, les mascarons fantastiques sculptés par Germain Pilon, sous la corniche du pont Neuf. En se retournant on jouit d'un splendide coup-d'œil. Le pont Neuf, avec sa presqu'île où s'élève le chalet du Vert-Galant et le terre-plein sur lequel chevauche le roi de bronze, forment le premier plan. En arrière, au-dessus des maisons, se dessinent Notre-Dame dressant ses deux tours carrées et son clocher aigu, la flèche ouvrée à jour et dorée de la Sainte-Chapelle, et les tours en poivrière du Palais de justice. Il n'est pas de vue plus splendide au monde.

Par l'échancrure que forme la place de Saint-Germain-l'Auxerrois s'élance le beffroi neuf servant de clocher à la vieille église et qui devait être muni d'un de ces gais carillons à la flamande qui changent « en chants joyeux la voix grave des heures. » Sa blancheur produit un effet agréable sur le fond bleu du ciel.

Voilà le Louvre de Louis le Grand avec la majestueuse colonnade de Perrault préférée aux plans du cavalier Bernin, le Louvre de Henri IV et de Henri II. De nombreux travailleurs s'occupent à boucher avec des sacs de terre les fenêtres du rez-de-chaussée, où sont les statues antiques, où rayonne ce divin type de beauté, ce marbre immortel qu'on nomme la Vénus de Milo ! Un large réservoir de tôle communiquant avec la rivière et où plonge un tuyau aboutissant au toit du palais est installé sur le quai. De telles précautions, hélas! nécessaires font monter au front une rougeur. On se demande si les siècles n'ont pas rétrogradé, si l'on n'est pas remonté en pleine barbarie. Si la Vénus de Milo était brisée, un des soleils de l'idéal disparaîtrait; il se ferait une nuit dans l'art. Un tel forfait contre le beau, un si monstrueux sacrilége n'est pas possible! Mais n'oublions pas que le comte de Kœnigsmarck, qui a fait sauter avec la bombe d'un obusier pointé par lui-même la poudrière du Parthénon jusque-là intact, était Prussien. Mutiler Phidias! tuer un chef-d'œuvre! il n'est pas de plus grand crime. Espérons que la grande déesse, qui n'est pas une Vénus, mais bien une Victoire, saura se défendre elle-même.

De l'autre côté du fleuve, au bout du pont des Arts, le paisible Institut se précautionne aussi contre les éventualités du siége. La Minerve casquée, qui sert de tête de lettre à ses programmes, a rabattu sa visière, car Minerve, qui est la déesse de la Sagesse, est armée; outre le casque, l'égide, le bouclier et la lance, elle a aussi près d'elle le hibou nyctalope, veilleur sans distraction, pour qui les ténèbres n'ont pas de mystère. Prudemment inspiré par sa protectrice athénienne, l'Institut a blindé de sacs de terre les fenêtres de la bibliothèque Mazarine et disposé dans ses cours de vastes réservoirs de tôle pleins d'eau. Espérons qu'aucun projectile ne viendra effondrer cette coupole sous laquelle se sont débitées tant de harangues mêlées d'allusions, de sous-entendus et d'éloges épigrammatiques. Autrefois, comme on peut le voir dans les gravures du temps par Israël Sylvestre, la portion du quai qui formait comme le soubassement de l'Institut était ornée de trophées et de sculptures d'un bon effet dont la suppression est regrettable.

A l'angle du pont du Carrousel, sur le quai Saint-Nicolas, fonctionnent, par manière d'expérimentation, des pompes à vapeur d'une grande puissance. La cheminée de la machine dégorge une fumée blanche, et le tuyau de la pompe, long serpent de cuir à la tête d'airain, darde un jet d'eau, dru, strident, impétueux comme une trombe qui, avec un bruit de fusée, monte aussi haut que le jet de Saint-Cloud ou des Tuileries, pour retomber quelques instants après en pluie argentée. Plusieurs de ces pompes étaient en activité et lançaient l'eau à de grandes distances. Elles éteindront bien vite les incendies allumés par les obus et les bombes à pétrole, si ces engins de destruction arrivent jusqu'à nous. De nombreux spectateurs, accoudés au parapet du quai et au garde-fou du pont, regardaient ses manœuvres avec un intérêt aisé à comprendre.

Le jeu des pompes ne distrayait pas les tambours et les clairons qui s'exerçaient dans le jardin des bains Vigier, dont les massifs d'arbres, verdoyants encore, rompent si agréablement les lignes architecturales des Tuileries. Leur bruit martial rappelait aux idées guerrières l'imagination, que la sereine beauté du spectacle eût pu emmener loin de la sévère réalité.

En face des bains Vigier, derrière une buanderie, au bas de la muraille du quai, est installée une baraque que surmonte toujours un panache de fumée, et dont le sapin neuf attire le regard : c'est une prise d'eau directe dans la Seine pour alimenter les quartiers de la rive gauche au cas où l'ennemi couperait le canal de l'Ourcq. Vous voyez qu'on a pensé à tout.

Près du pont Royal, vis-à-vis le café d'Orsay, la frégate-école transformée en établissement hydrothérapique, avec ses hauts mâts, ses agrès et ses vergues, auxquelles sont suspendues des boules métalliques coloriées, donne à ce coin un petit air maritime très-pittoresque et fait penser à ce projet de Paris port de mer, dont la réalisation eût moins coûté qu'une année de guerre stérile et destructive.

Quelle richesse d'aspect prend, éclairé par le beau soleil d'automne et vu d'en bas, ce qui mouvemente toujours les lignes et produit des effets nouveaux, le pavillon d'angle des Tuileries reconstruit récemment et gardant encore sa blancheur dorée! Les figures et les groupes de Carpeaux, frappés d'une chaude lumière, se dégagent de la façade avec une incroyable pétulance de vie. Cette sculpture palpite et semble remuer. La jeune femme agenouillée qui écarte des feuillages et qu'accompagnent de petits génies est de chair et non de pierre. Cela peut déranger la tranquillité de l'architecture, qui aime chez les hôtes qu'elle loge dans ses frontons, ses archivoltes et ses frises, des attitudes symétriques et paisibles, et, sous ce rapport-là, les personnages sculptés par Carpeaux sont de francs tapageurs. La vie est en art une qualité si suprême qu'elle fait tout pardonner. Au sommet du pavillon de l'Horloge flotte le drapeau de la Société internationale de Genève,

croix de gueules sur champ d'argent. Le palais
est changé en ambulance, et dans le jardin les
statues de Coysevox, de Coustou, de Lepautre et
de Théodon regardent avec surprise, de leurs
grands yeux blancs, les parcs d'artillerie, les canons, dogues de bronze qui ne demandent qu'à
aboyer, les tentes sous lesquelles se glisse le soldat, et tout cet appareil de guerre qu'il semblait
que Paris ne dût jamais voir. Paris, n'était-ce
pas la ville neutre par excellence, la vraie capitale
du monde, le cerveau et l'œil de l'Univers ? Au-
dessus des arbres tournoient les pigeons inquiets,
et les moineaux se demandent en leur langage
qu'est devenu le *charmeur*. Cependant, impassibles comme des sentinelles de marbre et de
bronze, les sphinx de Sébastopol et les lions de
Barye continuent à monter leur faction.

Quelle admirable bassin forme la Seine entre
le pont royal et le pont de la Concorde ! à
droite, au-dessus du quai, la terrasse des
Tuileries avec son garde-fou à pilastres et
son couronnement de grands arbres où l'automne mêle à la verdure des teintes de safran;
à gauche, le palais d'Orsay, le charmant palazzino de la Légion d'honneur, l'hôtel de l'am-

bassade d'Espagne, l'hôtel du Cercle agricole, et, se présentant de profil pour faire face à la Madeleine le palais du Corps législatif, auquel l'éloignement prête un faux air de temple grec. Sans doute, cela ne vaut pas le Parthénon, mais à distance, avec les magies de la lumière et de la perspective, les ruptures de lignes produites par la silhouette des arbres massés près du pont, l'effet à l'horizon est d'une grâce incomparable. Au fond, dans une vapeur bleuâtre, ondulent les coteaux de Meudon et de Sèvres, noyés, perdus, et d'une douceur de ton qui rappelle les derniers plans de Claude Lorrain.

Pendant que le pyroscaphe descend le fleuve, laissant derrière lui son sillage écumeux, sur le quai passent au grand trot, avec ce retentissement formidable qui ressemble au bruit du char de Capanée roulant sur son pont d'airain, les pièces de canon et les fourgons d'artillerie. Les baïonnettes des régiments en marche luisent au soleil comme les épis d'une moisson d'acier. On est toujours accompagné par le bruit rhythmé du tambour et l'éclatante fanfare du clairon; une activité militaire sans pareille règne partout. Le temps du rêve est passé.

Toute cette agitation, cependant, ne trouble pas les pêcheurs à la ligne. Le pêcheur à la ligne est, de sa nature, philosophe et flegmatique. Nous en avons vu un grand nombre de Bercy au Point-du-Jour : les uns dans l'eau, à mi-jambe, comme des hérons à l'affût; d'autres debout, à la pointe d'une barque; ceux-ci assis, les pieds pendants au bord d'une rampe de quai; ceux-là perchés sur la corniche d'un pont, tous suivant de l'œil, avec une extrême intensité d'attention, les nutations du flotteur en liége, ou remettant une amorce à leur hameçon, pour justifier sans doute l'axiome un peu sévère : « La ligne est un instrument qui commence par un *asticot* et fini par un imbécile. »

Ces braves gens ne semblaient guère penser aux Prussiens, et les bombes tombant à côté d'eux dans la rivière ne leur arracheraient que ces mots : « Cela va effrayer le poisson ! »

Quelques-uns voient peut-être dans cette innocente occupation la chance d'augmenter d'une friture la carte peu variée du siége; mais les autres pêchent avec une passion désintéressée, sans espoir, comme toutes les vraies passions; ils ne prennent jamais rien et ils reviennent toujours. Pourtant nous avons vu un pêcheur heureux lever au bout de sa ligne, où il frétillait comme un éclair d'argent, un goujon de la longueur du doigt.

Au delà du pont de la Concorde, la Seine s'infléchit un peu, ayant d'un côté l'hôtel de la Présidence et celui des Affaires étrangères, et de l'autre les allées du Cours-la-Reine, que dominent les combles vitrés du palais de l'Industrie, pareils au dôme d'une immense serre dont les vitres scintillent au soleil. Les belles lignes du quai donnent à tout ce parcours un aspect grandiose et monumental dont l'impression est solennelle.

Au pont de l'Alma, saluons le zouave et le soldat de ligne sculptés sur les piles dans une fière attitude et qui semblent garder le fleuve contre les approches de l'ennemi ; saluons aussi la coupole des Invalides damasquinée d'or comme un casque sarrasin, qu'on aperçoit là-bas brillant dans l'air bleu quand on tourne la tête vers Paris. On avait conseillé d'en éteindre la dorure sous un badigeon. Il ne le faut pas! Qui oserait prendre pour point de mire l'asile du courage malheureux ! Et d'ailleurs qu'importe aux Invalides une cicatrice de plus !

Des chevaux conduits par leurs cavaliers descendent les rampes du quai du côté de l'Ecole-Militaire, pour se baigner ou s'abreuver au fleuve. Rien de plus beau que ces nobles bêtes qui partagent les périls de l'homme, montées à poil et guidées par des soldats en pantalon de toile, dont la chemise prend, au vent, des plis de chlamyde antique. On retrouve dans ces groupes les mouvements fiers et simples des métopes du Parthénon. A défaut de Phidias, que ne passe-t-il par là un Géricault! Quels modèles lui fournirait ce va-et-vient de chevaux descendant et remontant, dont quelques-uns se cabrent devant la fraîcheur de l'eau! Il y avait aussi des mulets reconnaissables à leurs longues oreilles, et dignes de traîner le char de la princesse Nausicaa, allant à la rivière laver. Ne méprisons pas pas ces utiles bêtes si dures à la fatigue; elles portent les lourds bagages et les blessés, se faisant contre-poids sur les cacolets. Si elles ne sont pas à la gloire, elles sont à la peine, ne l'oublions pas. Des bœufs « aux jambes torses » selon la belle épithète homérique, arrêtés au bord de la rivière, levaient avec un air de vague inquiétude, leurs mufles luisants d'où l'eau tombait en long fils.

Sur le pont d'Iéna baptisé d'un nom de victoire comme la plupart de nos ponts — Austerlitz, Arcole, Solferino, l'Alma — défilaient des régiments de ligne se dirigeant vers les hauteurs de Chaillot. Des escadrons de gendarmerie suivaient le quai du côté de la Manutention militaire en pleine ébullition d'activité. Tout respirait la guerre, tout se préparait à la défense; les quatre groupes équestres situés aux abords du pont d'Iéna semblaient hennir et respirer l'odeur de la poudre.

Ces troupes partaient du champ de Mars, où s'alignent de longues files de baraquements en planches destinés à loger les soldats. Tout le vaste espace est transformé en camp. Qui dirait qu'il y a trois ans à peine s'élevait sur cette même place cette énorme Babel de cristal et de fer nommée le palais de l'*Exposition universelle?* Dans le labyrinthe du bâtiment colossal s'entassaient les merveilles de la civilisation et de la paix, les suprêmes efforts du génie humain; l'art y coudoyait l'industrie, les blanches statues s'y dressaient près des noires machines, la peinture s'étalait près des riches étoffes de l'Orient. Les maîtres de tous les pays avaient envoyé là leurs toiles les plus exquises, les chefs-d'œuvre auxquels ils devaient leur gloire. Chaque nation s'était efforcée de dire son dernier mot. Les promenades, sous les hautes nefs de cette cathédrale du travail, étaient des suites d'émerveillements ; on se sentait fier d'être homme en contemplant ces prodiges. Si élevée était la voûte, qu'il fallait une machine pour y monter et que le toit, avec ses arcades rouges trouées d'azur, vous causait la sensation d'immensité du Colisée de Rome.

Autour du monstrueux édifice s'éparpillaient en des jardins charmants, sortis de terre comme des décors féeriques au coup de sifflet du machiniste, des temples égyptiens avec leur pylone chamarré d'hiéroglyphes, des mosquées, des okkels, des conacks, des palais pareils à ceux des *Mille et une nuits* du plus pur style arabe, des chalets suisses, des isbas russes, des cabanes de pêcheurs norvégiens, des pagodes chinoises, des pavillons japonais, des boutiques à débiter des bibles protestantes, tout jusqu'à un fac-simile des catacombes de Rome. Nous ne parlons ni des brasseries où Vienne et Munich versaient leur bière intarissable, ni des cafés algériens avec leur musique nasillarde, ni de la musique endiablée des Tsiganes, ni des Aïssaouas mangeurs de feu et de serpents. C'était la grande foire du monde à côté de l'Exposition universelle, la petite pièce après la grande. Rien n'y manquait, pas même une statue équestre du roi Guillaume qu'on avait la politesse de ne pas trouver trop ridicule, pas même ce fameux canon Krupp dont on nous menace et que nous admirions médiocrement, car c'était le temps des belles luttes pacifiques, honneur de l'esprit humain, et nul ne pensait que cet effroyable engin de destruction dût jamais servir.

Les empereurs, les rois, les sultans, les princes venaient rendre visite avec une politesse jalouse à cette belle ville, objet de leur secrète envie, et Paris leur faisait des entrées et les recevait avec son gai sourire, ne pensant pas aux rancunes qu'excitaient ses splendeurs.

Qui se douterait aujourd'hui que, sur ce terrain vague, çà et là jonché de paille, où fume le feu des bivouacs, s'élevait comme un rêve l'édifice féerique? Il semble que des siècles se soient écoulés depuis cette époque, pourtant si rapprochée de nous. C'était trop beau. Les *Moires*, ces divinités sévères qu'offusque l'orgueil des individus et des peuples, se plaisent à l'écroulement de ces prospérités trompeuses, et de leurs maigres mains les poussent à la ruine ; mais le malheur retrempe les cœurs généreux, et nous sortirons victorieux de la lutte.

Sur le versant du Trocadéro qu'escalade une large rampe, qui fait penser à l'escalier des propylées d'Athènes, mais qui ne conduit pas, malheureusement, au divin portique de Mnésiclès, stationnent des multitudes de curieux tâchant à grand renfort de longues-vues et de lorgnettes de découvrir si le soleil ne fait pas briller à l'horizon quelque casque ou quelque fusil de Prussien. Car c'est là la curiosité qui tient toutes les poitrines haletantes : apercevoir au moins cet ennemi invisible, nous étreignant dans un cercle mystérieux.

La manufacture des phares porte au sommet de sa tour un sémaphore, dont les drapeaux en ce moment transmettaient un signal. Que peuvent dire ces morceaux d'étoffe de couleurs diverses qui montent et qui descendent ? L'ennemi s'approche-t-il ? faut-il courir au rempart ? Le secret de ce langage échappe, nous l'espérons du moins, aux espions de Bismark.

On longe l'île des Cygnes, on dépasse le pont de Grenelle, et les rives du fleuve prennent un aspect plus champêtre. Les bouquets d'arbres y alternent avec les maisons. Les cheminées d'usines s'y élèvent plus fréquentes. Les restaurants, les guinguettes s'y montrent précédés de leurs petits jardins distribués en cabinets de verdure. De nombreuses flottilles de canots et de barques sont amarrées près du bord. On y distingue aussi deux ou trois chaloupes canonnières, qui impriment tout de suite de la gravité au paysage qui ne demanderait pas mieux que de sourire.

Enfin apparaît le viaduc du Point-du-Jour, avec ses élégantes superpositions d'arcades portant à leur sommet le chemin de fer de ceinture. C'est un ouvrage digne des Romains et qui rappelle le merveilleux pont du Gard. Rien de plus noble, de plus solide et de plus léger à la fois. L'air joue librement par les larges baies à travers lesquelles on découvre les coteaux de Meudon et de Sèvres, tous ces sites charmants, amour des peintres et des poëtes, qui nous sont interdits — pas pour longtemps. Nous ne vous dirons pas les formidables défenses qui hérissent le viaduc et ses abords;

mais, dès à présent, on peut, en employant la phrase de Shakspeare, dire au Prussiens : « Maintenant, nous sommes assez près. Vous pouvez jeter là vos écrans de feuillage et montrer qui vous êtes. »

III

LA PLACE SAINT-PIERRE-MONTMARTRE

Octobre 1870.

L'admirable ciel bleu qui rayonnait si joyeusement sur notre tristesse a eu enfin la pudeur de se voiler. Il a fait comme nos femmes : il a changé les couleurs vives de sa toilette contre les teintes grises et noires assorties à la gravité du moment, et voilà que nous regrettons l'azur ; ce qui nous semblait une ironie était une consolation.

Nous avions formé le projet d'assister à un départ de la poste aérienne, qui emporte dans sa nacelle des ballots de ces lettres sur papier pelure dont les réponses, hélas ! n'arrivent jamais ; et ce matin-là, un vent farouche emportait, comme des haillons arrachés aux cordes des séchoirs, des lambeaux de nuages livides. Des gémissements vagues s'échappaient avec des tourbillons de feuilles des arbres secoués, et parmi les rumeurs de la tempête, girouettes grinçantes, portes fermées violemment, volets qui claquent, roulements de voitures se hâtant vers le gîte, on distinguait comme une basse profonde la voix du canon lointain. C'était un de ces temps où, sans être trop ami de ses aises, on se plaît à dire sous ses couvertures le vers de l'élégiaque latin :

Quam juvat immites ventos audire cubantem !

mais nous avions donné rendez-vous à un camarade, qui nous attendait sur la place Saint-Pierre-Montmartre, et nous nous mîmes bravement en route.

Rien de plus triste que ce jour d'automne terne et diffus, éclairant les objets sans y mettre de lumière ni d'ombre ; tout semble sale, délavé ; les couleurs s'éteignent, les formes ne se modèlent pas et prennent l'apparence de découpures plates. La ville, fatiguée de sa veillée de guerre, n'était pas levée encore ; à peine dans toute la longueur de la rue Richelieu apercevait-on deux ou trois fiacres, taches noires sur le pavé gris.

Seuls des pelotons de mobiles se dirigeant vers le poste désigné, des escouades de gardes nationaux allant à l'exercice ou au rempart animaient la solitude matinale ; de loin en loin quelque boutique entr'ouvrait un volet comme une paupière alourdie. De rares passants commençaient à raser les murs de ce pas inquiet et furtif qui semble effrayé de son écho. L'impression ressentie était étrange et indéfinissable ; on se serait cru dans une de ces villes des *Mille et une Nuits*, où la vie est arrêtée par les maléfices de quelque puissant enchanteur. Mais on trouvera bientôt la formule qui rompt le charme et la brillante circulation sera rétablie.

Si, dans nos voyages sur la Seine, nous avons joui des dernières magnificences de l'été, toutes les mélancolies de l'automne accompagnaient notre excursion à la place Saint-Pierre-Montmartre.

En gravissant les pentes assez roides des rues bâties sur les contre-forts de la butte, nous arrivâmes enfin à la place où s'est établi le camp des aéronautes, et comme à l'aide de notre lorgnette nous cherchions l'ami qui devait nous introduire dans l'enceinte, nous nous trouvâmes subitement investi par une patrouille de garde nationale. Notre jumelle nous avait rendu suspect; on nous demanda, fort poliment du reste, nos papiers, et, sur l'exhibition d'un laissez-passer bien en règle, on nous rendit notre liberté de circulation. Un des gardes nationaux d'ailleurs nous avait reconnu et constata notre identité. Nous ne nous plaignons pas de cette vigilance. Les Prussiens désormais ne pourront plus nous surprendre.

La place Saint-Pierre-Montmartre offre une certaine déclivité et garde l'inclinaison du plateau sur lequel on l'a ouverte. De deux côtés elle est entourée de maisons dont quelques-unes portent sur leur mur d'attente ces annonces en lettres gigantesques si chères aux industriels. Le troisième côté est formé par l'escarpement même de la butte avec ses tons de marne, de terre glaise et d'ocre. Des sentinelles se promènent et se croisent sur les étroits sentiers qui zèbrent le flanc du monticule. A la crête de l'éminence on distingue une maison. Près de cette maison s'élève la tour de Solferino écimée d'un étage pour les nécessités du siége et surmontée maintenant d'un sémaphore. Au bas, dans un coin, sont remisées des voitures de saltimbanques rappelant la *Green box* où logeait Ursus, Gwynplaine et Dea, sous la garde du brave loup Homo. On y voit aussi un jeu de bague dont les chevaux de bois sont à l'écurie, dans quelque hangar. Ces jeux et ces voitures, habitacles de phénomènes, théâtres où les pîtres faisaient la parade pendant les foires de banlieue au son d'une musique enragée, font par le contraste un effet assez mélancolique ; l'autre face, en contre-bas, est occupée par un marché.

Au milieu de la place, dans un terrain vague entouré d'une corde, s'élèvent trois tentes : l'une pour les soldats, l'autre pour les marins, la troisième pour les aéronautes. Un tuyau se raccordant avec la grande artère du gaz trace sa ligne à fleur de terre. Quelques bouts de planches, quelques tonneaux vides, voilà tout l'outillage. On ne saurait imaginer rien de plus simple. Notre ami nous fait entrer dans l'enceinte.

Le ballon gonflé, de couleur blanche, semblable à une énorme perle bossuée, de celles qu'on appelle baroques, se déprime et palpite sous le vent, qui est encore d'une violence extrême. Un cercle d'hommes d'équipe, marins, soldats, aérostatiers, gens du quartier, prêtant leurs bras robustes, se suspendent aux cordages d'amarre et retiennent à terre l'énorme sphère impatiente de prendre son vol, et secouant le poids dont on la surcharge. Un ingénieur mécanicien, auteur de plusieurs belles découvertes, M. F., et un *colombophile* avec sa cage de pigeons prennent place dans la nacelle où sont déjà arrimés les sacs de lettres, de journaux et de dépêches. Au cri de : « Lâchez tout ! » le ballon, libre de ses liens, s'élance, oscille deux ou trois fois, prend le vent, et monte avec une prodigieuse rapidité, comme s'il était aspiré par un tourbillon.

En regardant s'élever et diminuer le globe blanchâtre dans le gris du ciel, ces beaux vers de Victor Hugo, si bien en situation aujourd'hui, nous revenaient à la mémoire :

> Audace humaine ! effort du captif ! sainte rage !
> Effraction enfin, plus forte que la cage !
> Que faut-il à cet être, atome au large front,
> Pour vaincre ce qui n'a ni fin, ni bord, ni fond,
> Pour dompter le vent, trombe, et l'écume, avalanche ?
> Dans le ciel une toile et sur mer une planche.

Oui, nous disions-nous, l'effraction est plus forte que la cage ; l'ennemi qui a cru nous enfermer dans une tombe muette, nous murer dans un sépulcre, n'a pu mettre de couvercle à son caveau. Notre prison a pour plafond le ciel et l'on n'investit pas le ciel. La noire fourmilière des envahisseurs ne peut cerner l'azur, et l'homme délivré de l'antique pesanteur a, grâce au ballon, les ailes de l'oiseau. Hardi navigateur, il part sur son frêle esquif d'osier, traversant cette mer plus bleue encore que l'autre quand on a dépassé l'écume de nuages qui bientôt retombe à terre.

Avec l'aéronaute s'envolent aussi nos pensées, nos vœux pour les chers absents, les épanchements de nos cœurs, tout ce qu'il y a de bon, de tendre et de délicat dans l'âme humaine. Sur ce frêle papier, tel qui affecte un sourire stoïque, a laissé tomber une larme. Les reverrons-nous jamais, ceux et celles à qui nous écrivons ayant le vent pour facteur et le ballon pour boîte aux lettres? Cela dépend du caprice des boulets ou du hasard des bombes. Peut-être la tête adorée pour laquelle on trace ces petits caractères sur une pelure transparente qu'un soupir enlèverait s'est-elle inclinée pâle et faible sur l'oreiller pour ne plus se redresser jamais. Quoi de plus navrant qu'une lettre adressée à un mort! Mais éloignons ces idées pénibles, croyons à un sort meilleur et à un avenir plus favorable. L'espérance n'est-elle pas restée au fond de la boîte de Pandore pour consoler la pauvre humanité?

Partout dans les airs se croisent les ballons intrépides, passant plus haut que les balles des Prussiens et se moquant de leurs projectiles. Voici les aéroscaphes de Nadar, de Dartois et d'Yon, voilà les ballons de Godard et ceux de Wilfrid de Fonvielle qui partent de différents points, poussés par le vent en dehors du cercle qui nous enferme. Ils vont dire à nos provinces que le cœur de Paris bat toujours, et que la France, en accourant sous nos murs, nous trouvera bien vivants et résolus, un peu maigris et faméliques peut-être, mais elle nous apportera des provisions; ils diront aussi à toutes les têtes bien-aimées, dont il a fallu se séparer pour cette terrible épreuve, que nous ne les oublions pas et que le jour de la réunion approche.

Le ballon était depuis longtemps disparu, et une pluie fine commençait à tomber pénétrant les paletots de ses mille aiguilles. On nous mena, pour nous abriter et nous faire voir dans tous ses détails la fabrication des ballons-poste, à l'Élysée-

Montmartre, transformé en atelier aérostatique. L'Élysée-Montmartre est ou plutôt était une sorte de Mabille suburbain, car maintenant qui songe à la danse ! Le jardin qui l'entoure est peuplé de statues mythologiques en plâtre peint à l'huile, dont la nudité frissonne à la bise d'octobre. Une immense salle abritait, pendant les soirées pluvieuses, les chorégraphies excentriques des Brididis et des grisettes de banlieue, et c'est là que l'atelier s'est installé.

Les murs en sont ornés de peintures à la détrempe représentant, dans des cadres d'architectures, des fleurs et des plantes exotiques ; derrière l'orchestre s'arrondit un temple demi-circulaire aux blanches colonnes, se détachant d'un fond de sombre verdure. Les lustres pendent encore du plafond à demi dédorés et portant, au lieu de globes en verre dépoli, des boules de paillon vert et rouge. Les salles de bal ne sont jamais gaies le jour : la lumière du soleil leur nuit comme aux femmes. Mais l'Élysée-Montmartre, animé par le travail, offrait, malgré la lividité du jour, un spectacle plein d'intérêt et de vie.

Une soixantaine d'ouvrières, la plupart jeunes, quelques-unes jolies, et toutes mises avec une propreté coquette, pressaient du pied la pédale des machines à coudre, qui bourdonnaient, imitant, à s'y méprendre, le bourdonnement antique du rouet. — Rouet de Marguerite,

Œuvre de patience et de mélancolie,

lent travail de l'aiguille, qui avez inspiré à Thomas Hook l'immortelle chanson de la chemise: *The song of the shirt*, comme vous voilà distancés par ce siècle progressif! comme avec une rapidité éblouissante la pointe d'acier se plongeait dans l'étoffe réunissant les deux bandes qu'on lui soumettait, par une couture d'une irréprochable régularité! Pauvre main féminine, dans ton œuvre moins certaine, on sentait le tremblement de la vie, mais aujourd'hui tu n'es plus qu'une maladroite, et tu ne peux lutter contre la prompte, infatigable et correcte machine. Heureusement la couseuse de métal a besoin d'une servante pour lui tailler les morceaux. Elle n'a pas d'yeux pour voir ce que font ses doigts d'acier; il n'est pas de rouage qui supplée le cerveau.

Dans cette même salle d'une immense longueur se trouvait une corderie et une fabrique de filets. Ce filet, espèce de housse à mailles larges vers l'équateur du ballon, à mailles allongées en losange au sommet et à la base de la sphère, dont la forme, lorsqu'elle est gonflée, a l'aspect d'une gigantesque toupie, est d'une importance extrême en matière d'aérostation. On n'y saurait apporter trop de soin; le filet maintient la capsule d'étoffe soie ou calicot, enflée de gaz, dont elle empêche la distension trop rapide, les poches ou les boursouflures.

Dans deux autres pièces, qui donnent sur la grande salle et devaient servir de buvette, l'on taille sur de longues tables, d'après des patrons en fort papier, les bandes qui, réunies, composent le ballon. On peut les comparer exactement à des côtes de cantaloup ou aux degrés de longitude des mappemondes.

Cet atelier inspecté, Nadar nous conduisit à la gare du Nord, où l'on vernit les ballons. Quel silence! quel désert dans ces magnifiques salles, si agitées naguère par le départ et l'arrivée des voyageurs, par le tumulte des bagages et des colis! Des mobiles faisaient l'exercice au milieu de la cour, dont la grille était fermée. Une excursion à Enghien est aussi chimérique aujourd'hui qu'un voyage à Tombouctou ou aux sources du Nil blanc.

Dans la salle d'attente, des soldats, des marins, les manches de chemises retroussées, enduisaient d'un vernis composé d'huile grasse, de litharge et de caoutchouc, le ballon qui devait partir le lendemain. Le gaz tend toujours à s'échapper de l'enveloppe qui le renferme, laissant pénétrer une quantité équivalente du milieu où il plonge, par ce phénomène appelé par les physiciens *endosmose* et qui explique la communication des cellules entre elles. Pour sécher le vernis, on gonfle les ballons au moyen d'une sorte d'éolipyle, à l'aide d'une roue garnie de palettes qui, mue à la manivelle, chasse l'air avec force dans l'intérieur du globe distendu. De ces aérostats, Nadar, Dartois et Yon se chargent d'en livrer un par jour et même davantage s'il est besoin.

Maintenant, toutes les imaginations lèvent le nez en l'air. On ne rêve que ballons ; on interroge le vent, on sonde les profondeurs du ciel. Les chimériques et les savants n'ont qu'une même idée, la direction des aérostats. Nadar dit *plus lourd que l'air*, d'autres cherchent la légèreté. Victor Hugo, dans son *Plein ciel*, a donné le plan de son aérostat, et voici que M. Dupuy de

Lôme, l'habile constructeur des vaisseaux cuirassés et des monitors, a esquissé le croquis du sien à la craie sur le tableau noir de l'Institut.

Cette agitation fébrile prouve que nous voudrions bien avoir les réponses à nos lettres, et qu'à défaut de ballon, la colombe qui nous les apporterait écrites en caractères microscopiques sur son aile serait mieux venue que la colombe de l'arche avec son rameau vert au bec. Il y a encore un moyen plus simple, c'est de rejeter glorieusement les Prussiens au delà de leur Rhin allemand et de recevoir à la vieille manière notre correspondance par la poste. C'est, nous l'espérons, celui qu'on prendra.

Et peut-être, au bout de toutes ces recherches, trouvera-t-on le grand secret résolu par le moineau qui s'envole du pavé sur les tuiles du toit! Et l'humanité qui crie depuis si longtemps : des ailes ! des ailes ! des ailes ! comme dans la chanson de Ruckert, sera-t-elle enfin satisfaite ! Maîtresse de la terre et de l'onde, elle s'emparera du domaine de l'air, car toute postulation de l'âme doit avoir son accomplissement.

IV

UN TOUR AU REMPART

Octobre 1870.

Rien ne développe l'idée de la locomotion comme la conscience de ne pouvoir sortir d'un certain cercle. Aussi tel à qui suffisait amplement la promenade du coin de la rue Drouot au coin de la rue du Helder, et qui laissait aux Mungo Park du boulevard les régions chimériques de la Madeleine et de la Bastille se fait conduire aux points extrêmes de la circonférence où nous sommes enfermés, et regarde d'un œil jaloux l'espace illimité qui s'étend au delà du rempart. Auber lui-même, ce Parisien par excellence, se sent des velléités de voyage. Quand un ballon s'enlève, on s'assoirait volontiers dans la nacelle à côté de l'aéronaute, et cela non pour fuir l'ennemi, le brouet spartiate du siége et l'éventualité des bombes, mais pour franchir la limite, être libre un instant et passer au-dessus des lignes prussiennes.

Cédant à ce désir bien naturel, favorisé, d'ailleurs, par une magnifique journée d'automne, nous descendons avec un ami à l'embarcadère du pont Royal. Au bout de quelques minutes, le bateau-mouche arrive, fendant gracieusement l'eau de sa proue et couronné de son panache de fumée blanche, et nous voilà installé sur le pont, dans un coin, à l'abri du vent, assez frais malgré l'éclat du soleil. Nous avons déjà fait accomplir à nos lecteurs cette petite excursion nautique, la plus longue qui nous soit permise aujourd'hui, et nous débarquerons tout de suite près du pont Napoléon, où s'arrête maintenant le léger pyroscaphe.

Ce pont, d'une élégante hardiesse, donne passage à un chemin de fer et à une route : le chemin de fer de ceinture et la route militaire. Depuis quelques jours, une seconde voie ferrée, destinée au service du rempart, est venue allonger ses rails sur le chemin même; puissant auxiliaire pour la défense; c'est une véritable improvisation à étonner les Américains, si expéditifs pourtant.

On monte sur le tablier du pont par un large escalier en pierre. Une cloison de plaques de fonte, ornée de quelques arabesques en relief, sépare les deux voies. Sur le parapet qui regarde Charenton, des sacs de terre sont rangés symétriquement. Une embrasure assez large permet de voir le cours du fleuve, barré par trois lignes de pieux, de bateaux mis en travers et de pontons, sous la garde d'une chaloupe canonnière. Le ciel est d'un blanc laiteux, triste malgré sa splendeur. L'intensité de la lumière donne une teinte sombre aux objets. Autant que la vue peut s'étendre, solitude complète. Des nombreuses cheminées d'usines qui s'élèvent de ce côté, semblables à une forêt d'obélisques de granit, une seule fume. Sur la rivière, ordinairement si animée, pas l'apparence d'une barque. Au bout du pont, le rempart, qui s'est interrompu pour ouvrir passage au fleuve, continue sa ligne.

Avant d'aller plus loin, il ne serait peut-être pas hors de propos de dire avec quelque détail en quoi consiste le rempart d'une ville fortifiée.

Il est bien entendu que personne ne l'ignore ; mais, de même que M. Jourdain, à qui l'on demandait s'il comprenait le latin, et qui répondait : « Oui, mais faites comme si je ne le savais pas, » plus d'un lecteur ne serait peut-être pas fâché d'une brève explication ; — elle n'est pas de nous. — La science des Vauban et des Cohorn nous est étrangère, et nous sommes, là-dessus, de la force de Jodelet, qui ne se contentait pas de la prise de la demi-lune d'Arras et qui voulait que ce fût une lune tout entière. Nous empruntons les lignes suivantes à l'excellent *Guide des environs de Paris*, de M. Adolphe Joanne :

« Les fortifications de Paris se divisent en deux parties : l'enceinte et les forts détachés. L'enceinte se compose d'une rue militaire, d'un rempart, d'un fossé et d'un glacis. Elle est bastionnée. La rue militaire qui longe toute l'enceinte à l'intérieur se trouve au niveau du sol naturel. Elle a 5 mètres de chaussée et 2 mètres d'accotement. Elle est macadamisée, sauf quelques endroits, où elle est pavée et plantée d'arbres dans toute son étendue. Viennent ensuite les terrassements ou remparts, comprenant : 1° le *terre-plein*, qui se relie avec la route par un talus intérieur ; 2° les *gradins* ou *banquettes*, où se tiennent pendant les siéges les soldats qui font la fusillade ; 3° le *parapet*, plus élevé que ces gradins et qui protége les défenseurs de la place ; il a 5 mètres d'épaisseur. Un talus extérieur surmonte le mur ou revêtement en maçonnerie qui soutient ces terrassements. Le *mur* a 10 mètres de hauteur et en moyenne une épaisseur de $3^m,50$; il est renforcé de 5 mètres en 5 mètres par des massifs de maçonnerie, qui entrent de 2 mètres dans les terres du parapet... L'*escarpe* forme un des côtés du fossé qui a 15 mètres de largeur et au milieu duquel se trouve une rigole de $1^m,50$ de largeur, sur une profondeur égale qui sert à l'écoulement des eaux et qu'on nomme la *cunette*. L'autre côté du fossé se nomme *contrescarpe* ; elle se compose à l'intérieur d'un talus incliné à 45 degrés. En avant du fossé, le terrain est disposé de façon à couvrir les maçonneries de l'escarpe. Le terrassement extérieur s'appelle glacis.

« L'enceinte se compose d'une série de lignes brisées ayant des angles saillants et rentrants. Les angles saillants forment ce qu'on nomme les *bastions* ; en arrière se trouvent les *courtines*. Un ensemble de courtines et de bastions s'appelle *front*. Presque tous les fronts de l'enceinte de Paris se développent en ligne droite. Or, d'après un axiome bien connu en fortification, une suite de fronts en ligne droite est inattaquable. »

Voilà un axiome qui nous plaît et dont la justesse sera bientôt prouvée, nous l'espérons. Maintenant, engageons-nous dans la rue militaire, autrefois presque déserte et maintenant si peuplée.

Le rempart, tel que nous venons de le décrire, représente l'enceinte en temps de paix et non armée pour la défense, à laquelle on ne croyait pas avoir besoin de recourir jamais. Aussi quel feu roulant de plaisanteries plus ou moins spirituelles, de pois lancés à travers la sarbacane des petits journaux contre ce pauvre M. Thiers qui voulait fortifier Paris ! Cette idée de voir l'ennemi devant la capitale de la France faisait sourire tout le monde, tant elle paraissait invraisemblable ! L'opposition prétendait que l'enceinte ne servirait qu'à emprisonner la ville et que les forts tireraient sur l'émeute au lieu de repousser une invasion chimérique. D'ailleurs, disait-on, le plus sûr rempart dont puisse s'entourer une cité, c'est un rempart fait de poitrines d'hommes : voyez plutôt Sparte, qui n'avait pas de murailles. Mais Athènes, non moins brave, en avait ! et les fortifications tant raillées autrefois nous sauvent aujourd'hui.

On ne peut guère demander à l'art de la défense moderne, n'employant que des lignes droites, des angles sortants et rentrants, enfouissant autant que possible ses constructions au ras de terre, l'aspect pittoresque des forteresses du moyen âge avec leurs tours rondes ou carrées, leur moucharabys, leurs donjons élevés, leurs échauguettes, leurs tourelles en poivrière et leurs toits en éteignoir, défenses formidables à l'œil, excellentes contre des flèches, des mangonneaux et des balistes, mais qui ne sauraient résister à de l'artillerie. Pourtant une beauté sévère se dégage de ces lignes mathématiques. Leur logique rigoureuse plaît à l'œil en dehors de toutes les séductions de la forme. On sent qu'il n'y a rien là qui ne soit nécessaire, et la configuration absolue de l'utile a fatalement son charme. Nous regardions, non sans plaisir, ce dessin ferme et net de la crête du rempart se détachant en vigueur sur la blancheur lumineuse du ciel, ces pentes du terre-plein, ces lignes des banquettes sur lesquelles se promenaient l'arme au bras les sentinelles, tout cet ensemble de formes simples d'une incontestable grandeur et d'une force calme, et nous éprouvions ce sentiment que donne l'aspect d'une chose réussie.

Sur le bord du parapet sont rangés des sacs de terre, arrangés de façon à ménager des vides pour laisser passer les chassepots. Le soleil parfois y met une étoile de lumière, en attendant que la flamme en jaillisse. L'effet de ces trous de clarté criblant la muraille sombre est d'un effet très-singulier et très-pittoresque.

Au bas du talus sont établies des casemates. Ce sont des huttes, composées d'une enceinte de pieux, avec un plafond de forts madriers que recouvrent d'épaisses couches de terre à l'épreuve de la bombe. Les parois de la cabane sont également garanties par un revêtement de mottes gazonnées. L'aspect général est celui d'un tumulus celtique ou plutôt de ce *fac-simile* des catacombes de Rome qu'on voyait à l'Exposition universelle de 1867. On y pénètre par un couloir demi-circulaire, qui protége les soldats réfugiés à l'intérieur des casemates contre les éclats des projectiles.

Ces travaux sont faits avec beaucoup de soin et de régularité. Dans l'intervalle d'une casemate à l'autre, on a placé des tonneaux, des haies de fascines, des sacs de terre empilés, pour abriter les défenseurs du rempart contre les éclats d'obus.

Les canons, de distance en distance, allongent leurs cous de bronze hors des embrasures ; des pièces d'un plus fort calibre que celles des courtines arment les angles des bastions, prêtes à balayer la plaine de leurs feux croisés, si, par impossible, l'ennemi parvenait à se frayer un passage entre deux forts.

De loin en loin s'élèvent les postes-casernes d'octroi, bâtiments solides et d'un aspect sévère bien en harmonie avec les fortifications, où se sont installés divers services de la défense.

Les portes ont des ponts-levis qui se baissent le matin et se relèvent le soir, sans compter les murailles crénelées et percées de meurtrières, les épaulements, les palissades et les chevaux de frise. Paris, jadis si hospitalier, se montre aujourd'hui de farouche approche. Par ces portes rentraient des maraudeurs, — peut-être de pauvres gens allant au péril de leur vie arracher sous les balles des Prussiens les restes de leur récolte, — chargés de sacs de pommes de terre, de choux et autres légumes, de bouts de planches, d'échalas, de petits fagots ; tristes épaves ; misérable butin ! Il y avait là des vieillards, de vieilles femmes, quelques jeunes filles, des enfants dont l'accoutrement dépenaillé eût tenté la pointe de Callot, et dont on retrouverait l'équivalent et le modèle dans *les Malheurs de la guerre* du spirituel aqua-fortiste.

Des postes de gardes nationaux veillaient à la sûreté du rempart, ne laissaient approcher personne et exécutaient la consigne dans toute sa prudente rigueur. Les sentinelles se promenaient le fusil à l'épaule sur la banquette ou restaient immobiles comme des statues, sondant du regard quelque point de l'horizon. Au bas du talus, des pelotons faisaient l'exercice et s'accoutumaient au maniement du chassepot ou du fusil à tabatière. D'autres jouaient au bouchon, un jeu fort à la mode en cet état de siége, et qui sert à distraire innocemment les longues heures de garde. La tenue de ces soldats improvisés était ferme et grave, indiquant la résolution sérieuse de faire leur devoir à l'heure du péril. Plus de ces chants, de ces cris et de cette ivresse des premiers jours. La foule devient une armée, cela est sensible au premier coup d'œil.

Comme pour ramener la rêverie du promeneur à la situation, une fumée sortait de temps en temps du fort d'Ivry, déroulait ses flocons sur le ciel, et la voix du canon arrivait profonde et basse dans une bouffée de vent. C'est quelque obus qu'on envoie sonder une cachette de Prussiens.

Jusqu'à présent, nous n'avons décrit que le rempart. Regardons maintenant de l'autre côté de la rue militaire, qui n'est pas moins curieux. Les murs des maisons, les clôtures des jardins que surmontent des branches d'arbres effeuillées et jaunies par l'automne sont bariolés d'immenses affiches imprimées ou obtenues au moyen d'estampages. Des abris recouverts de toile cirée ou goudronnée offrent en cas d'averse un refuge aux gardes nationaux. Sur de vastes tentes de toile grise on lit : *Cantine administrative.* Çà et là sont établis des marchands de comestibles et de boissons. Une cantinière de fantaisie, coquettement costumée et ceinte d'une écharpe tricolore en bandoulière, jeune, jolie et blonde, réunissait d'assez nombreuses pratiques autour de son *bar-room* en plein vent. Un peu plus loin, une concurrence essayait déjà de contre-carrer ce succès, mais inutilement ; la cantinière rivale était brune et n'avait pas la même grâce mutine.

Par leur ton de sapin neuf, les baraquements destinés aux mobiles tranchaient sur les teintes grises des vieilles bâtisses, et çà et là quelques tentes rappelaient l'idée du bivouac. De noires traces de fumée montraient qu'on n'avait pas tenu compte de l'inscription défendant de faire du feu le long des murailles de jardin. Des tas de cendres, des tisons à demi brûlés entre deux pavés ou deux briques montraient la place des cuisines improvisées. Une fabrique de fascines, vraie industrie de siége, s'était installée dans l'abandon d'un vaste enclos. Des charrettes pesamment chargées creusaient encore les ornières de la rue, dont on réparait le macadam, et les chevaux inquiets dressaient l'oreille au passage haletant de la locomotive et des wagons, que rien ne séparait de la voie commune.

Le chemin, à partir du fleuve, va toujours en

montant et s'élève par une pente douce, il est vrai, mais quand on se retourne à l'endroit où le terrain reprend son niveau, l'on aperçoit en contre-bas, au delà de la Seine, dans un lointain bleuâtre, Saint-Mandé, le bois et le château de Vincennes, dont le donjon et la grosse tour d'entrée se distinguent parfaitement. On découvre aussi par-dessus le rempart, à travers une brume argentée et poudroyante de lumière, la silhouette du fort et du château de Bicêtre. Le fort en ce moment tirait sur quelque objectif invisible pour nous, et de gros nuages de fumée blanche s'arrondissaient à ses embrasures.

Un amiral ou un contre-amiral, nous ne répondons pas du grade, suivi d'un état-major de trois cavaliers, visitait les postes en coupé. Il monta sur la banquette du rempart, examina un instant l'horizon, parut satisfait et repartit.

Nous étions arrivé à l'avenue d'Italie, animée d'un grand mouvement de voitures, de charrettes, de fiacres, de piétons, de femmes portant des paquets, de flâneurs, de curieux, de marchands de liqueurs et de comestibles ; nous nous sentions un peu las, et nous nous dirigeâmes vers la station la plus voisine du chemin de fer de ceinture, qui est la station de la Maison-Blanche. En état de siége, lorsqu'on est hermétiquement bloqué, c'est une sensation agréable de prendre un billet de chemin de fer : on croit qu'on va partir; il semble qu'on soit libre!

V

LE CHEMIN DE FER DE CEINTURE

Octobre 1870.

La station de la Maison-Blanche est au niveau de la route d'Italie, et l'on descend au chemin de fer, qui se trouve au fond d'une tranchée, par des escaliers couverts d'un toit en tôle que soutiennent des colonnettes de fonte. Nous avions pris des billets d'impériale pour jouir d'une perspective plus vaste, et cette idée était venue à beaucoup d'autres, car les wagons ne renfermaient que de rares voyageurs. Sur les banquettes aériennes, il y avait des mobiles, des gardes nationaux, des bourgeois, des flâneurs, des enfants et même des femmes que n'avait pas effrayées l'ascension ; la curiosité rend les filles d'Eve intrépides : où ne les ferait pas grimper l'espérance de voir quelque chose ?

Toute cette portion du chemin de ceinture est construite avec le soin le plus parfait. Les murs qui soutiennent les terres sont bâtis à la façon des murs cyclopéens, en pierre ajustées d'après le hasard de leurs angles, et cette irrégularité contrastant avec la symétrie des pierres de taille qui encadrent ces pans de mosaïque produit sur l'œil une impression agréable. Les escaliers, les rampes de descente, les pavillons des embarcadères présentent des lignes simples, mais non sans élégance. L'art n'est pas si inconciliable qu'on le croit avec l'industrie.

Sur beaucoup de points de son parcours, le chemin de ceinture est assez profondément encaissé et forme en dedans de la ville un fossé qui pourrait arrêter l'ennemi, si jamais il devait pénétrer jusque-là. C'est l'ébauche d'une troisième ligne de défense qu'il s'agit de compléter, et l'on y travaille activement. De notre impériale nous voyions au-dessus de la tranchée du chemin de fer rouler les brouettes, se baisser et se relever les pelles, aller et venir les hommes en bras de chemise et s'exhausser des épaulements de plusieurs mètres d'épaisseur. Le précepte du général Totleben « remuer de la terre » est mis en pratique avec un zèle qui charmerait l'illustre défenseur de Sébastopol.

Du côté extérieur, au delà du rempart, on apercevait, dans une brume de poussière lumineuse, la silhoutte du château de Bicêtre et le profil sévère du fort, qui tirait en ce moment et se couronnait de longs jets de fumée roussâtre traversée par le soleil. En jetant les yeux vers la ville, on découvrait les maigres peupliers qui indiquent le cours de la Bièvre, des terrains vagues, des enclos de planches, des pans de murs lépreux, des hangars de tannerie, des linges se balançant sur des cordes, de petits jardins avec quelques fleurs d'automne, dalhias et tournesols, piquant le paysage de point rouges et jaunes, des cultures de maraîchers étalant leurs carrés de choux, leurs plates-bandes de salade, leurs lignes de cloches diamantées par le soleil et leurs vitres de couches, lançant des éclairs subits.

Plus loin miroitaient les flaques d'eau de la Glacière, fréquentées autrefois des patineurs, dans un temps où le bois de Boulogne n'avait pas de lac. A l'horizon, le Val-de-Grâce arrondissait sa coupole un peu engoncée et bossue, comme tous les édifices de style Louis XIII, et le Panthéon, plus élégant, plus hardi, élevait son dôme posé sur un diadème de colonnes. Au sommet d'une butte ou plutôt d'un renflement de terrain se dessinait, d'une façon assez pittoresque, une carcasse de moulin aux ailes brisées. Cela eût donné à Hoguet, le peintre des moulins à vent, des pierres de taille et des arbres coupés, le motif d'une jolie aquarelle.

Par moment, l'obscurité brusque d'un tunnel que nécessitait le passage d'une voie supérieure ou de trop fortes différences de niveau éteignait le paysage, comme un décor de théâtre quand on baisse le gaz pour faire la nuit, puis la perspective se rouvrait dans un éblouissement de lumière.

Gentilly est bientôt dépassé, et l'on traverse souterrainement le parc de Montsouris, qui, avant que les limites de la ville fussent reculées jusqu'aux fortifications, se trouvant en pleine banlieue, n'avait pas l'honneur d'être un parc et fournissait à Louis Cabat le sujet d'un de ses plus jolis tableaux, *le Cabaret de Montsouris*, digne de faire pendant à une toile du même peintre, *l'Ancien jardin Beaujon*, souvenir d'un site parisien qui n'existe plus et ne se retrouve que dans ce petit cadre. Que d'aspects charmants ont ainsi disparu, depuis notre enfance!

Franchir les stations de Montrouge et de Vaugirard est pour la locomotive l'affaire de quelques minutes. Le convoi ne court plus au fond d'une chaussée; le terrain s'abaisse en approchant la Seine, et les rails sont posés sur des remblais qui permettent à la vue de s'étendre au loin. On découvre les forts de Vanves et d'Issy, le val Fleury que le chemin de fer de Versailles (rive gauche) enjambe sur un viaduc à deux étages d'arcades, dont les baies laissent voir du ciel, des arbres et des pentes de collines; le bois du bas Meudon blondissait, doré par les premières bises, mais d'une douceur de ton extrême et comme entrevu à travers une gaze d'argent.

Tout l'horizon, du reste, était noyé dans une clarté blanche où se perdaient les contours; cependant il n'y avait pas de brouillard, mais plutôt une sorte de poudre lumineuse; la nature ce jour-là semblait peinte avec la palette de Corot.

Comme pour rappeler au sentiment de la réalité l'âme que ce magnifique spectacle aurait portée à la rêverie, de fortes détonations, qui cette fois ne partaient pas des forts, se faisaient entendre à une distance très-rapprochée. Le convoi ralentissant sa marche s'engageait sur le splendide viaduc du Point-du-Jour, qui relie les deux rives de la Seine.

Du haut de cet observatoire, un merveilleux panorama se déroulait devant nous. D'un côté, Paris avec ses dômes, ses tours, ses clochers lointains, ayant pour premier plan l'eau du fleuve, glacée de reflets de nacre ; de l'autre, les collines mollement onduleuses de Meudon, de Bellevue et de Sèvres, veloutées de verdures bleuâtres, charmants promenoirs, fréquentés jadis des amoureux, qui avaient inspiré à Victor Hugo ce vers délicieux :

Et quand je dis Meudon, suppose Tivoli !

maintenant réceptacles des Prussiens, cachés sous leurs ombrages comme des bêtes fauves. Là sont nos ennemis, invisibles le jour et rôdant la nuit à l'heure où sortent les animaux féroces. Aucune fumée ne trahit leur présence, rien ne bouge, nulle baïonnette ne luit. La solitude semble complète, et il faut un raisonnement pour se convaincre que Paris est bloqué. Calme trompeur !

à l'abri de ces bois que la sève d'automne a empêché d'incendier, ils fouillent le sol comme des taupes et recommencent avec une aveugle ténacité les retranchements que les bombes du Mont-Valérien et les boulets de la canonnière Farcy détruisent chaque matin.

Le fleuve était désert. On n'y voyait qu'une chaloupe cuirassée vers la pointe de l'île Saint-Germain et les lignes des estacades de défense y traçaient trois barres noires. A gauche et à droite, en contre-bas, à une grande profondeur, car le dernier étage du viaduc, sur lequel passe le train, est très-élevé, s'allongeaient les quais tout hérissés d'obstacles qu'il est inutile de décrire.

Pendant que nous étions là-haut, les batteries d'Auteuil et du Point-du-Jour lancèrent quelques projectiles de gros calibre, avec un bruit dont les échos des arcades redoublaient le fracas. C'était la première fois que nous entendions parler le rempart; il a le verbe haut et saurait se faire écouter dans un dialogue avec l'ennemi.

Si, contrairement à leurs habitudes, nous disions-nous, il prenait fantaisie aux Prussiens de répondre, quel merveilleux *objectif* — qu'on nous permette de nous servir une fois de ce *cliché* à la mode, qui donne à la guerre un petit air esthétique tout à fait convenable — offrirait à leurs boulets cette ligne de wagons arrêtés, se détachant en vigueur sur la clarté du ciel ! et qu'elle chute effroyable feraient du haut de cette crête au fond de la Seine nos morceaux dispersés ! Cette pensée était sans doute venus à plusieurs de nos compagnons de route. On ne riait plus, on ne bavardait plus, et les physionomies avaient pris une expression sérieuse. Ce ne fut pas sans une certaine satisfaction qu'on sentit le convoi se remettre en marche.

L'élégie de Ronsard sur la forêt coupée nous revenait en mémoire, à l'aspect de ce pauvre bois de Boulogne, dont les arbres taillés en sifflet à quelques pieds de terre forment une herse de pieux aigus où s'enferreraient les chevaux et les hommes. Un arbre abattu, cela est plus triste qu'une maison ruinée. Pour relever l'une, il ne faut que de l'argent ; pour faire repousser l'autre, il faut la lente collaboration de la nature, qui ayant l'éternité devant elle, ne se presse jamais et se rit des impatiences de l'homme éphémère ; mais Paris qui ne recule devant aucun sacrifice a tranché sans regret sa belle chevelure verte, pour être plus apte au combat et ne pas donner prise à l'adversaire.

En passant le long du rempart, notre regard plonge dans de riantes villas, asiles charmants de la vie heureuse, qui ont conservé leurs bassins de marbre, leurs parterres de fleurs, leurs massifs d'arbres rares, leurs vases et leurs statues. Au bord de l'avenue Uhrich nous apercevons l'ambulance américaine installée sous des tentes, mode reconnu le meilleur pendant la longue guerre de la Sécession. Qui eût pensé, il y a trois mois, que le drapeau de la Société internationale flotterait au bois de Boulogne, abritant des blessés?

Le soir commençait à tomber, des teintes d'un violet froid envahissaient le ciel; les objets s'estompaient et prenaient des formes confuses; il nous fallut remettre à une autre fois le reste de l'excursion. Ce jour-là, par malheur, le vent roulait des nuages gros de pluie et une tempête furieuse se déchaînait sur la ville, faisant voler comme des feuilles mortes les tuiles et les ardoises des toits; mais nous sommes un vieux voyageur qui a vu déjà bien des orages et nous avons pour principe de ne jamais nous occuper de la température, cet éternel souci du philistin. Nous voilà donc parti par un temps « à ne pas mettre un poëte à la porte. »

On rétrograde d'abord jusqu'à Courcelles, où la voie d'Auteuil se raccorde avec le chemin de fer de ceinture. Cette portion du chemin n'est pas moins curieuse que la première. On contourne intérieurement le rempart qui offre l'animation la plus pittoresque. Les casemates, les postes blindés, les abris formés de planches épaisses soutenues par des pieux, les rangées de tonneaux remplis d'eau ou de sable, les haies de fascines, les sacs de terre rangés sur le parapet pour protéger les sentinelles, les défenses de toutes sortes se multiplient à l'infini ; les murailles des jardins et des enclos sont crénelées, percées de meurtrières. Des palissades hérissent l'abord des stations ; des barricades construites en pavés, en madriers, en troncs d'arbre, offrent partout des obstacles. Des chemins creux les rattachent l'une à l'autre lorsqu'il faut traverser un terrain découvert.

Tout ce que peut imaginer le génie de la défense désespérée est accumulé là. Nous ne savons pas si nous sortirons de Paris, mais, à coup sûr, personne n'y entrera. Ce ne sont que terrassements, épaulements, fossés, escarpes et contre-escarpes, piéges à loups, chausse-trapes, chevaux de frise, surprises désagréables. Il faudra une bataille pour enlever chaque pouce de terre. En attendant l'assaut, les gardes nationaux, les mobiles, les francs-tireurs ont l'oreille et l'œil au guet; ni le vent, ni la pluie, ni la boue, qui leur met des guêtres jaunes aux pieds, n'altèrent leur bonne humeur. Ils vont, ils viennent, font l'exercice, allument pour leur *popote* un feu auquel l'aquilon sert de soufflet, fument leurs pipes, boivent un verre d'eau-de-vie à la cantine, et ne s'inquiètent nullement des gouttes d'eau dont le goupillon de l'orage leur asperge le nez.

Au delà du rempart, on apercevait dans la campagne une tourelle à deux étages surmontée d'un sémaphore, le coteau de Sannois reconnaissable à son escarpement couleur d'ocre, et les pentes plus éloignées de Montmorency azurées par la distance.

En se retournant vers la ville on avait la perspective de grandes cours, de vastes enclos attenant à des maisons décrépites composées de pièces et de morceaux comme l'habit d'arlequin.

C'étaient des magasins hybrides où viennent échouer les épaves des démolitions, une espèce de temple ou de *Rastro* architectural. Là se trouvaient des entassements de portes, de jalousies, de persiennes, de fenêtres ayant encore leurs carreaux, de cages d'escaliers; de boiseries déchirées par pans, de devantures de boutiques, d'auvents, de parquets, de poutres, de planches, de quoi bâtir toute une cité assez grande sans charpentier, sans maçon, sans menuisier, sans serrurier.

Dans d'autres cours des charrettes renversées en arrières tendaient au ciel leurs brancards comme pour implorer de l'ouvrage. Des linges séchaient aux croisées, et toutes sortes de petites industries familières s'exerçaient dans les espaces vagues. Des poules picoraient en liberté comme à la campagne. Paris a conservé là son ancien aspect de faubourg et de banlieue, que la ville nouvelle ignore et qui a ses hasards pittoresques.

Nous étions en vue de Montmartre, dont la silhouette sombre se dessinait farouchement sur un fond d'orage. Les premiers plans étaient formés par les rotondes des gazomètres dont les couvercles s'abaissent de plus en plus et par des cheminées d'usine d'un noir d'encre. Des fumées bleuâtres traînaient entre le premier et le second plan, augmentant ainsi la perspective aérienne du tableau. On distinguait au flanc de la butte, d'un ton plus clair que le reste, la batterie de canons qui doit déjouer tout l'acier fondu de Krupp, les deux moulins, seuls survivants de cette bande ailée et gesticulante que Don Quichotte de la Manche eût attaquée, la tour de Solférino avec ses signaux et quelques maisons dont les lignes sévères ne dérangeaient pas le contour général. Toute la butte était de ce ton que les peintres d'aquarelle appellent « teinte neutre » dont la gamme va du noir bleu au gris violâtre.

Des bancs de nuages effondrés, croulants, semblables aux décombres d'une ville cyclopéenne en ruines, laissaient filtrer entre leurs blocs disjoints des jets de lumière livide qu'avivait parfois le souffle de la tempête. C'était beau et grandiose comme les gravures bibliques de Ninive ou de Babylone de l'Anglais Martynn.

Les rues en contre-bas sont occupées par des usines, des fabriques, des docks avec leurs grands murs de briques et leur poulie à la fenêtre du grenier, indice d'une grande activité industrielle interrompue par la guerre. Celles de ces rues qui aboutissent à une porte du rempart présentent à leur extrémité des barricades savamment construites, imprenables comme des forteresses. Voici le canal de l'Ourcq, encombré de bateaux des gabarits les plus variés qui ont cherché refuge dans ses bassins; la présence de cette flottille aux mâts goudronnés, aux peintures de couleurs vives, donne à ce coin du tableau un petit air hollandais tout à fait agréable. Voilà Pantin que couronne une église gothique (gothique moderne), à double flèche, d'un effet pittoresque et charmant, mais à peine avons-nous le temps de la regarder. Le chemin s'enfonce entre deux pentes garnies de roches factices plantées de pins par M. Alphand, et bientôt s'engloutit dans un interminable tunnel, qui passe sous le parc des buttes Chaumont. On sort un instant du souterrain, et par un second tunnel un peu moins long que le premier on traverse le Père-La-Chaise au-dessous de la tombe des morts; l'eau qui suinte de la voûte a filtré à travers leurs os et nous y pensions, non sans une secrète horreur. Quand on se retourne au débouché du souterrain, on aperçoit au revers de la colline, sur un fond de noire verdure la ville funèbre avec ses petites maisons blanches faites à la taille des Mânes.

Les colonnes de l'ancienne barrière du Trône apparaissent bientôt, surmontées de leurs glorieux stylites : Philippe Auguste et saint Louis. Saint-Mandé montre ses jolies habitations bourgeoises précédées de petits jardins. Vincennes étale son bois, que dominent son donjon, sa tour de Mirabeau et les minarets terminés en croissant de sa Sainte-Chapelle. La station de Bercy n'est plus qu'à sept ou huit minutes et nous avons accompli notre voyage.

La tempête s'est apaisée ; il ne pleut plus, et des lambeaux de nuages, striés de rose par le couchant, flottent dans un ciel qui a ce ton de cendre d'Égypte verdie ou de turquoise malade qu'on remarque entre les blanches colonnades des festins de Paul Véronèse.

VI

AU THÉATRE-FRANÇAIS

Novembre 1870.

La dernière affiche du Théâtre-Français, dont on voit encore quelques lambeaux lavés par la pluie sur les kiosques, porte la date du 5 septembre : on jouait ce jour-là *le Lion amoureux*, de Ponsard. On a beaucoup agité la question de savoir si, dans cette grande tristesse, il n'y avait pas quelque chose qui blessait la pudeur publique à rouvrir les spectacles. De bonnes raisons ont été données pour et contre, et nous ne recommencerons pas une discussion désormais inutile. Quelques théâtres ont entre-bâillé leurs portes dans un but de bienfaisance et pour des représentations diurnes entremêlées de conférences et d'intermèdes; on a récité en habit de ville des fragments de chefs-d'œuvre. Beethoven, Mendelssohn, Mozart, Weber font entendre de nouveau les voix mystérieuses et profondes de leur orchestre. Pourquoi pas? La musique sait parler à la douleur; elle a des consolations inarticulées, de vagues plaintes, des caresses délicates et féminines qui n'offensent pas l'âme humiliée; à travers ses soupirs il semble qu'on entende chuchoter l'espérance, et parfois retentir des appels héroïques. Aussi la foule a-t-elle été immense aux concerts de Pasdeloup et n'y avait-il pas une place de libre au Théâtre-Français à la représentation au bénéfice de l'héroïque cité de Châteaudun et, le lendemain, au bénéfice des victimes de la guerre.

Oui, cela est vrai, le drapeau de la Société internationale, avec sa croix de gueules sur champ d'argent, flotte sur le comble du théâtre et au balcon où l'on venait respirer un peu d'air pur pendant les entr'actes. Des blessés gisent dans ce foyer qu'arpentaient les critiques, quelquefois si occupés de discussions d'art qu'ils en oubliaient la pièce. Au premier abord, rien d'étrange comme ce voisinage d'ambulance et de comédie, mais nous vivons dans un temps de brusques contrastes. Les antithèses les plus inattendues sont posées par les événements avec une hardiesse à effrayer toutes les rhétoriques. Déjà l'on y est fait et rien ne semble plus naturel.

On avait dit que, les décors et les costumes ayant été mis en lieu de sûreté, dans une cave ou dans un magasin blindé à l'épreuve de la bombe, on jouerait la tragédie en frac et en toilette de ville entre les portants du théâtre et sans le moindre *palais*. Cette idée nous souriait assez. La tragédie, telle que les grands maîtres du dix-septième siècle l'ont entendue, ne se pique nullement de *couleur locale*. Elle ne connaissait ni le mot ni la chose. Quoique Racine fût un grand helléniste, il n'avait assurément pas songé, au moment de faire représenter *Andromaque* ou *Iphigénie*, à regarder un vase grec, à consulter une médaille antique pour obtenir une mise en scène plus exacte. L'analyse dialoguée des passions devant un fond vague d'architecture semblable à ces ombres dont on remplit la toile des portraits n'a pas besoin d'un costume précis, et la tragédie qui se jouait en perruque, en tonnelet et en robe à paniers, pourrait se représenter tout aussi bien en habit noir. Notre attente a été trompée.

La tragédie avait retrouvé dans quelque armoire du vestiaire tout son attirail pompeux : chlamydes, peplos, tuniques, manteaux, cothurnes, et même un décor un peu trop pompéïen pour le palais de Buthrote, où se passe l'action. Mais ce n'est pas la faute du siége.

Il n'est pas nécessaire, croyons-nous, de faire l'analyse d'*Andromaque* et d'y ajouter des considérations esthétiques sur Racine. L'auteur et la pièce sont connus. Mais que mademoiselle Favart a été belle et touchante dans ce rôle d'Andromaque, qui semble avoir été écrit pour elle ! comme le poëte, sans altérer en rien le pur contour antique de cette noble figure, a su y mettre une délicatesse, une chasteté et une élévation qui en augmentent le charme !

« Dans Euripide, Andromaque craint pour la vie de Molossus, un fils qu'elle a eu de Pyrrhus, et qu'Hermione veut faire mourir avec sa mère ; mais il ne s'agit pas ici de Molossus : Andromaque ne connaît pas d'autre mari qu'Hector, ni d'autre fils qu'Astyanax. J'ai cru en cela me conformer à l'idée que nous avons maintenant de cette princesse. La plupart de ceux qui ont entendu parler d'Andromaque ne la connaissent guère que pour la veuve d'Hector et la mère d'Astyanax. On ne croit pas qu'elle doive aimer ni un autre mari ni un autre fils, et je doute que les larmes d'Andromaque eussent fait sur l'esprit de mes spectateurs l'impression qu'elles y ont faite, si elles avaient coulé pour un autre fils que celui qu'elle avait d'Hector. »

Ces lignes pleines de finesse et de sentiment sont de Racine, et montrent que l'illustre poëte contenait un critique plein de tact. Il y a dans le public une sorte d'amant jaloux qui ne permet aucune infidélité aux figures idéales qu'on lui présente. La veuve d'Hector, partageant la couche de Pyrrhus, comme c'était son devoir de captive, n'eût excité aucun intérêt.

Mademoiselle Agar a la beauté tragique et la violence passionnée d'Hermione. Prudhon est un Pyrrhus suffisamment amoureux et farouche, et Maubant prête aux fureurs d'Oreste sa belle voix sonore.

Une salle de spectacle a toujours, quand le soleil luit au dehors, un aspect étrange et lugubre. Le jour glissant par quelque interstice et s'y rencontrant avec la lumière du gaz produit des effets bizarres. On sait que la vie nocturne est la vraie vie des théâtres. La journée y oublie ses durs labeurs dans les plaisirs de l'esprit, mais elle s'étonne d'interrompre sa tâche pour une représentation qui ordinairement ne vient que le soir.

Quand on est assiégé il faut être économe pour durer longtemps. L'homme ne vit pas seulement de pain, il vit aussi de lumière. Le gaz est du soleil emmagasiné, et on doit, dans la position où nous sommes, en ménager précieusement les rayons. Donc la salle n'était éclairée qu'à demi et les becs ne dardaient que la moitié de leur flamme. Cette pénombre est favorable à la scène et aux acteurs, dont elle augmente l'importance en tenant les spectateurs dans le clair obscur : du reste, on était venu pour voir et non pour être vu. Les femmes étaient relativement en petit nombre et leurs toilettes sévères, noires ou grises, n'avaient pas besoin de vives clartés. Les hommes, pour la plupart, n'avaient pas pris la peine de déposer la tunique du garde national ; les chapeaux étaient rares ; les képis nombreux. La salle, à vrai dire, avait un peu l'air d'un camp.

Dans la grande avant-scène, autrefois loge impériale, les blessés convalescents de l'ambulance assistaient au spectacle, et tous les yeux se tournaient de leur côté avec attendrissement. Il y avait là des bras en écharpe, des mains et des têtes entourées de linge ; mais celui qui fixait le plus l'attention était un jeune homme, la figure traversée par une large bandelette ; il avait l'air d'un de ces Touaregs du Sahara qui voilent leur figure jusqu'aux yeux comme des femmes. Dans l'aile de son nez s'était logée une balle qu'on n'avait pu, dit-on, encore extraire, ce qui ne l'empêchait pas d'être très-attentif aux larmes d'Andromaque et aux fureurs d'Hermione. Tous ces braves garçons, relevés à peine de leur lit de souffrance, semblaient heureux de cette distraction, et ceux qui avaient deux mains applaudissaient aux bons endroits avec cette naïveté de sentiment qui ne se trompe jamais.

Entre la tragédie et la comédie, on jouait aussi *le Médecin malgré lui* ce jour-là.— Coquelin a lu une poésie de M. Henri de Bornier, sur Châteaudun, l'héroïque petite ville, d'une fière tristesse et d'un beau souffle lyrique, qui a été accueillie avec le plus sympathique enthousiasme. Il a dit ensuite *les Cuirassiers de Reichshoffen*, de M. Bergeret. Il y a du mouvement, de la hardiesse et une certaine grandeur épique dans ce morceau, où la difficulté de revêtir de lyrisme des détails modernes est très-heureusement surmontée. La charge des cuirassiers, au clair de lune, suivis de leurs ombres galopantes, comme si déjà les vivants qui vont mourir avaient leurs spectres derrière eux, rappelle, sans l'imiter, l'effet fantastique de *la Revue nocturne* de Zeidlitz, si merveilleusement illustrée par Raffet.

Sganarelle, improvisé médecin à coups de bâton, et joué par Got avec la verve la plus désopilante, a forcé de rire une salle qui peut-être n'en avait guère envie ; mais le comique de Molière est irrésistible.

Lorsqu'on sort, on est tout surpris de voir la lueur blanche du jour et les passants qui vont à leurs affaires. On chancelle quelques pas comme un oiseau de nuit qui va de l'ombre à la lumière.

Une autre représentation a suivi celle-là, avec un succès tel qu'on rendait l'argent au contrôle, et que si le directeur de la Comédie-Française ne nous eût offert une place dans cette loge de baignoire qu'on appelle *le tombeau*, tant elle est noire et profonde, nous eussions été forcé de continuer notre promenade sous les portiques du

Palais-Royal. Nous étions là un peu comme Charles-Quint dans son armoire :

Nous étouffions très-bien, mais entendions fort mal ;

et nous acceptâmes avec plaisir la proposition que nous fit Édouard Thierry d'aller faire un tour de foyer, c'est-à-dire d'ambulance. C'est en effet dans cette magnifique pièce, bien aérée, haute de plafond, d'abord facile, réunissant toutes conditions de salubrité, que l'ambulance est installée. La cheminée monumentale devant laquelle ont eu lieu tant de discussions la chauffe de ses énormes bûches et y entretient une douce température. Les lits des blessés sont rangés la tête contre le mur de chaque côté de la salle, laissant entre eux un large passage. Les bustes des poëtes tragiques et comiques les regardent de leurs yeux blancs et semblent veiller sur eux. Le Voltaire de Houdon ricane toujours sur son fauteuil de marbre; aucun voile n'a été jeté sur le patriarche de Ferney; seulement une bande de percaline verte protége son piédestal et garnit également le bas des murailles à hauteur d'homme, de peur des chocs et des éraflures.

Il n'est pas besoin de dire que ces lits sont d'une

propreté méticuleuse et d'une blancheur éblouissante. D'autres sont disposés dans la longue galerie qui servait de promenoir, et dont les fenêtres s'ouvrent sur le balcon de la rue Richelieu. Sur le dernier de ces lits était couché, sans doute à la place du mort qu'on venait d'enlever et comme pour sanctifier la mondanité du lieu, un grand crucifix noir portant son pâle cadavre d'ivoire jaune aux bras douloureusement étendus. Il n'y avait, au moment de notre visite, que deux blessés couchés, un dans le foyer, l'autre dans la galerie. Tous deux répondirent à notre respectueux salut par un sourire amical. Les internes et les infirmiers occupent au bout du couloir la petite salle du buffet. A la lingerie, située à l'étage inférieur, nous trouvâmes la belle Delphine Marquet qui roulait des bandes. Avec ses petites boucles frisées sur le front, sa sévère robe noire et son linge tout uni, comme on disait autrefois, elle avait l'air d'une de ces dames du temps de Louis XIII, qu'on voit visiter les malades dans les gravures d'Abraham Bosse. Mais aucun raffiné à feutre mou, à longue plume, à chemise bouffante, à bottes évasées garnies de dentelles, n'était là le poing sur la hanche, en relevant du doigt sa moustache. L'actrice, attentive et sérieuse, accomplissait dans la solitude son œuvre charitable.

Nous rendîmes aussi visite à la cuisine, placée au rez-de-chaussée. Quand les belles sociétaires de garde y descendent pour chercher un bouillon ou apprêter une portion de convalescent, la salle illuminée ressemble à cette toile célèbre de Murillo connue sous le nom de *Cuisine des Anges*.

En passant par le couloir qui mène de la salle à la scène, nous rencontrâmes deux religieuses, deux sœurs hospitalières, dont l'une demandait à l'autre : « Où donc est la sœur Sainte-Madeleine ? — Au théâtre du Palais-Royal, » répondit la sœur interrogée, du ton le plus naturel du monde.

Au moment même où passaient les sœurs, débouchait du foyer des acteurs Basile avec sa longue robe noire, son rabat blanc et ce bizarre chapeau que les prêtres espagnols portent encore. Il s'effaça contre le mur, saluant de la façon la plus respectueuse. On jouait un acte du *Mariage de Figaro*. C'était un pur hasard, vous le pensez bien. Mais n'accuserait-on pas d'invraisemblance un auteur qui risquerait un tel contraste ? Quelle série étrange d'événements vertigineux n'a-t-il pas fallu pour faire se coudoyer le Basile de Beaumarchais et de vraies religieuses dans un couloir de la Comédie-Française ! La chanson de Béranger, *l'Actrice et la Sœur de charité*, nous revenait en mémoire; mais ici la réalité est au-dessus de l'invention, car ce n'est pas dans l'autre monde que la rencontre a lieu, comme le suppose la chanson. Rien de plus convenable et de plus décent que les rapports des comédiennes et des religieuses. Les artistes de la Comédie-Française sont de vraies dames, et elles ont pour ces saintes filles la vénération qui leur est due et qu'elles méritent si bien.

Aux fragments de *Tartuffe*, du *Mariage de Figaro* et des *Plaideurs*, se joignait l'attrait de récitations poétiques. Madame Victoria Lafontaine a dit avec un charme exquis d'intimité une délicieuse petite pièce de Théodore de Banville, qui peint la soirée du garde national revenant du rempart après vingt-quatre heures de pluie, de bise, de patrouilles et de faction au rempart, et retrouvant chez lui avec bonheur toutes les douces harmonies du foyer : la femme, l'enfant, le fauteuil moelleux, les chaudes pantoufles et la causerie affectueuse sous la clarté opaline de la lampe, ces purs plaisirs de la famille, auxquels la gravité de la situation ramène et qui valent mieux que les frivoles distractions du cercle, du jeu et des coulisses. Mademoiselle Agar a fait vibrer, avec une incomparable vigueur, *la Lyre d'airain*, d'Auguste Barbier, et mademoiselle Favart, vêtue d'une adorable robe blanche, satinée et duvetée comme un plumage de tourterelle, a roucoulé d'une voix plus douce que la plus suave musique, une poésie de M. Eugène Manuel. Ce morceau charmant a pour titre *les Pigeons de la république*. Ce n'est plus à des messages d'amour que sont employés les oiseaux chers à Vénus. L'Amour ne cerche plus sous leur aile le petit billet plié et scellé d'un baiser de l'amante ; on leur demande des nouvelles de la France ; on les interroge sur la marche des armées ; leur vol est officiel, et ils sont enrôlés dans la grande guerre.

Nous avions lu, le matin même, *les Guêpes* d'Aristophane, et nous ne crûmes pas que notre conscience nous engageât à entendre l'acte des *Plaideurs* qui terminait le spectacle. Mais nous ne savions plus nous en aller, et il nous eût été impossible de citer en ce moment le fameux vers :

> Nourri dans le sérail, j'en connais les détours.

Nous ne retrouvions plus notre route. Des corridors, des escaliers, des passages avaient été barrés pour séparer l'ambulance du théâtre, et nous fûmes obligé de demander notre chemin à une sœur qui nous remit avec beaucoup d'obligeance dans la bonne voie et nous accompagna jusqu'à la dernière porte. Un feuilletoniste ayant pour Ariane à travers le dédale du Théâtre-Français une brave sœur hospitalière, n'est-ce pas là — comme disent certains journaux, — un signe des temps ?

VII

LA MAISON ABANDONNÉE

Novembre 1870.

Il est une situation particulièrement triste, c'est celle des habitants de la banlieue que la guerre a forcés de se replier sur Paris avec leurs paquets faits à la hâte et ce qui pouvait se sauver de leurs meubles. On s'est installé tant bien que mal dans le premier logement venu, au milieu des épaves de son ancien confortable, pouvant à peine se mouvoir parmi cet encombrement d'objets qui ne trouvent plus leur place. Le chariot fuyant devant l'invasion des barbares a été vidé précipitamment, sans choix, ni ordre, et l'on a remis de semaine en semaine, comptant sur une prompte délivrance, le rangement de ce chaos. Tous ces fils déliés dont l'habitude, cette seconde nature, vous attache à une ville, à un quartier, à une maison, moins que cela, à un coin de chambre, à un fauteuil tourné d'une certaine manière, ont été rompus brusquement.

Occupé d'abord par la succession des catastrophes, les colères de la défaite, la fièvre de la défense, on n'a pas senti la rupture de ces fibrilles dont les racines plongent au plus profond du cœur. Mais les jours succèdent aux jours entremêlés d'espoirs et d'abattements; la vie reprend peu à peu son niveau, et l'on en vient, dans le désastre général, à sentir son propre petit malheur à soi. L'âme vous fait mal et ne s'emboîte pas bien avec le corps. Quelque chose vous manque que vous cherchez vaguement. D'indéfinissables mélancolies vous envahissent; vous éprouvez des gênes bizarres : ce sont les vieilles habitudes qui reviennent et vous chuchotent à l'oreille des paroles connues, de vieux mots d'autrefois. Elles vous enlacent de leurs bras souples, et, la tête penchée, mouillent votre épaule de tièdes larmes; elles amènent avec elles le Souvenir et la Nostalgie, deux mornes figures drapées de gris.

Et cela vous prend le matin, lorsqu'en ouvrant

les yeux, au lieu du paysage accoutumé que vous aperceviez de votre lit à travers la glace sans tain de la cheminée — les touffes d'arbres montant du jardin profond, et la rangée des peupliers qui se profile sur le ciel — vous découvrez des angles de toits, des mansardes, une forêt de tuyaux en plâtre, en poterie, en tôle, étayés de barres de fer, coiffés de gueules-de-loup et de chapiteaux bizarres dégorgeant leur fumée dans la brume; un océan de tuiles et d'ardoises brunes, vertes, noircies et rayées par la pluie, sur lesquelles la pâle Aurore d'automne s'avance le pied suspendu comme un couvreur. Puis votre chat épouvanté du déménagement se tient tapi sous un meuble et ne vient pas vous souhaiter la bienvenue quotidienne; vous étendez la main et vous ne trouvez pas votre Homère ou votre Shakespeare à sa place; la blanche figure qui, les cheveux négligemment noués, pareille dans sa longue robe aux anges des missels, apparaissait sur le seuil et vous disant en souriant ! « Bonjour, père : » ne vous apporte plus son frais rayonnement. Elle est loin, bien loin, oh ! tant mieux ! sur le bord du lac, à l'abri des hordes sauvages. Le facteur ne vous remet plus de lettre. Toutes ces petites choses vous font saigner le cœur en dedans ; les anciennes blessures se rouvrent et l'on se sent triste jusqu'à la mort.

Chacun des réfugiés, riche ou pauvre, lettré ou illettré, éprouve cela plus ou moins, et tous, même aux endroits dangereux, au risque de recevoir une balle prussienne, vont faire une visite à la maison, villa ou chaumière, boutique ou logement qu'ils ont été obligés d'abandonner, dût-on trouver le lieu dévasté, effondré par les obus, crénelé et percé de meurtrières. On veut revoir le petit jardin, le puits que festonnait le houblon et la vigne vierge, le carré de choux, les tournesols balançant leurs disques au-dessus des plants de légumes, et tout ce pauvre pittoresque de banlieue qui produit plus d'effet peut-être sur les humbles de cœur que les grands aspects de la nature.

Ce désir nous saisit l'autre jour avec une intensité maladivement irrésistible. Nous ne pouvions plus lire ni écrire ; notre plume s'arrêtait au milieu de la ligne attendant que l'esprit la guidât, mais l'esprit était ailleurs. Nous nous étions pourtant bien promis de ne sortir de la ville que triomphant et l'ennemi chassé. Il fallut céder et nous parjurer vis-à-vis de nous-même. Nous n'y pouvions plus tenir. Nous voilà donc parti avec notre compagnon habituel d'expédition.

En passant près de l'arc de triomphe, nous remarquâmes qu'on avait enfin recouvert de planches les bas-reliefs des deux façades. On avait d'abord songé à préserver le chef-d'œuvre de Rude, *le Départ des volontaires*, et le groupe de Cortot, moins exposés pourtant, puisqu'ils regardent Paris. Bonne précaution après tout, quoiqu'une cicatrice de boulet ou d'obus ne dépare pas une sculpture héroïque.

Devant le solennel pylône, du côté où aboutit l'avenue de la Grande-Armée, il y a toujours un rassemblement, une espèce de club en plein air qui discute les questions du jour, et se transmet les nouvelles vraies ou controuvées. On peut y apprendre sur place comment se forment les légendes et comment l'imagination du peuple ajoute, en toute sincérité, à un fait réel ce qu'il faut pour devenir poétique ; là, de récits divers agrandis ou fondus ensemble, se compose petit à petit le *romancero* du rempart. Les exploits des mobiles et des francs-tireurs racontés par des rhapsodes populaires, font penser aux prouesses de Chingachgook et d'Œil-de-Faucon à la poursuite des Mingos.

Des barricades construites avec beaucoup de soin coupent la route deux ou trois fois de l'arc de triomphe à la barrière ; cependant jusque-là l'aspect des lieux n'a pas beaucoup changé. Mais quand on a franchi le pont-levis du rempart et les défenses accumulées sur ce point, on se croirait transporté dans un endroit inconnu, tant la physionomie du site a pris un autre caractère. La zone militaire des fortifications, entièrement démolie et rasée, offre des perspectives toutes nouvelles. On aperçoit sur la droite, en sortant, la chapelle commémorative construite à la place où est mort le duc d'Orléans, sur le chemin de la Révolte. Sans doute elle a obtenu grâce comme monument historique ; d'ailleurs sa forme basse se rapprochant de celle d'un tombeau n'exigeait pas impérieusement qu'on la sacrifiât ; on y admirait de magnifiques vitraux d'après les cartons d'Ingres et qu'on a dû mettre en sûreté. De l'autre côté, l'usine de M. Gellé, remarquable par sa haute cheminée de briques roses et la suave odeur de parfumerie qu'elle répandait aux alentours, a été abattue et les maisons, ses, voisines, ont eu le même sort jusqu'au chemin de la porte Maillot.

Cette démolition laisse voir tout en plein la façade du restaurant Gillet. On n'y fait plus de noces, les festins sont supprimés, et l'on ne voit plus au retour du bois un couple descendre de voiture et se glisser d'un pas rapide et furtif par l'escalier des petits salons pour y faire un dîner fin. Les fourneaux, toujours flambants jadis, sont éteints. Mais l'animation n'en est pas moindre pour cela devant l'entrée principale. Le général Ducrot a installé son quartier général chez Gillet, et c'est un mouvement perpétuel d'ordonnances, de cavaliers, de soldats et de gens qui viennent chercher des laissez-passer, car on ne peut sans permission aller au delà du pont de Neuilly.

Pour nous rendre à notre maison, rue de Longchamps, nous prenions souvent l'avenue Maillot, qui longe le bois de Boulogne, dont elle est séparée par un saut-de-loup assez profond. C'est en temps ordinaire une route très-agréable. On a, d'un côté, le Bois et, de l'autre, une rangée de coquettes maisons précédées de petits jardins. La route elle-même est plantée de marronniers, mais nous y reviendrons tout à l'heure.

Quand nous eûmes tourné le coin du restaurant, un horizon que nous ne connaissions pas se développa subitement devant nos yeux et nous causa la plus profonde surprise. Une immense zone s'étalait à perte de vue hérissée de fûts semblables à des colonnes tronquées; on aurait dit un de ces cimetières d'Orient où la place de chaque tombe est marquée par un pieu en marbre; c'était, moins les cyprès gigantesques, l'image exacte du champ des Morts d'Eyoub ou de Scutari. Nous n'étions cependant pas à Constantinople, mais bien à la porte Maillot; de vagues fumées bleuâtres, de légères traînées de brume rampant sur le sol et enlevées par le vent favorisaient encore l'illusion. Ces colonnes étaient les troncs d'arbre, coupés à trois pieds de terre, du pauvre bois de Boulogne et non des tombes de Turcs. Ce vaste abatis dégageait au loin des constructions ordinairement cachées derrière les feuillages et qui apparaissaient comme des blocs erratiques dans la plaine dénudée. C'était d'une désolation navrante, mais non sans beauté. Cet horizon sévère eût charmé un peintre.

L'œuvre de la cognée continuait, et çà et là un arbre tombait avec un sourd gémissement, et nous ne voudrions pas jurer que ce fût toujours un sacrifice stratégique et que le bûcheron tînt ses pouvoirs du génie militaire. A chaque instant passaient des vieilles décharnées, « plus horrifiques » que la sibylle de Panzoust, à qui l'on n'aurait cru que le souffle et qui cheminaient sous d'énormes brassées de bois dont les branches par derrière les couvraient comme une carapace et leur donnaient l'air de tortues redressées à demi sur leurs pattes. Une petite fillette de douze ou treize ans courait avec un tronc d'arbre de quatre ou cinq pieds de long sur l'épaule. Mais il y a fagots et fagots, comme dit Sganarelle, et les fagots de siége sont d'une belle taille.

Les hôtels, les villas, les cottages, en style de la reine Élisabeth, Renaissance, hollandais, qui bordent l'avenue Maillot, presque tous abandonnés, servent de logement aux moblots, comme l'attestent les pantalons et les chemises pendus aux fenêtres. Parmi ces charmantes maisons, il y en avait une qui nous plaisait entre toutes, et où nos rêveries aimaient à placer des scènes de bonheur. Il nous semblait qu'on devait être heureux dans ce palazzino, abrité derrière un rideau de lierre d'Irlande. Nous en admirions, à travers un interstice du feuillage, les colonnes de pierre blanche, le perron poncé, l'heureux mélange de briques coloriées, le balcon débordant de fleurs, les stores toujours baissés discrètement et semés de quelques oiseaux peints. La maison était encore là, mais son expression n'était plus la même, elle avait l'air ennuyé et triste.

Il nous fallut quitter l'avenue Maillot obstruée de barricades d'autant plus fortes qu'on se rapprochait davantage de l'avenue de Madrid, et nous gagnâmes la rue de Longchamp par des voies latérales presque désertes où allaient et venaient des moblots, des artilleurs faisant cuire leur pitance avec des broussailles et des morceaux de bois recueillis dans les terrains vagues.

Quelques abois de chiens inquiets et surpris de notre passage troublaient seuls le silence. De temps à autre détonnait un coup de fusil adressé à un moineau — et au loin l'on entendait le roulement d'une école de tambour.

Enfin nous arrivâmes devant notre maison, ne

sachant pas trop si nous allions en trouver un seul vestige. A l'extérieur, rien n'était changé. La tête de la Victoire du Parthénon, dont M. de Laborde a rapporté le marbre d'Athènes, et qui figure, moulée en plâtre sur un fond de rouge antique, dans une niche circulaire, sur le mur de notre atelier, était toujours à sa place, sœur triomphante de la Vénus de Milo, force superbe de la forme, *vis superba formæ,* immortel idéal de beauté, divinité tutélaire du pauvre logis. Une fenêtre était ouverte, comme si la maison eût abrité encore ses anciens habitants. Cela nous parut de bon augure. Nous sonnâmes : le jardinier vint nous ouvrir, et nous entrâmes, le cœur ému, dans cette habitation, aussi petite que celle de Socrate, et qu'il n'avait pas été difficile de remplir d'amis.

Quand on pénètre dans un logis désert depuis longtemps, il semble toujours qu'on dérange quelqu'un. Des hôtes invisibles se sont installés là pendant votre absence et ils se retirent devant vous; on croit voir flotter sur le seuil des portes qu'on ouvre le dernier pli de leur robe qui disparaît. La solitude et l'abandon faisaient ensemble quelque chose de mystérieux que vous interrompez. A votre aspect, les esprits qui chuchotaient se taisent, l'araignée tissant sa rosace suspend son travail; il se fait un silence profond et, dans les chambres vides, l'écho de vos pas prend des sonorités étranges : pas le plus léger dégât n'avait été commis. D'ailleurs personne n'était entré là, depuis notre départ. Le modeste asile du poëte avait été respecté.

Sur la cheminée de notre chambre, un volume d'Alfred de Musset était resté ouvert à la page quittée. Sur la muraille pendait accrochée la copie commencée d'une tête de Ricard par notre chère fille, si loin de nous, hélas ! et qui ne lira pas cet article. Un flacon d'essence débouché s'évaporait sur sa toilette de marbre blanc et répandait son parfum faible et doux dans sa petite chambre virginale.

Nous montâmes à l'atelier que nous étions en train d'arranger pour de longs travaux qui ne se finiront peut-être jamais. Il n'y avait plus que la tenture à poser, et nous pensâmes à ce grave aphorisme de la sagesse orientale : « Quand la maison est finie, la mort entre. » La mort ou le désastre. Une mélancolie profonde s'emparait de nous en regardant ces lieux où nous avons aimé, où nous avons souffert, où nous avons supporté la vie telle qu'elle est, mêlée de biens et de maux, de plus de maux que de biens, où se sont écoulés les jours qui ne reviendront plus et qu'ont visités bien des êtres chers partis pour le grand voyage. Nous avons senti là, dans notre humble sphère, quelque chose d'analogue à la tristesse d'Olympio...

L'heure s'avançait et les portes de Paris ferment maintenant à cinq heures. Avant de quitter notre chère demeure abandonnée, nous allâmes faire un tour au jardin. La brume du soir commençait à monter et à mettre au bout des allées des gazes bleuâtres. Le vent poussait les feuilles mouillées, et les arbres dépouillés tremblaient et frissonnaient comme s'ils avaient froid. Quelques dahlias achevaient de se flétrir dans les plates-bandes, et un vieux merle botté de jaune, à nous bien connu, partit brusquement devant nos pieds en battant des ailes comme s'il voulait nous saluer. Deux formidables coups de canon envoyés comme bonsoir aux redoutes prussiennes par le Mont-Valérien, ne parurent pas effrayer beaucoup l'oiseau habitué à ces vacarmes.

C'est ce même merle qui niche chaque printemps dans le vieux lierre, draperie verte jetée sur le mur, et siffle d'un air moqueur en passant près de notre fenêtre, comme s'il lisait ce que nous écrivons.

VIII

BOUTS DE CROQUIS

Novembre 1870.

Quand ils se promènent, les peintres ont l'habitude de porter dans leur poche un petit album sur lequel ils prennent leurs notes. Les notes d'un peintre consistent en quelques coups de crayon rapides qui fixent un mouvement, une attitude, un galbe, la ligne principale d'une figure, ou la silhouette d'un objet. Pour qui sait lire ces hiéroglyphes, rien de plus significatif et de plus intéressant. Quoique aux yeux vulgaires ils présentent l'aspect d'un gribouillis confus, on y trouve toujours le trait caractéristique, l'accent de nature, la vérité inconsciente du geste pris sur le fait, et cet imprévu que les combinaisons de l'art ne donnent pas. Sans faire de croquis sur un carnet, le poëte, ou si ce mot est trop ambitieux, l'écrivain, lorsqu'il laisse errer sa flânerie le long des rues et à travers les places, a des méthodes à lui d'arrêter le contour des choses, et, s'il craint que le trait trop léger ne s'efface, de le repasser à l'encre. Il a ainsi au fond de sa mémoire, comme en un portefeuille, une foule de dessins, inachevés la plupart, mais contenant l'indication nécessaire pour être terminés à loisir, s'il en a le besoin ou le caprice. Ce sont des physionomies observées en passant, des groupes entrevus, un détail singulier, une perspective ouverte soudainement, un petit fait inaperçu de la foule, mais frappant pour le rêveur.

Il n'y a pas dans tout cela de sujet défini, de composition s'arrangeant en tableau et facile à encadrer, et pourtant on admire parmi ces esquisses plus d'une figure heureuse, plus d'une expression naïve, plus d'une familiarité vivante, qui manquent aux ouvrages préparés en vue du public. C'est la différence d'une lettre intime écrite au courant de la plume à une épître longtemps travaillée. Mais où voulez-vous en venir avec ces prolégomènes? Avez-vous l'intention de donner un pendant au traité de Töpffer sur le *lavis à l'encre de Chine,* et méditez-vous *l'esthétique du croquis?* En aucune façon. Seulement nous possédons quelques bouts de dessins faits çà et là, au hasard de nos promenades, qui n'ont pas assez d'importance pour être publiés à part, mais qui réunis sous la glace d'un passe-partout de bois de sapin à filets d'érable, pêle-mêle, le coin de l'un empiétant sur le coin de l'autre, pourraient procurer, à qui les regarderait, un quart d'heure de distraction pendant les longues soirées du siége. C'est un cadre rempli de la sorte que nous allons, si vous le permettez, suspendre au clou du feuilleton.

DANS LE JARDIN DES TUILERIES.

Un ballon, *le Victor-Hugo,* devait s'élever ce matin-là du jardin des Tuileries, et nous étions curieux d'assister à ce départ; mais c'est une opération assez lente que le gonflement d'un ballon, et les derniers préparatifs prennent du temps. Pendant que les aérostiers (c'est ainsi qu'ils se nomment), coiffés de la casquette portant brodé en lettres d'or le mot *aer* et chaussés de grandes bottes, allaient et venaient, s'occupant de chaque détail, revisant le filet, équilibrant les sacs, rangeant les paquets de dépêches, suspendant les cages de pigeons, accrochant aux cordes de la nacelle les exemplaires de journaux qui devaient donner des nouvelles de Paris à la France, notre esprit, attentif d'abord à ce mouvement plein d'intérêt, s'en laissait détourner peu à peu par l'incomparable magnificence du spectacle déployé devant nous, et malgré tout, malgré les Prussiens, malgré le siége, éprouvait cette sensation de bien-être intime et de joie sereine que procure, même aux moments les plus tristes, la contemplation du beau.

Le ciel était d'une pureté incomparable, d'un bleu léger, transparent, pénétré de lumière, où flottait comme une plume enlevée à l'aile d'une colombe, un petit nuage blanc destiné à faire valoir ce fond d'azur attendri encore par un reflet de rose auroral. Ce n'est qu'à l'Acropole d'Athènes, derrière le Parthénon au marbre doré, que le ciel nous est apparu aussi suave, aussi diaphane.

Au delà des grilles, sur la place de la Concorde, l'obélisque de Louqsor, frais et tendre de ton, rappelant la couleur de chair par la teinte de son granit, coupait de sa ligne précise la porte de l'arc de triomphe lointain ; l'obélisque complétait le pylône. Les arbres formant l'entrée des Champs-Élysées, dépouillés de feuilles, avec leurs branches délicates d'un gris rosâtre, ressemblaient aux arborisations d'une agate et marquaient les limites de la place par un travail de hachures entre-croisées de points de lumière.

Vers la droite, les charmantes façades du Garde-Meuble et du ministère de la marine, chef-d'œuvre de Gabriel, où la beauté antique s'unit si heureusement à la grâce française, présentaient leurs portiques de sveltes colonnes corinthiennes détachées du fond par de légères ombres, leur couronnement de balustres entrecoupés d'acrotères et de trophées sur lequel flottait le drapeau à croix rouge.

Au premier plan, de chaque côté de la porte des Tuileries, piaffaient, au sommet de leurs piédestaux, les chevaux de Marly de pure race divine, descendant au moins de Pégase, à moins qu'ils ne sortent des écuries du Soleil, pleins d'ardeur et de feu, soufflant la lumière par les naseaux, et dont les sabots de marbre n'ont jamais foulé que le ciel.

De pareilles montures ne peuvent être chevauchées que par des êtres allégoriques ou mythologiques. Une Renommée le clairon en main, un Mercure reconnaissable à son caducée, légèrement suspendus aux flancs de ces nobles bêtes comme les écuyers d'un cirque céleste ayant des dieux pour spectateurs, semblaient les guider par la volonté seule. Rien de plus élégant que ces deux groupes équestres taillés dans un nuage de marbre blanc et dessinant leur contour sur un bleu de pâte tendre. A la beauté ils joignent l'air de galanterie héroïque qui est le caractère de l'art de Louis XIV. En ce moment ils étaient éclairés par le rayon le plus favorable.

La terrasse descendait vers le jardin par deux belles courbes en fer à cheval aboutissant aux magnifiques groupes de la Saône et de la Loire, et encadrait à merveille ce coup d'œil sans rival au monde.

Cependant, deux à deux, paisiblement, autour du grand bassin, les chevaux du train montés par les artilleurs manégeaient et se dégourdissaient du froid nocturne. Des soldats agenouillés sur le rebord du bassin d'où les cygnes s'étaient envolés « lavaient des torchons radieux. » Le jet d'eau abaissé clapotait avec un murmure faible comme une plainte. Les Hermès, sentinelles de marbre qu'on ne relève jamais de leur faction sous les marronniers, regardaient, de leurs grands yeux fixes, s'arrondir dans l'air l'énorme perle du ballon, et un peu à l'écart de la foule, Horeau, l'auteur d'un grand ouvrage pittoresque sur l'Égypte, saisi par ce coup d'œil splendide, en faisait une pochade à l'aquarelle.

MÉLANCOLIES GASTRONOMIQUES.

Qui de nous ne s'est arrêté, en passant par le Palais-Royal, devant l'étalage de Chevet? C'est un plaisir que le plus spiritualiste ne se refusait pas. Toute idée de bonne chère à part, on pouvait admirer ce splendide groupement de victuailles, comme un tableau de Sneyders, de Weenincx ou de de Fyt. Les chevreuils pendaient à l'extérieur, effleurant de leurs mufles noirs les hures de sanglier bourrées de pistaches et retroussant leur babine d'une façon rébarbative. Sur les tables de marbre blanc, les larges poissons de mer couchés à plat faisaient jouer leurs reflets d'argent

et leurs iris nacrés ; les homards jaspés de jaune
et de brun agitaient l'attirail formidable de leurs
pinces, et les tortues prenaient leurs gauches
ébats au bord de la vasque encadrée de mousse,
où, sous le grésillement d'un mince filet d'eau,
nageaient des cyprins de la Chine. Plus loin, les
fines poulardes du Mans, les dindes d'une grosseur exceptionnelle, bombaient leurs estomacs
distendus et marbrés de bleu par les truffes
transparaissant sous leur peau délicate. Les coqs
de bruyère, les faisans dans leur plumage mordoré, les ptarmigans d'Écosse, les gelinottes de
Russie, les perdrix aux mignonnes bottines de
maroquin rose, semblaient poser à souhait pour
le plaisir des peintres autant que des gourmets.

Nous négligerons les pâtés de foie gras, les
terrines de Nérac, les pâtés de merles de Corse,
les brochettes d'ortolans et autres *galanteries*,
comme on dit à Hambourg, mais comment ne
pas donner un souvenir à ces raisins de Thomery, blonds comme l'ambre, à ces pêches de
Montreuil, qui n'étaient pas de ces pêches *à
quinze sols* méprisées par Alexandre Dumas fils,
mais bien des pêches vierges ayant toute leur
fleur et tout leur velouté; à ces grenades dont

l'écorce en s'entr'ouvrant laissait voir un écrin de rubis ; à ces poires si parfaites qu'elles semblaient sculptées en albâtre de Florence pour être servies sur les tables de pierres dures des anciens grands-ducs de Toscane ; à cet ensemble charmant de formes et de couleurs, à ce savoureux bouquet pantagruélique arrangé avec un art si exquis !

L'autre soir il pleuvait, et le désir de nous abriter nous avait poussé sous les arcades du Palais-Royal. Une vieille habitude machinale ramena notre regard vers l'étalage de Chevet. O surprise ! à la place du célèbre magasin de comestibles, étincelait, avec l'éclat blessant d'un décor de féerie lamé de paillon, une splendide boutique de ferblantier. C'était toute une architecture de boîtes en fer-blanc, rondes, carrées, oblongues, rangées avec symétrie comme les tuyaux basaltiques d'une grotte de Fingal, illuminées sur côté saillant d'une lueur métallique et faisant briller leurs étiquettes colorées d'un vernis d'or. Nous nous approchâmes. Hélas ! c'était bien la boutique de Chevet, mais il n'y avait plus de comestibles -- de comestibles frais du moins. — En désespoir de cause, on faisait donner le *landsturm* des conserves ; conserves de lait, de bosses de bison, de langues de rennes, de thon, de saumon d'Amérique, de petits pois et même de simple bœuf à la mode : toutes ces provisions qu'on emporte quand on va faire un voyage au pôle arctique ou antarctique. Les tortues avaient été enlevées pour les dernières *mockle-turtles* des Anglais restés à Paris, et dans le bassin des poissons rouges flottait une petite carpe qui, en vérité, n'avait pas l'air du tout de venir du Rhin.

Nous la contemplâmes avec ce désintéressement qu'inspirent les choses placées trop au-dessus de notre portée, en répétant le mot philosophique de Bilboquet : « Je repasserai dans huit jours. »

Cependant devant une autre glace de la vitrine s'était formé un attroupement qui témoignait par son attitude une admiration bien sentie. Nous étant approché, nous n'aperçûmes d'abord qu'une racine de gen-seng dont les pivots se tortillaient comme les jambes de Cornélius, la mandragore transformée en feld-maréchal dans le conte d'Achim d'Arnim, et deux ou trois pots de confiture de gingembre de la Chine clissés avec des cordelettes de bambou. Ce n'était pas cela qui excitait l'ébahissement respectueux de la foule, mais bien une motte de beurre frais d'un demi-kilogramme environ posée triomphalement sur une assiette. Jamais le bloc jaune qu'exposait la loterie du lingot d'or ne fut contemplé avec des yeux plus admiratifs, plus brillants de désir, plus phosphorents de convoitise. A ces regards ardents se mêlaient des lueurs attendries, des souvenirs de temps plus heureux...

On a beaucoup vanté le courage, le dévouement, l'abnégation, le patriotisme de Paris... Un seul mot suffit — Paris se passe de beurre !

UN PEU DE MUSIQUE.

Comme la pluie continuait à tomber, nous poursuivîmes notre promenade. A l'entrée de la galerie d'Orléans, les crieurs de journaux, — cette meute de la publicité, — aboyaient à pleine voix, et leurs clameurs prenaient, sous la voûte vitrée, une résonnance assourdissante. Des acheteurs se groupaient autour d'eux et formaient sur ce point une espèce de foule noire et fourmillante;

mais dès qu'on s'était engagé sous les arcades, on retombait dans la solitude la plus profonde. Quoiqu'il fût sept heures à peine, les boutiques étaient fermées ; de rares becs de gaz, largement espacés, tremblottaient, tourmentés par le vent, et jetaient des reflets mouillés sur les flaques d'eau du jardin : de loin en loin apparaissait comme une ombre un passant se dirigeant d'un pas hâtif vers son pauvre dîner obsidional ; des femmes vêtues de noir, un enfant à la main, qui les suivait *non passibus æquis*, filaient le plus rapidement possible, yeux baissés, voilette rabattue, pressées par la nuit, mais en très-petit nombre, de sorte que la longue galerie paraissait déserte.

Des bouffées de pluie arrivaient à travers les baies des arcades et faisaient miroiter les dalles boueuses. Un air humide, quoique nous fussions à l'abri, pénétrait nos vêtements, et au malaise de l'âme se joignait le malaise du corps. Nous pensions aux temps où ces arcades étincelantes de lumière nous rappelaient les *Procuraties* de Venise par l'animation des boutiques, le bruit des cafés et les évolutions des promeneurs fumant leurs cigares. Notre rêverie tournait à l'humeur noire, lorsque tout à coup un bruit de musique parvint à notre oreille. Nous nous approchâmes; un cercle s'était formé près du café de la Rotonde et l'on se pressait autour de deux petites chanteuses italiennes.

L'une, la plus grande, fillette de douze ou treize ans, avec ses cheveux blonds, ses yeux bleus, ses traits réguliers et fins, son linge blanc plié sur la tête, ressemblait beaucoup à cette Pasqua-Maria illustrée par Bonnat et Jalabert. Elle portait ce tablier rayé transversalement de diverses couleurs qui a l'épaisseur d'un tapis, les manches de grosse toile, le jupon à plis droits; mais comme le temps était assez froid, elle avait jeté sur ses petites épaules maigres quelque haillon parisien dû, sans doute, à la charité d'une âme compatissante; malgré cette infraction à la couleur locale, elle n'en était pas moins jolie.

L'autre, qui semblait la cadette de la première, blonde aussi, avait à peu près le même costume, mais sa figure gardait un caractère plus enfantin. Son éducation musicale ne devait pas être aussi avancée que celle de sa sœur, car son rôle dans le concert se bornait à rhythmer le chant par le tambour de basque et à soutenir avec le frisson des plaques de cuivre la partie de violon. Nous n'affirmerons pas que la petite virtuose fût de la force des sœurs Milanollo ou Ferni, mais elle ne jouait pas trop mal de ce malheureux petit violon rouge sur lequel s'appuyait énergiquement son menton délicat. Elles chantaient ensemble quelques-unes de ces cantilènes des Abruzzes d'une mélancolie si pénétrante et si passionnée, dont chaque couplet commence par un nom de fleur : « Fior di castagna, fior di camomilla, fior di rosa. » On ne saurait imaginer quel charme prenait, de la tristesse environnante, de la pluie, de la nuit sombre et des pensées de chacun plus sombres que la nuit, cette musique d'une naïveté rustique et d'une douceur plaintive ; elle venait à propos pour détendre les nerfs et changer le chagrin en mélancolie.

Pour finir le concert par quelque chose d'actuel et dans le goût français, les deux fillettes jouèrent *la Marseillaise* avec toute la *furia* qu'elles pouvaient y mettre. La grande prenait des airs terribles et écrasait l'archet sur les cordes ; la petite, accélérant le rhythme, secouait son tambour de basque comme une bacchante ; et l'entrain méridional emportant les petites virtuoses, l'hymne de Rouget de Lisle finit en tarentelle napolitaine. Ce contraste produisait un effet d'une grâce bizarre et charmante, et faisait penser à ce bas-relief antique où des enfants essayent de soulever la massue d'Hercule.

EFFET DE NUIT.

Silence de mort, solitude effrayante le long du quai. On se croirait dans une ville du moyen âge, à l'heure où le couvre-feu sonne. A peine si l'on entend dans le lointain le roulement d'une voiture ou le pas d'un bourgeois revenant chez lui. Les maisons s'élèvent hautes et sombres, découpant leurs combles sur la nuit comme du velours noir sur du drap noir. Trois fenêtres seulement sont éclairées du coin du quai Voltaire au dôme de l'Institut. Près du kiosque de l'inspecteur de place tremblote la lanterne d'un dernier fiacre. Les lampadaires à demi baissés piquent l'ombre de rares points rouges dont le reflet s'allonge et se dissout dans le fleuve comme une larme de sang. Mais tout à coup un caprice du vent écarte les nuages, et il s'allume autant d'étoiles au ciel qu'il s'éteint de becs de gaz sur terre. L'illumination est au grand complet là-haut !

IX

UNE LECTURE D'ESCHYLE PENDANT LE SIÉGE

Il est huit heures du soir : notre sobre dîner de siége est absorbé et digéré déjà. On ne peut cependant pas se coucher encore, car l'aube de décembre se lève tard. Essayons d'aller rendre visite à un ami de notre âge ; les jeunes sont au rempart ou sur le plateau d'Avron. Heureux les jeunes ! la faiblesse ne les oblige pas à rester assis aux portes Scées, comme les vieillards d'Homère, pendant que les Grecs et les Troyens se battent dans la plaine. Nous sortons. La nuit est d'un noir sinistre que hache une pluie diagonale poussée par le vent et mêlée de flocons de neige demi-fondue. Les pompes à vapeur établies sur le quai dégorgent à travers l'ombre une fumée livide. La Seine roule ses flots couleur d'encre, épais, huileux comme ceux du Styx ou de l'Achéron. A de courtes distances, un fanal à la proue, un fanal à la poupe, projetant des lueurs par les fenêtres de leurs cabines, passent des bateaux-mouches. Ils s'arrêtent aux débarcadères et, sous la lumière des lanternes, à travers un fourmillement confus d'ombres, se dessinent des groupes étranges, d'une apparence fantastique et spectrale. Ce sont des blessés qu'on rapporte; ils ne resteront pas du moins jusqu'au pâle matin d'hiver sur le champ de bataille et le froid nocturne ne les soudera pas avec leur sang coagulé à la boue glaciale et durcie. Des voitures, des brancards les emmènent aux ambulances, où les attendent les soins les plus empressés. Leur glorieuse journée est faite, et si la douleur les laisse dormir, ils rêveront de victoire et de délivrance.

Sur la façade éteinte du Louvre, de l'autre côté de l'eau, flamboient deux grandes fenêtres avec des palpitations rougeâtres qui feraient croire à un incendie intérieur. Sur ce fond lumineux vont et viennent, comme des ombres chinoises mal appliquées au transparent, des silhouettes vagues, occupées d'une besogne mystérieuse. L'anhélation d'un soufflet, en rendant la clarté plus ou moins vive, les efface ou les accuse. Mais il n'y a derrière ce carreau, comme on l'aurait aisément supposé aux temps romantiques, ni Ruggieri préparant des poisons, ni alchimiste cherchant la pierre philosophale dans le fond de ses cornues. Ce qui produit cette lueur inquiétante est tout simplement une forge où l'on répare les fusils des mobiles et des gardes nationaux.

Nous traversons le pont des Saints-Pères, houspillé par les gamineries de la bise qui tâchait de jeter notre chapeau à la rivière, excellente farce à la Gavroche qui nous eût semblé de mauvais goût en ce moment. On devinait au loin, comme dans les ténébreuses eaux-fortes de Piranèse, des masses d'architectures opaques et des lignes de quais tracées par des points brillants semblables à ces piqûres de cartons noirs qu'on présente à la lumière ; mais les perles de feu étaient bien largement égrenées et ne formaient plus ce cordon étincelant, illumination habituelle de Paris.

L'impression était triste, solennelle et grande. A travers les larges baies que gardent les statues colossales de la Paix et de la Guerre, la place du Carrousel apparaissait miroitée d'eau, glacée de reflets et traversée d'un unique omnibus dont les lanternes rouges brillaient comme les yeux d'un monstrueux insecte rampant dans l'obscurité.

Après avoir suivi plusieurs rues, qui ressemblaient, tant elles étaient sombres, à des traits de scies dans des blocs de marbre noir, nous arrivâmes à la maison de notre ami, qui était allé *aux nouvelles*, car c'est encore l'aliment qu'on cherche avec le plus d'avidité, quelque maigre chère qu'on fasse. Force nous fut donc de retourner au logis, et là, les pieds contre un petit feu de veuve, éclairé d'une *seule* bougie (il faut en état de siége ménager la lumière et le feu), tenant en main un livre pris au hasard sur la planche de sapin qui supporte les épaves de notre bibliothèque, nous commençâmes assez tristement notre soirée solitaire.

Ce volume était le Théâtre d'Eschyle, ce fier génie qui, dédaignant sa gloire de poëte, ne parla dans l'épitaphe qu'il se fit lui-même que de sa gloire de soldat. « Ce monument couvre Eschyle, fils d'Euphorion. Né Athénien, il mourut dans les plaines fécondes de Géla. Le bois tant renommé de Marathon et le Mède à la longue chevelure diront s'il fut brave. Ils l'ont bien vu. »

Précisément, le livre s'ouvrit à la tragédie des *Sept contre Thèbes*, comme si du fond des siècles Eschyle voulût faire allusion aux événements du jour.

Aristophane, l'impitoyable moqueur, professait pour Eschyle l'admiration la plus profonde, admiration qui le rendait injuste à l'endroit d'Euripide, dont il dépréciait outre mesure le mérite, le regardant comme un corrupteur du goût et des mœurs, qu'il efféminait par la peinture trop vive des passions et la recherche outrée du pathétique. Dans *les Grenouilles*, il donne la palme tragique au vieil Eschyle. Euripide demande à son heureux rival : « Et comment faisais-tu donc des héros ? — Avec une tragédie toute remplie de l'esprit de Mars. — Laquelle ? — Les *Sept contre Thèbes*. » Tous les spectateurs en sortaient avec la fureur de la guerre.

Rien ne ressemble moins à une pièce selon les idées modernes que cette tragédie du soldat de Salamine, de Marathon et de Platées ; c'est plutôt un fragment épique dramatisé, quelque chose comme un *oratorio* mêlé de récitatifs et de chœurs. Ainsi que le fait remarquer M. Alexis Pierron, le traducteur de ce grand génie abrupt et farouche, ce sujet a plusieurs fois été mis au théâtre sous des titres différents, et par Racine sous celui des *Frères ennemis*. Seulement, dans Eschyle, le premier personnage, celui qui anime toute la tragédie, sur qui porte tout l'intérêt, c'est la ville de Thèbes. On ne voit Polynice que mort, et Étéocle ne songe pas un moment à lui-même : pilote assis au timon, comme il le dit au commencement de la pièce, il répond de la vie de tous ceux qui sont sur le navire. Aucun des sept chefs coalisés ne paraît, si ce n'est dans le récit, qui vaut, du reste, une action. Les préparatifs d'un combat, une lamentation funèbre sur deux frères qui se sont percés l'un l'autre, voilà tous les événements de la tragédie ; mais ce qui la remplit d'un bout à l'autre, c'est la terreur et la pitié, ainsi que parlaient les anciens critiques, c'est le destin de cette ville que menacent l'incendie et le pillage.

Eschyle en quelques traits grandioses, dont le dessin de Michel-Ange peut seul donner l'idée, a tracé une composition qui semble plutôt due à un Titan qu'à un mortel, tant elle dépasse les limites du génie humain. On y sent une force inéluctable. Le poëte vous tient sur sa main colossale comme ces statuettes suppliantes que portaient les dieux.

Chose étonnante, cette tragédie sublime est en même temps vivante, familière, actuelle pour ainsi dire ; ce siége de Thèbes nous ramenait au siége de Paris, que nous aurions voulu oublier un instant : l'humanité est toujours la même. *Les Sept contre Thèbes* parurent au théâtre sous l'archontat de Théagénidès dans la LXXXVIIe olympiade, c'est-à-dire 468 ans avant Jésus-Christ, et l'on croirait la pièce écrite d'hier, si jamais des modernes pouvaient atteindre à une telle beauté et à une telle puissance.

Un chœur de femmes personnifie le peuple de Thèbes, Etéocle la défense, et un éclaireur représente l'armée assiégeante par des rapports d'une poésie incomparable qui sonnent comme des appels de clairons et dont les mots semblent secouer des panaches, pour nous servir de l'expression d'Aristophane.

La pièce s'ouvre par un discours d'Étéocle, qui comprend toute la responsabilité qui pèse sur lui et se montre aussi grand tacticien que habile politique. Il envoie aux remparts les hommes que l'âge a mûris déjà et aux portes ceux dont la jeunesse verdoyante pleine de séve est dans toute la fleur de son courage. « Le devoir commande, nous avons à sauver la cité, les autels des dieux de la patrie et leurs honneurs menacés, et nos enfants, et cette terre notre mère, cette tendre nourrice, celle qui porta tout le faix de notre enfance depuis que, naissant à peine, nous rampions sur son sol favorable, et qui nous éleva pour être des habitants fidèles, de belliqueux défenseurs au jour de la nécessité... On annonce que les Achéens ont résolu, la nuit dernière, l'assaut décisif et que la ville a tout à craindre. Vous tous, courez au créneaux, aux portes des remparts ; prenez vos armes, revêtez vos cuirasses ; allez, et fermes sur les plates-formes des tours, fermes aux avenues des portes, ne perdez rien de votre audace, ne tremblez pas en face de la multitude des assiégeants. Le ciel est pour nous. J'ai dépêché des espions, des éclaireurs vers l'armée des ennemis. Je l'espère, leur voyage n'aura pas été inutile : instruit par leurs rapports, je serai prêt contre toute surprise. » Ne croirait-on pas lire une de ces blanches affiches gouvernementales appliquées ces jours derniers aux murs de Paris ?

L'éclaireur revient et raconte qu'il a vu les sept chefs plonger leur main dans le sang d'un taureau égorgé et jurer avec d'horribles imprécations de mourir ou de vaincre ; ensuite, ils ont chargé un char de souvenirs destinés à leurs parents, s'ils périssaient : boucles de cheveux, agrafes et bracelets. Leurs yeux étaient mouillés de larmes, mais leur résolution n'était pas amollie. Les points d'attaque ont été tirés au sort... Ils semblaient des lions s'animant au combat. « Choisis les soldats les plus braves, poste-les aux avenues de la ville. Hâte-toi, car déjà l'armée des Achéens ébranle sa masse entière : la poudre s'élève ; une blanche écume dégoutte de la bouche des coursiers et colore la plaine. Sois pour nous un prévoyant pilote. Mets la ville à l'abri avant que Mars souffle la tempête ; déjà mugissent au pied de nos murailles les vagues de l'armée assaillante. Saisis promptement l'instant favorable pour la défense. Moi, pendant le reste du jour, je tiendrai fidèlement l'œil ouvert sur l'ennemi. Tu sauras par d'exacts rapports leurs mouvements dans la plaine et tu seras à l'abri du danger. »

En apprenant que l'ennemi approche, les

femmes de Thèbes, moins courageuses que les femmes de Paris, poussent des cris de terreur, se frappent le sein, s'arrachent les cheveux, se précipitent aux pieds des autels, tendant vers le ciel leurs mains suppliantes et se livrant à ces excès de douleurs antiques dans lesquels Eschyle sait si bien résumer la désolation de toute une ville, de tout un peuple. Avec cet immense chœur s'exhale le désespoir de Thèbes aux abois, qui, après un long siége, va subir l'assaut suprême.

Ce tumulte impatiente Étéocle. Il craint que ces gémissements, ces prières et ces larmes n'énervent le courage des soldats, et il impose assez durement silence aux Thébaines : « N'allez pas, si l'on vous dit qu'il y a des morts, des blessés, n'allez pas vous mettre à pousser des lamentations : le carnage, c'est la pâture du dieu Mars ! »

Pendant que nous lisions dans le vieil Eschyle *les Sept contre Thèbes*, parfois il nous semblait entendre à travers le silence de la nuit le coup sourd d'un canon éloigné. Les moyens de destruction se sont bien perfectionnés depuis Étéocle et Polynice, où l'on assaillait les murailles à coups de pierre.

Étéocle parti, le chœur peu rassuré dépeint par anticipation le sort d'une ville prise d'assaut : « Partout la violence, le carnage, l'incendie ; partout des tourbillons de fumée obscurcissant le jour. Mars, furieux, souffle la destruction. Rien n'est sacré pour sa main cruelle. La ville résonne d'affreux rugissements : un mur hérissé, impénétrable enveloppe les vaincus. Le guerrier tombe égorgé par le fer du guerrier. On entend retentir le vagissement des enfants nouveau-nés massacrés sur la mamelle sanglante. Puis c'est le pillage, compagnon du meurtre. Les soldats se heurtent dans les rues, pliant sous le faix. Ceux qui n'ont rien encore s'excitent l'un l'autre. Chacun veut sa part de butin, nul ne prétend rien céder. Tous brûlent d'avoir la portion la plus grande. Ce qui se passe alors, comment le peindre ? Des fruits de toute espèce jonchent le sol, affligeant spectacle ! et l'œil des ménagères se remplit de cuisantes larmes. Confondus au hasard, tout les dons de la terre roulent entraînés dans la fange des ruisseaux. De jeunes filles, qui n'ont jamais connu la souffrance, iront, esclaves infortunées, obéissantes, partager la couche d'un soldat heureux, d'un ennemi triomphant. Pour elles, il n'est plus qu'une espérance, la mort qui doit les engloutir dans sa nuit, la mort qui mettra fin à leurs lamentables douleurs. »

Ne dirait-on pas, à ce tableau, que Thèbes est investie non par des Grecs mais par une armée prussienne ?

Heureusement Thèbes est sauvée. Étéocle oppose aux sept chefs qui attaquent les sept portes de la ville autant de chefs habiles et vaillants soutenus sans doute de troupes solides, car la tragédie n'en parle pas par un procédé de simplification familier à Eschyle.

L'éclaireur, qui est décidément le plus grand poëte du monde, décrit à Étéocle en vers admirables la physionomie, l'attitude et l'armure de chacun des sept chefs. Prenons au hasard le portrait de Tydée. Le lecteur ne sera peut-être pas fâché de voir le portrait d'un chef achéen. « Ce guerrier secoue en criant les trois épaisses aigrettes, crinière de son casque, et les sonnettes d'airain qui pendent à son bouclier sonnent l'épouvante. Sur le bouclier, il porte un fastueux emblème : c'est l'image du ciel avec ses astres resplendissants. Au milieu brille la pleine lune, la reine des astres, l'œil de la nuit. C'est ainsi que Tydée, fier de sa magnifique armure, debout sur la rive du fleuve, appelle à grands cris le combat. Tel un cheval fougueux s'irrite contre le frein, impatient de s'élancer au signal de la trompette. »

Après chaque portrait Étéocle choisit le héros qu'il doit opposer à l'original.

Tous ces chefs ennemis ont des blasons et des devises comme des chevaliers du moyen âge. Capanée a pour emblème un homme nu, la main armée d'un flambeau, et cette figure crie, en lettres d'or : « Je brûlerai la ville. » Étéoclus porte sur son bouclier un soldat qui monte les degrés d'un échelle et vocifère ces mots écrits : « Mars lui-même ne me renverserait pas de dessus les remparts. » Un Typhon vomissant des flammes est gravé sur l'écu, large comme une roue, du gigantesque Hippomédon ; le beau Parthénopée a pour emblème un sphinx. Le sage Amphiaraus a dédaigné tout symbole. Quant à Polynice, deux figures apparaissent sur son bouclier : un guerrier couvert d'une armure d'or ; une femme qui s'avance d'un pas majestueux et qui conduit le guerrier par la main : « Je suis la justice, — disent les lettres de l'inscription, — je ramènerai cet homme, et lui rendrai l'héritage de ses pères. » Prophétie menteuse, car Polynice ne dut une sépulture qu'à la piété de sa sœur Antigone.

La soirée s'avançait. On n'entendait plus d'autre bruit que le tintement des gouttes de pluie dont la rafale fouettait la vitre de la mansarde. Notre bougie descendue en brûlant jusqu'au cristal de la bobêche allait la faire éclater, et nous fermâmes le livre sur cette phrase de bon augure, qui est la dernière des *Sept contre Thèbes* : « Après le puissant Jupiter, après les immortels, c'est lui surtout qui a sauvé la race de Cadmus, c'est lui qui a repoussé le flot d'étrangers prêt à l'engloutir. »

X

AUTRES CROQUIS

I. — MUSÉE DE NEIGE.

Décembre 1870.

Un peintre de nos amis est venu hier nous chercher pour nous mener au bastion 85, où nous verrions, disait-il, quelque chose d'intéressant ; mais il fallait se presser, la nuit tombe vite en ces tristes jours de décembre, et, d'ailleurs, un changement de température pouvait anéantir l'objet de notre pèlerinage. Nous voilà donc parti en toute hâte, maudissant la lenteur de notre pauvre cheval de fiacre qui patinait sur la neige durcie, d'autant plus glissante que nous avancions dans les rues désertes des quartiers s'étendant au delà du Luxembourg et de l'Observatoire. Les passants étaient rares, mais sur chaque place, au milieu des carrefours, sur tout terrain vague favorable au développement des manœuvres, on voyait des gardes nationaux faisant l'exercice malgré un froid assez piquant qu'ils ne paraissaient pas sentir.

Nous cheminions le long de grands murs gris placardés d'anciennes affiches, de vieilles maisons bizarres consacrées à des industries que la ville élégante rejette à ses extrémités, de baraquements en bois de sapin, ambulances ou abris pour les troupes, de clôtures démantelées dont le ton rappelait les dessins sur papier teinté, rehaussés de blanc, les couches de neige accrochées çà et là figurant les points de gouache. Si la brume qui se levait n'eût pas borné la vue aux premiers plans, nous eussions vu par-dessus les murs bas, dans le cadre des portes ouvertes, à travers les interruptions de masures, d'admirables échappées de paysage d'hiver sur ces cultures et ces marais qu'inonde la Bièvre et que domine la Butte-aux-Cailles, mais ce n'était pas le but de notre excursion et nous regrettâmes moins ce petit contre-temps.

Arrivé au chemin de ronde du rempart, nous abandonnâmes notre véhicule, dont le cheval s'était abattu, et notre ami nous conduisit à l'endroit où se trouvait la curiosité qu'il nous avait promise et qui valait en effet le voyage au bastion.

La 7ᵉ compagnie du 19ᵉ bataillon de la garde nationale contient beaucoup d'artistes peintres et statuaires blasés bien vite sur les péripéties de l'éternel jeu de bouchon, et qui ne demanderaient pas mieux que d'occuper d'une autre manière leurs loisirs d'une faction à l'autre. La pipe, le cigare, la cigarette aident à brûler le temps, les discussions d'art et de politique le tuent quelquefois, mais on ne peut toujours fumer, parler ou dormir. Or, depuis trois ou quatre jours, il est tombé une assez grande quantité de neige, à moitié fondue déjà dans l'intérieur de Paris, mais qui s'est maintenue sur le rempart plus exposé au vent froid qui vient de la campagne. Et comme il y a toujours chez l'artiste, quel que soit son âge, un fond d'enfance et de gaminerie, à la vue de cette belle nappe blanche, l'idée d'une bataille à coups de boules de neige se présenta comme une distraction de circonstance. Deux camps se formèrent et des mains actives convertirent en projectiles les flocons glacés et brillants recueillis sur les talus. L'action allait s'engager quand une voix cria : « Ne vaudra-t-il pas mieux faire une statue avec ces pains de neige ? » L'avis parut bon, car MM. Falguière, Moulin et Chapu se trouvaient de garde ce jour-là. On dressa un semblant d'armature en moellons ramassés de côté et d'autre, et les artistes, à qui M. Chapu servait complaisamment de praticien, se mirent à l'œuvre, recevant de toutes mains les masses de neige pétrie que leur passaient leurs camarades.

M. Falguière fit une statue de la Résistance et M. Moulin un buste colossal de la République. Deux ou trois heures suffirent à réaliser leur inspiration, qui fut rarement plus heureuse. Ce n'est pas la première fois du reste que de grands artistes daignent sculpter ce marbre de Carrare qui descend du ciel sur la terre en poudre scintillante. Michel-Ange modela pour satisfaire une fantaisie de Pierre de Médicis une statue colossale de neige — chose rare à Florence — dans la cour même du palais, et ce badinage où éclatait le génie de l'artiste, car lorsqu'on a la pensée, la matière importe peu, lui valut la faveur du nouveau grand-duc, qui le protégea comme avait fait Laurent le Magnifique.

La statue de M. Falguière est placée au bas d'un épaulement, non loin du corps de garde, sur le bord du chemin de ronde, et regarde vers la campagne. L'artiste délicat à qui l'on doit le *Vainqueur au Combat de coqs*, le *Petit Martyr*, et l'*Ophélie*, n'a pas donné à la *Résistance* ces formes robustes, presque viriles, ces grands muscles à la Michel-Ange que le sujet semble d'abord demander. Il a compris qu'il s'agissait ici d'une Résistance morale plutôt que d'une Résistance physique, et au lieu de la personnifier sous les traits d'une sorte d'Hercule femelle prête à la lutte, il lui a donné la grâce un peu frêle d'une Parisienne de nos jours. La Résistance, assise, ou plutôt accotée contre un rocher, croise ses bras sur son torse nu avec un air d'indomptable résolution. Ses pieds mignons, s'appuyant, les doigts crispés, à une pierre, semblent vouloir s'agrafer au sol. D'un fier mouvement de tête, elle a secoué ses cheveux en arrière comme pour faire bien voir à l'ennemi sa charmante figure, plus terrible que la face de Méduse. Sur les lèvres se joue le léger sourire du dédain héroïque, et, dans le pli des sourcils se ramasse l'opiniâtreté de la défense, qui ne reculera jamais. Non, les gros poings d'un barbare n'attacheront pas ces bras fins et nerveux derrière ce dos d'une ligne si élégante. Cette taille souple rompra plutôt que de ployer. La force immatérielle vaincra la force brutale, et, comme l'ange de Raphaël, mettra le pied sur la croupe monstrueuse de la bête.

Au bas de cette statue improvisée, M. Falguière a eu la modestie d'écrire en lettres noires sur une planchette : *la Résistance*. L'inscription était inutile. En voyant cette figure d'une énergie si obstinée, tout le monde la nommera, quand même elle n'aurait pas à côté d'elle son canon de neige.

Il est douloureux de penser que le premier souffle tiède fera fondre et disparaître ce chef-d'œuvre, mais l'artiste a promis d'en faire, à sa descente de garde, une esquisse de terre ou de cire pour en conserver l'expression et le mouvement.

Sur le point le plus élevé de l'épaulement domine le buste colossal de la République, de M. Moulin, dont le regard, par-dessus le bastion, semble plonger au loin dans la campagne. Mais ce n'est pas de là qu'il faut la voir : le bon endroit est sur le chemin de ronde, au pied du talus. Quand l'artiste travaillait à la tête de sa

République, dont les lignes doivent être allongées et combinées pour un plafonnement considérable, ses amis lui criaient d'en bas : « Rajoute du front, soutiens la joue, avance le menton, remets de la neige au bonnet ! » Et l'artiste, perché sur son épaulement comme un ouvrier grec au sommet d'un fronton, écoutait les indications et les critiques, et le buste prenait une beauté majestueuse et terrible.

Quel admirable matière que ce Paros céleste qu'on nomme la neige! quelle blancheur immaculée ! quelle finesse de grain, quel scintillement de micas et de paillettes d'argent ! avec quelle douceur les pâles figures modelées dans ce duvet soyeux se détachent sur le fond d'ouate du brouillard et des arbres lointains semblables, au bas du ciel gris, à de légères fumées rousses !

II. — L'ART PENDANT LE SIÉGE.

Lorsqu'une fois l'art s'est emparé d'une âme, il la hante à toutes les heures, il la possède, en prenant le mot au sens liturgique, et nul exorcisme ne peut l'en chasser. L'âme, d'ailleurs, aime son démon, quoiqu'il la tourmente et la fasse souvent souffrir, et elle serait bien fâchée d'en être délivrée à jamais. Rien ne distrait le poëte de son ode, le sculpteur de sa statue, le peintre de son tableau. Au milieu des plus grandes catastrophes, une rime, une forme, une couleur les occupent. Cela ne les empêche pas de se dévouer à la patrie, de faire le sacrifice de leur vie avec un parfait sang-froid, et de placer leur balle aussi à-propos qu'un franc-tireur. Mais ils voient toujours la nature à travers l'événement ; ils dégagent la beauté même de l'horreur et cherchent à transporter les faits dans la sphère de l'art.

Voyez là-bas ce garçon robuste et de belle prestance qui vient peut-être de s'engager dans un régiment de marche ; il monte sa faction au rempart ; par les créneaux des sacs de terre, il jette de temps à autre sur l'horizon suspect ce regard du peintre qui voit tout. La campagne est tranquille et il reprend sa rêverie. Une image se présente à son esprit, qu'il étend et transfigure en symbole. Une femme vêtue de noir passait, un ballon traversait l'air, un fort lançait quelques obus aux Prussiens, et de ces faits que rien ne relie entre eux, sans signification pour le promeneur inattentif, résulte une composition délicieuse, d'une sensibilité et d'une poésie attendrissantes.

M. Puvis de Chavannes a rapporté du rempart un dessin superbe qu'il a fait lithographier et qui rappelle la manière grande et simple de l'artiste à qui l'on doit ces magnifiques fresques sur toile *la Guerre*, *la Paix*, *le Travail* et *le Repos*.

Une femme, mince, svelte, en longue robe de deuil, les cheveux coupés comme ceux d'une veuve, la main droite appuyée sur un chassepot armé de sa baïonnette, et la main gauche étendue vers le ciel, le visage en profil perdu, se tient debout sur le terre-plein d'un bastion. Les plis de son vêtement, se brisant à ses pieds comme des cassures de draperies gothiques, lui font un socle qui l'exhausse et ajoute à son élégance.

Un peu au-dessous d'elle, on aperçoit des canons, des tentes, des gabionnades, des amas de boulets ; d'un fort qu'à sa silhouette on reconnaît pour le Mont-Valérien, s'échappent des nuages de fumée horizontale, et dans un coin du ciel déjà estompé par l'éloignement s'efface la sphère d'un ballon, seul moyen de communication qui nous reste avec le monde extérieur.

La figure symbolique, qui pourrait être réelle et représenter un portrait aussi bien qu'une généralité, suit l'aérostat d'un regard plein d'inquiétude et d'amour. Sur ce frêle navire est chargée une grande espérance.

Une légende est écrite au bas de l'image : « La ville de Paris investie confie à l'air son appel à la France ! »

Cette touchante figure appelle son pendant : « Paris serrant contre son cœur la colombe messagère qui apporte la bonne nouvelle. » Pour lui donner l'expression juste, M. Puvis de Chavannes n'a qu'à penser à mademoiselle Favart disant les *Pigeons de la république* dans sa robe lustrée comme un plumage de tourterelle. Ce sera la distraction de sa prochaine garde, où il verra passer dans le ciel nos facteurs emplumés poursuivis, mais non attrapés par les faucons de M. de Bismark.

III. — DANS LA NUIT.

Comme nous revenions avec notre ami qui lui aussi utilise les loisirs du rempart, et grave à l'eau-forte avec une originalité étrange les aspects bizarres que présentent les barbaries de la guerre à travers les raffinements de la civilisation, il nous fit voir quelques notes écrites parmi des croquis sur un carnet de poche : Le poste éveillé en sursaut. Branle-bas de combat. On court au bastion. Les Prussiens essayent une surprise aussitôt déjouée. Ciel bas et pluvieux illuminé de lueurs intermittentes par le tir des canons du fort d'Ivry et du fort de Bicêtre, dont on voit les feux, tandis qu'on n'aperçoit de l'autre batterie que des reflets rougeâtres. Sur ce fond obscur, comme sur un papier brûlé où courent des étincelles, pétille la fusillade multipliant ses points lumineux et traçant des lignes capricieuses. Une vapeur d'aurore boréale tremble à l'horizon. C'est Cachan qui brûle, et parfois le fort de Bicêtre, comme la langue fourchue d'un serpent, darde un long jet de lumière électrique. Ce jet, avec sa teinte blanche et morte, ressemble à un rayon de lune ou à une immense bande de papier déroulée brusquement sur le paysage, qui se décolore aussitôt, et prend des tons de blanc d'Espagne. Le rayon se présente par la tranche, ce qui ajoute à la singularité de l'effet. Bientôt, tout rentre dans l'ombre et le silence.

IV. — CLAIR DE LUNE AU BASTION.

Hier il faisait le plus admirable clair de lune du monde, un clair de lune comme on en voit peu dans nos contrées du septentrion. Ce n'était pas le jour et ce n'était pas la nuit. Que sa lumière soit plus ou moins intense, le clair de lune a pour propriété de décomposer les couleurs et de revêtir les objets d'une teinte uniforme entre le gris bleuâtre et l'hortensia. Il ne modèle les formes que par des contrastes de noirs et de blancs, et il jette sur le tout sa poussière brillante comme le mica.

Cette fois les planches des baraques et des cantines gardaient parfaitement leur nuance saumon clair ; les ocres des talus ne se changeaient

pas en craies. Ce qui était rouge restait rouge.
La couleur du vêtement des sentinelles se promenant le chassepot au bras sur la banquette se reconnaissait sans peine ; au fond, sur un ciel d'un bleu d'acier, la silhouette de Paris découpait les dômes du Val-de-Grâce et du Panthéon, avec un ton d'ombre d'un violet intense, et, au delà du rempart, la campagne saupoudrée de neige faisait l'effet d'un immense relief d'argent ou plutôt d'un morceau de lune vu au télescope.

XI

LES ANIMAUX PENDANT LE SIÉGE

Février 1871.

Une question que le rêveur peut se poser est celle-ci : les animaux s'aperçoivent-ils des événements qui se passent autour d'eux et cependant semblent en dehors de leur sphère instinctive? Les partisans de Descartes répondraient tout de suite par la négation : les animaux n'étant pour eux que de pures machines, des espèces de tournebroches accomplissant d'une manière inconsciente une fonction déterminée. Ceux qui ont vécu dans l'intimité des bêtes, ces amis inférieurs, ces humbles frères de l'homme, qui les suivent et les regardent avec attention, seront d'un avis différent. Démocrite comprenait le langage des oiseaux; Dupont de Nemours en a fait le dictionnaire. Sans aller jusque-là, il n'est pas impossible à un observateur de se rendre compte des impressions et des jugements des bêtes.

Il est douteux que les chiens, par exemple, aient su notre investissement par les Prussiens. Ils ne connaissent ni le roi Guillaume, ni M. de Bismark, ni M. de Moltke, mais ils se rendirent très-bien compte, et cela depuis les premiers jours, de la situation anormale de Paris. Le mouvement inaccoutumé de la population, le changement presque général du costume civil en costume militaire, les exercices des mobiles et des gardes nationaux sur les places, les sonneries du clairon, les batteries du tambour les inquiétaient, les étonnaient et leur donnaient à réfléchir. Quelques-uns, réfugiés avec leurs maîtres, étaient visiblement dépaysés ; ils hésitaient dans le choix des rues, incertains d'allures, flairant la voie et consultant aux angles des carrefours quelque confrère du quartier. Les chiens suburbains n'avaient nullement la physionomie des chiens de ville ; ils étaient aisément discernables à leur air rustique et campagnard. Dès qu'une voiture faisait entendre son roulement, ils se rangeaient de loin avec des signes de frayeur, tandis que les parisiens daignaient à peine s'écarter un peu lorsque la roue allait leur passer dessus, en chiens à qui appartient le haut du pavé. Ils avaient l'embarras du provincial.

Tous les matins se formait devant notre porte un conciliabule présidé par un terrier bien râblé, les pattes un peu coudées en dehors, la lèvre inférieure avancée, la supérieure rebroussée, le poil fauve, zébré de brun et portant un collier de cuir noir papelonné d'écailles de cuivre. Les autres chiens, de race plus vague qui l'entouraient, semblaient lui témoigner beaucoup de considération et l'écouter avec déférence.

L'écouter ! il parlait donc ? Assurément : non pas à la manière des hommes au *langage articulé*, belle expression homérique pour distinguer notre espèce des bêtes, mais par de petits abois, des grommellements variés, des brochements de babines, des manéges de queue et des jeux de physionomie expressifs. Ce groupe de causeurs quadrupèdes s'entretenait à coup sûr de la situation. De temps à autre un nouveau venu semblait apporter une nouvelle : on la commentait ; puis le cercle se brisait et chacun allait à ses affaires.

Cela se passait au commencement du siége. Le

pain ne manquait pas. Le stock de bœuf, comme on dit maintenant, était encore considérable, et la cherté des fourrages rendait abondante la viande des chevaux sacrifiés; car le public ne mordait que faiblement à l'hippophagie. Les animaux ne souffrirent pas d'abord; le menu des pâtées resta à peu près le même, mais bientôt les choses changèrent : la résistance se prolongeait, et la ration des bêtes diminua comme celle des hommes. Les pauvres créatures n'y comprenaient rien et vous regardaient de leurs yeux étonnés quand on plaçait devant eux leur maigre pitance. Ils avaient l'air de demander : « De quoi sommes-nous coupables, et pourquoi nous punit-on de la faute que nous n'avons pas commise ? » Plusieurs chiens furent abandonnés ou perdus par leurs maîtres, qui n'avaient pas le courage de les tuer, car « ce qu'il y a de mieux dans l'homme, c'est le chien, » comme dit le troupier de Charlet, et il faut une nécessité bien dure pour se défaire de cet ami à quatre pattes ; plus d'un pauvre diable a partagé avec lui sa dernière croûte, et, dans un club, quand on fit la motion de sacrifier impitoyablement toutes ces *gueules inutiles*, il y eut une révolte générale des cœurs sensibles. Quelques bonnes âmes réclamèrent aussi pour les chats, qui ont bien leur mérite, malgré les calomnies que des malveillants font courir sur leur compte.

En rentrant le soir, nous rencontrions souvent des chiens vagabonds, qui erraient comme des ombres le long des murailles obscures, d'un pas nonchalant comme font les chiens lorsqu'ils ne vont nulle part. Quand nous passions sous la lueur tremblotante d'une lanterne au pétrole, nous trouvant sans doute l'air suffisamment débonnaire, ils se mettaient à nous suivre à une distance respectueuse, suffisante pour se mettre à l'abri d'un coup de pied ou de canne, si par hasard le promeneur était un mortel de trop farouche approche; mais les chiens s'y trompent peu, étant de nature meilleurs physionomistes que Lavater.

Rien de plus touchant qu'une de ces pauvres bêtes perdues, harassées de recherches vaines dans le dédale d'une ville inconnue, qui tâchent de se rattacher à un maître et de se créer un patron nouveau. Elles vous accompagnent pendant les plus longues courses, jappant à vos côtés d'un ton de voix plaintif, vous regardant d'un air tendre, et parfois vous poussant la paume de la main de leur nez humide.

C'est une obséquiosité caressante, mais non importune, une fidélité à suivre, montrant le bon chien qu'une fatalité a séparé de son maître, malgré son dévouement, et qui vous servira bien, si vous l'accueillez. Il en venait jusqu'à notre seuil et c'était, nous l'avouons, un vrai crève-cœur pour nous d'être obligé de leur fermer la porte sur le nez et de tromper ainsi leur espérance. Nous pensons là-dessus comme Crébillon le tragique, qui prenait les chiens errants sous son manteau, les portait au logis, les hébergeait, essayait de leur apprendre un métier, comme de tourner la broche, de danser, de sauter pour le roi ou la reine, de donner la patte, et autres industries canines, puis les reportait en soupirant à l'endroit où il les avait trouvés, s'ils étaient incapables, rebelles ou paresseux. Mais nous possédions déjà notre ménagerie intime, bien difficile à nourrir.

Bientôt les bêtes s'aperçurent que les hommes les regardaient d'une manière étrange, et que leur main, sous prétexte de les caresser, les palpait, comme des doigts de boucher, pour s'assurer de leur plus ou moins d'embonpoint. Elles étaient devenue une proie, un gibier ardemment poursuivi. Les chats, plus spirituels et plus défiants que les chiens, comprirent les premiers, et mirent la plus grande prudence dans leurs relations. Ce ne fut qu'avec des amis bien sûrs de la race féline qu'ils se hasardèrent à filer leur rouet et à prendre leur place habituelle sur les genoux; mais au moindre geste un peu vif, ils se réfugiaient sur les toits et dans les caves les plus inaccessibles. Les caniches, s'étant à la fin doutés de la chose, s'enfuirent quand on les appelait comme le chien de Jean de Nivelle, ce qui n'empêcha pas le nœud coulant, le sac et l'assommoir de faire de nombreuses victimes. Des boucheries canines et félines, où se débitaient aussi des rats, arborèrent hardiment leur enseigne, ne trompant pas sur la qualité de la marchandise; les clients y affluaient.

La petite réunion matinale qui avait lieu devant notre porte diminua de jour en jour, et il ne resta bientôt plus que le terrier rêvant, sur le seuil de la boutique de son maître, à la disparition mystérieuse de ses amis. Il se tenait, d'ailleurs, sur ses gardes, flairant le péril et montrant les crocs à la moindre approche suspecte. Quand il voyait passer quelque rôdeur de mauvaise mine, porteur d'un sac, il se réfugiait sous le comptoir avec des grognements sourds.

Au commencement du siége, les postes des remparts avaient une nombreuse clientèle de chiens qui s'y étaient installés à demeure ; ils saluaient de battements de queue la garde descendante et accueillaient de joyeux abois la garde montante. Ils partageaient l'ordinaire du soldat, moblot ou sédentaire, mais ils ne prenaient que la viande offerte et dédaignaient le pain d'une narine superbe. La faim ne tarda pas à les rendre moins difficiles ; mais, au bout de quelque temps, de convives, ils s'élevèrent à l'état d'objet de consommation. Ils allongèrent la ration un peu courte ou furent vendus à des restaurateurs de troisième ordre. Les postes se dégarnirent peu à peu de leurs hôtes.

Un seul chien demeura fidèle au secteur. On le voyait se promener le long du rempart, comme accomplissant une ronde, efflanqué, disséqué par la maigreur, l'épine dorsale en chapelet, le nœud de l'échine proéminent, les apophyses des jointures perçant presque la peau, les côtes faisant cercle, le poil bourru et rêche comme du gazon sec. Il allait ainsi, plus misanthrope que Timon d'Athènes, évitant l'homme et surtout le militaire avec le même soin qu'il le recherchait autrefois ; lui, pauvre quadrupède, simple de cœur, il trouvait indélicate à l'endroit de son espèce la conduite du *bimane*, genre *primate*, qu'il avait trop longtemps estimé, et il lui en gardait rancune. C'était l'ombre d'un chien qui revenait : deux profils collés l'un sur l'autre, une découpure n'offrant aucune espèce d'épaisseur. La pauvre bête avait choisi pour lieu de ses promenades solitaires l'endroit où furent pétries dans la neige la statue de la Renaissance de Falquière, et la tête colossale de la République, de M. Moulin. Un artiste qui avait monté de nombreuses gardes à ce bastion, avait remarqué le lamentable animal et, s'étant intéressé à lui, essayait de l'amadouer par toutes sortes d'avances. Il l'appelait d'une voix caressante, et s'asseyant sur une pierre pour ne pas l'effrayer par un air de poursuite, en marchant vers lui, il lui montrait de loin un appétissant morceau de pain. Sollicitée par l'appât, la bête s'arrêtait, mais ne faisait pas mine d'avancer, malgré la faim qui lui tordait les entrailles.

Notre ami posa le morceau sur un pavé et s'éloigna discrètement. Alors la bête happa le pain après avoir franchi l'espace d'un bond prodigieux, et se sauva à une grande distance avec une vitesse de lévrier pour aller dévorer sa proie en lieu de sûreté.

Après le tour des chiens et des chats vint celui des oiseaux. L'ornithologie de Paris n'est pas bien riche. On n'y voit guère que des moineaux, et dans les vieux jardins des quartiers tranquilles quelques merles et quelques rossignols. Les pierrots, — c'est ainsi qu'on les nomme vulgairement — gamins ailés, vrais Gavroches de gouttières, sont aimés des Parisiens et jouissent par la ville d'immunités pareilles aux privilèges des pigeons de Saint-Marc : si on ne leur distribue pas de la graine à certaines heures, s'ils n'ont pas de rentes comme les oiseaux de Venise, on les laisse picorer effrontément partout, et les *charmeurs* leur jettent de la mie de pain aux Tuileries ; ils vont, ils viennent, voletant, piaillant, ne partant que lorsqu'on va mettre le pied dessus; leur caquet met de la gaieté dans l'air. Leur innocente vie a jusqu'à présent été respectée de tous. Ils n'ont pas, d'ailleurs, grand'chair sous leur plume, ces insouciants petits bohèmes consumés d'ardeur et d'esprit. Mais la faim les a fait accepter comme alouettes ou comme ortolans.

On a commencé à en faire la chasse, et, pendant quelque temps, habitués qu'ils étaient à la fusillade et au canon, ils se refusaient à croire que cette mousqueterie fût dirigée contre eux, ne se trouvant pas digne d'une telle dépense de poudre. On les tira à la sarbacane, on leur tendit des gluaux et des piéges. Il fallut bien se rendre à l'évidence et reconnaître que l'ancien pacte d'amitié était rompu et que les pierrots passaient dans Paris à l'état de gibier. Au parfait abandon succéda la défiance extrême. L'animal, trompé, en garde longtemps rancune. Le pierrot, si familier, devint farouche et hagard. Tout homme, même inoffensif, lui fit désormais l'effet d'un chasseur, et la petite clientèle qui venait, par les temps de neige, prendre sans crainte sur notre fenêtre quelques miettes de notre maigre pitance, ne reparut plus, et pourtant nous avons pour la vie des animaux le respect d'un brahme. Traquée, fusillée, décimée, la gent tout entière se décida à l'émigration, et, quoiqu'il soit douloureux d'abandonner le vieux mur tapissé de lierre où l'on fait son nid au printemps, la corniche du palais sur laquelle on lisse sa plume au soleil, la mansarde qui encadre la jeune ouvrière penchée sur son travail, on alla chercher la sécurité au loin.

On ne voit plus aujourd'hui un seul moineau à Paris. Tous n'ont pas été tués, espérons-le. En quelques coups d'aile on monte au-dessus de la portée du plomb. L'oiseau ne subit pas cette fatalité de la pesanteur, et il peut toujours fuir la terre dans le ciel. — Heureux privilége !

XII

LES BÊTES DU JARDIN DES PLANTES

Février 1871.

Si les souffrances des animaux domestiques pendant le siége nous intéressaient, celles des bêtes sauvages captives au Jardin des Plantes n'excitaient pas moins vivement notre sollicitude. C'est déjà un assez grand malheur que d'être arraché à son milieu naturel et emprisonné dans une étroite cage sans y subir en outre le lent supplice de la faim. Ces pauvres êtres, innocents des folies barbares de l'homme, en subissent les contre-coups avec une résignation touchante; ils s'étonnent et vous regardent de leurs yeux agrandis par la maigreur et pleins d'interrogations muettes, semblant dire : « Puisque tu ne peux me donner la nourriture, au moins rends-moi la liberté. » Aussi résolûmes-nous d'aller mettre notre carte chez les anciens hôtes du désert.

On ne parlait dans la ville, poussée par la famine aux caprices et aux dépravations de goût, que de mets bizarres : côtelettes de tigre, jambons d'ours, bosses de bison, pieds d'éléphant à la poulette, filets de lama, entre-côtes de chameau, râbles de kanguroo, civets de singe, serpents boas à la tartare, marinades de crocodile, fricassées de phénicoptère, grues de Numidie à la chasseur, foies d'autruche truffés, chauds-froids de toucan et de kamichi, et autres cuisines zoologiques qui ne laissaient pas que de nous alarmer pour la population du Jardin des Plantes. Cependant il nous semblait étrange que cet établissement national se défît ainsi de ses pensionnaires. Ces suppléments exotiques au menu du siége venaient du Jardin d'acclimatation, dont les deux jeunes éléphants furent vendus à un prix énorme, ainsi que plusieurs bêtes, jadis objet de la curiosité publique : ce qui expliquait les excentricités culinaires rapportées dans les journaux.

Nous essayâmes d'abord d'entrer par la grande porte au bout du pont, mais elle était fermée à cause des baraques d'ambulance occupant cette partie du Jardin. A travers les vitres des fenêtres on apercevait les rangées de lits et les malades couchés de leur long ou soulevés sur leur séant et tenant en main quelque journal, suivant la gravité de leurs blessures. C'était un spectacle étrange que ces asiles des victimes de la guerre dans cette retraite de la science et de la rêverie, où, tout jeune, nous venions scander nos premiers vers. Il y a bien longtemps de cela.

Une porte latérale, ouverte un peu plus loin, nous permit de pénétrer dans le Jardin, où la première bête qui nous salua du regard, le museau appuyé contre le treillis de son enceinte, fut un cheval nain des îles Schetland, tout ébouriffé et tout bourru sous son poil d'hiver ; vu la petitesse de sa taille ; il aurait fourni un nombre médiocre de kilogrammes à l'hippophagie. Nous nous trouvâmes bientôt devant les loges des animaux appelés bêtes féroces par les hommes, qui feraient bien peut-être de se réserver ce titre pour eux-mêmes. Quelques-unes des cages avaient été blindées en prévision du bombardement, qui n'était pas commencé encore. Ce blindage consistait en un amoncellement de pavés et de terre où déjà l'herbe avait insinué ses mosaïques vertes. Mais ce n'était là qu'un lieu de refuge; les autres cages, aux volets relevés, laissaient voir derrière leurs grilles leurs prisonniers habituels. Les ours se livraient à ce balancement qui leur donne une vague ressemblance avec les *aïssaouas* s'entraînant à leurs exercices, ou marchaient au pas gymnastique, frottant les barreaux de leur nez, comme s'ils espéraient y trouver une paille. Leur épaisse fourrure ne permettait guère d'apprécier ce que le jeûne forcé du siége leur avait enlevé d'embonpoint. D'ailleurs, comme tous les animaux qui dans l'état de nature s'engourdissent l'hiver, ils ajoutaient sans doute à la ration diminuée le supplément de graisse destinée à les nourrir pendant leur sommeil.

Les lions conservaient leur attitude majestueuse. Ils acceptent la captivité avec une dédaigneuse résignation. Dès qu'ils ont compris que l'évasion est impossible, ils ne luttent plus et ne donnent pas à leurs geôliers le spectacle de tentatives inutiles. Ce sont des bêtes de noble race, qui méprisent aristocratiquement les misérables humains pour les avoir pris par trahison à quelque piége infâme. En les regardant, nous pensions aux vers de Victor Hugo :

> Les lions dans la fosse étaient sans nourriture :
> Captifs, ils rugissaient vers la grande nature
> Qui prend soin de la brute au fond des antres sourds;
> Les lions n'avaient pas mangé depuis trois jours.

Nous ne croyons pas que les lions du Jardin des Plantes eussent fait un aussi long jeûne que les lions de la fosse où fut jeté Daniel par ordre de Nabuchodonosor; mais leur dîner n'avait pas dû être bien somptueux : des bas-morceaux de cheval mort de maladie et jugé impropre à la consommation le composaient probablement : maigre régal pour ces grands consommateurs qui dépensent en Algérie, d'après les statistiques, une valeur de 12,000 francs par an de bœufs, de moutons, de chèvres, sans compter les gazelles et les sangliers, et dont l'appétit princier n'aime que la proie vivante. Ces fétides débris, bons tout au plus pour les hyènes et les vautours, devaient les dégoûter singulièrement. L'un d'eux allait et venait vaguement d'un air ennuyé, battant ses flancs de sa queue; l'autre était couché dans le coin de son antre, une patte de devant allongée, la seconde repliée à demi sous le poitrail, présentant sa tête comme un masque humain avec son nez droit, son large front et ses rigides moustaches semblables à des fils argentés, et sa fauve crinière échevelée. Le regard jaune de ses yeux fixes était plein de mélancolie. Peut-être dans ses rêves faméliques songeait-il aux antilopes qui vont, vers le soir, se désaltérer à la source. Ainsi posé, il semblait attendre le pinceau de Delacroix ou l'ébauchoir de Barye. Mais un spectacle plus touchant encore était une pauvre lionne malade, d'une maigreur presque diaphane, qui paraissait poitrinaire et au dernier degré de consomption. Amincie, évidée comme une levrette, elle avait pris une élégance idéale et ressemblait à ces lions rampants des anciens blasons, moitié ornement, moitié chimère, aux indications accentuées et cursives que l'art héraldique découpait sur ses fonds de métal ou de couleur, « onglés et lampassés de gueules. » Son poil, d'un jaune pâle, prenait la lumière et la détachait de l'obscurité qui baignait l'arrière-plan de la loge ; elle était arrêtée sur ses quatre pattes, dont les muscles, jadis puissants, traçaient des sillons sous sa peau. La nostalgie du désert et des rochers brûlants de l'Atlas se lisait dans sa pose allanguie et frileuse ; la maladie donnait à ses yeux une sorte de douceur inaccoutumée et d'une expression navrante. Dépouillée de sa force, la lionne avait l'air d'implorer la pitié humaine ; nous avons plus d'une fois remarqué ce regard chez les animaux qui vont mourir. Il est éminemment tragique, et nul ne peut le voir sans en être ému. Dernièrement nous avons appris, par les journaux reproduisant une note de l'administration, que la pauvre lionne était morte.

Un jaguar a succombé aussi, mais n'a pas été vendu comme viande de boucherie. Le Jardin des Plantes tient à ses sujets, les soigne avec amour et n'en trafique pas.

Les deux tigres ne paraissaient pas avoir trop souffert, leur amaigrissement ne se distinguait pas sous leur magnifique robe fauve, zébrée de bandes en velours noir. Le premier enduisait une de ses pattes de salive et la passait sur son mufle pour se débarbouiller, avec ce mouvement de chat qui, dit-on, présage la pluie. Le second s'était jeté brusquement contre la grille avec un rauquement étranglé et s'y tenait debout, montrant le gouffre hérissé de crocs de sa gueule et le poil soyeux de son ventre. Il avait peut-être aperçu parmi les spectateurs un morceau à sa convenance dont le séparait l'obstacle des barreaux, — quelque enfant aux bras de sa bonne. Qu'il était admirable dans cette pose, et avec quelle perfection la nature modèle et colorie ces grands félins, et comme elle prodigue la beauté à ces bêtes formidables!

Une visite à la fosse de l'ours Martin était de rigueur. Martin n'exécutait pas après l'arbre mort, planté au milieu de la cour, une de ces ascensions ayant pour but d'atteindre un pain de seigle jeté au bout d'une ficelle remontée à mesure, spectacle qui faisait autrefois les délices des invalides, des tourlourous et de leurs payses, et même de flâneurs philosophes. Il n'y avait personne pour regarder ses gentillesses. Plus d'ours grimpant, plus d'ours se dressant sur ses pattes de derrière, et savant dans ces arts d'agrément dont Atta-Troll, le héros du poëme de Henri Heine, était si fier; mais seulement un jeune ourson occupé, faute de spectateurs, à se regarder lui-même, Narcisse velu, avec une amoureuse complaisance, dans une flaque d'eau épanchée par le trop-plein de l'auge. Il se contemplait à ce miroir, penchant la tête, se faisant des mines, restant en extase et comme ravi de ses propres charmes. Cette réflexion de son image l'avait surpris d'abord, puis il s'était trouvé beau et se souriait ; rien n'était plus comique. Les hyènes aussi sont coquettes, et, suivant les Arabes, il suffit, pour les prendre, de leur présenter un miroir et de leur promettre du *k'heul* pour se teindre les paupières. Du reste, ce jeune ourson, au poil fauve doré de reflets roux, aux yeux obliques et brillants, au nez noir et grenu comme une truffe, avait, dans son espèce, de l'élégance et de la beauté. Il eût tenu sa place sur la banquette d'antichambre d'un boyard et présenté avec une certaine grâce le verre d'eau-de-vie de bienvenue aux visiteurs. La tendre Mummia, infidèle à ses devoirs d'honnête ourse, lui eût peut-être assigné un rendez-vous dans sa caverne des Pyrénées.

Un peu plus loin, par-dessus la palissade de son jardinet, un chameau tendait au bout de son long col sa tête bénigne et hideuse, et rappelait la scène de l'évocation dans *le Diable amoureux* de Cazotte, où le chameau fantastique dit de sa voix caverneuse : « *Che vuoi?* » Cet honnête ruminant, il faut l'avouer, n'avait rien de commun avec la sorcellerie, et son grommellement ne signifiait rien autre chose que : « Donnez-moi du pain ou du gâteau de Nanterre. » Mais ce n'est pas en temps de siège qu'on prodigue ces friandises. Qui eût possédé un gâteau de Nanterre, une brioche même rance, les eût dévorés avec délices. La pauvre bête semblait toute confuse de son insuccès et se demander avec inquiétude pour quelle raison on la privait de sa provende.

Les éléphants étaient également de fort mauvaise humeur. Le plus gros résistait à son cornac qui voulait le faire rentrer, et les deux autres offraient l'aspect le plus singulier. Ils avaient considérablement maigri, et leur squelette flottait dans une peau trop large. Cette peau, grisâtre et fendillée comme de la terre glaise sèche, formait des plis profonds aux entournures, ainsi que l'étoffe d'un habit mal fait. De longues rides sillonnaient leurs cuisses, et leurs oreilles aux membranes épaisses retombaient de chaque côté de leurs têtes monstrueuses au crâne chauve, semblables à des drapeaux effrangés et noircis. Ils agitaient leurs trompes comme de gigantesques sangsues et, simultanément, leurs queues rappelant les queues des anciens hussards ou des postillons.

Vainement ils avaient tendu au public leurs flexibles proboscides, et ils lui tournaient le dos d'un air irrité. Ces manifestations de colère ne leur suffisant pas, ils *barrissaient* avec fureur. Rien de plus étrange, de plus lugubre et de plus formidable que ce cri de l'éléphant. Quand on ne ne le connaît pas et qu'on l'entend à l'improviste, il remplit de stupeur les plus braves. On ne sait d'abord ce que c'est, et s'il vient du ciel ou de l'enfer, tonnerre ou grondement souterrain. Cela ronfle comme une pédale d'orgue ou éclate, comme la trompette de Jéricho, avec des mugissements et des strideurs qui assourdissent ou déchirent l'oreille : c'est bien la voix d'un de ces monstres de l'ancien monde échappés au déluge et conservant les énergies de la vie primitive. Ce jour-là les éléphants, dont la tête a l'honneur de coiffer symboliquement la statue de Ganésa, le Dieu indien de la sagesse, n'étaient vraiment pas raisonnables, et leur rauque musique faisait fuir le rhinocéros, dont nous eûmes à peine le temps d'entrevoir par derrière la carapace cornée. Tant de bruit pour quelques bouchées de pain de moins! ne comprenez-vous pas, sagaces animaux, que notre ville est investie?

Nous retrouvâmes dans leurs cabanes rustiques et leurs enclos treillagés, où l'hiver laissait encore quelque verdure, les lamas, les vigognes, les antilopes, les cerfs du Canada, les hémiones, les zèbres et tout le mobilier vivant du Jardin des Plantes au grand complet; plus des phlascolomes et un singulier animal tenant du tapir et du sanglier que nous ne connaissions pas, amené d'Australie, le pays des cygnes noirs, de l'ornithorynque, de l'opossum, du kanguroo et autres excentricités zoologiques. Ce qu'on appelait autrefois « le palais des singes » était bien dépeuplé : babouins, mandrills, macaques, cynocéphales, cercopithèques, sapajous, papions, ouistitis avaient été décimés par le froid et beaucoup étaient morts de la poitrine. Les volières conservaient le plus grand nombre de leurs hôtes et ne semblaient pas s'inquiéter beaucoup du bruit lointain de la canonnade, auquel devaient bientôt succéder le sifflement et le fracas des obus.

Comme l'heure s'avançait, nous commençâmes à revenir sur nos pas par des allées différentes pour regagner le bateau-mouche qui, dans ces trajets, remplace l'omnibus avec avantage, et nous écoutions, tout en marchant, le babil d'un petit garçon de six ou sept ans accroché au jupon de sa mère et qui regardait les animaux dans leurs parcs. Il s'arrêtait à chaque étiquette, examinait la bête à travers le treillis et disait à la jeune femme : « Maman, est-ce que tu mangerais de ça, toi ? » et les yeux du petit carnivore brillaient de convoitise. La mère répondait : « Ce n'est pas fait pour être mangé ; ce sont des bêtes rares, précieuses et très-gentilles, il faudrait aller bien loin pour en avoir d'autres. » L'enfant se taisait ; mais devant le zèbre, le daim, le mouflon, l'orignal, il reposait opiniâtrément sa question : « Maman, est-ce que tu mangerais de ça, toi ? » Nous soupçonnons cet affreux moutard d'être le cousin de ce Fanfan Benoîton à qui l'on demandait : « Lequel aimes-tu mieux de papa ou de maman ? » et qui répondait : « J'aime mieux la viande. »

XIII

HENRI REGNAULT

Février 1871.

Avant le siége, nous ne connaissions par personnellement Henri Regnault, quoique nous eussions salué l'un des premiers, à son aurore, ce talent dont le soleil devait monter si haut et si vite, comme s'il eût eu conscience du peu de temps qu'il avait à briller sur l'horizon. Malgré ces sympathies qui s'établissent naturellement d'artiste à critique, nous ne nous étions pas encore rencontrés, lui, parcourant l'Espagne et le Maroc dans ses expéditions loin de la villa Médici où il ne séjournait guère, nous, fuyant le feuilleton de théâtre en Égypte, en Italie, en Suisse. Ce n'était guère le moyen de se trouver ensemble; nous en avions pourtant le vif désir, et un soir il voulut bien se laisser conduire par un ami commun à notre mansarde de refuge.

Clairin, artiste distingué lui-même, son *fidus Achates*, son frère d'armes, son élu de cœur, l'accompagnait. Tous deux portaient l'accoutrement de guerre que pendant plus de quatre mois n'a pas quitté dans Paris quiconque était en état de soulever un chassepot. Regnault était à Tanger lorsque la catastrophe de Sedan ouvrit aux Prussiens la route de la grande capitale, cerveau de l'univers et cœur de la France. Il venait d'y installer un vaste atelier pour étudier à fond ce monde oriental, si neuf encore après Decamps, Marilhat et Delacroix, ce monde mystérieux de l'Islam, fermé à l'art jusqu'ici, et où se perpétuent les types les plus nobles et les plus purs. C'est de là qu'il avait envoyé cette *Exécution sans jugement sous les rois maures de Grenade*, qui est, hélas! sa dernière œuvre. Il pouvait rester à Tanger. Son titre de prix de Rome l'exemptait de tout service militaire; il avait le droit de conserver sa vie pour l'art; mais il est de ces priviléges dont une nature généreuse ne veut pas profiter. Il revint en toute hâte, assez à temps pour s'enfermer dans Paris et partager les périls de son ami Clairin.

On a tellement abusé du mot artiste, que c'est à peine si l'on ose l'appliquer à quelqu'un comme éloge, dans son ancienne et favorable acception. Henri Regnault était un artiste. Il avait le *don* sans lequel le travail le plus opiniâtre ne conduit qu'à l'honnête médiocrité : l'imagination, la fougue, la hardiesse et cette faculté de découvrir à première vue le côté neuf et particulier des choses invisibles pour tout autre. C'était une nature, un tempérament et un esprit de peintre lettré; d'ailleurs, homme du monde et fils de famille, qui mettait le flamboiement de l'art à un nom depuis longtemps illustre et lumineux dans la science. Comme Géricault, il aimait, connaissait et pratiquait le cheval, — on l'a bien vu par le portrait équestre du général Prim. Ses audaces de cavaliers sur des chevaux rétifs ou difficiles faisaient frémir et semblaient le prédestiner à une mort violente; et dans tous les exercices de corps il apportait la même furie. Amateur passionné de musique, la nature, qui le gâtait, lui avait fait l'inutile cadeau d'une délicieuse voix de ténor, valant cent mille francs par saison dans un autre gosier.

Henri Regnault était de taille moyenne, d'une

vigueur plutôt souple et nerveuse qu'athlétique. Le climat de Paris n'avait pas encore détaché de son visage olivâtre le masque de hâle des pays chauds. Des yeux bruns animaient ce visage plus agréable et sympathique que classiquement régulier. Des cheveux noirs retombaient en boucles frisottantes sur un front bas, large et volontaire, un vrai front antique. Une légère barbe encadrait et complétait cette physionomie qui eût fait dire au moins attentif, sans connaître Regnault : « C'est quelqu'un. »

La conversation s'engagea. On parla de l'Espagne et du Maroc. Tout en causant, Regnault assis sur le bord du lit — divan occidental — de cette chambre où les chaises manquent souvent aux visiteurs, jouait avec notre petit bichon havanais qui avait tout de suite distingué un ami des animaux. Il nous décrivait Tanger, dans ce style des peintres dont chaque mot est un trait ou une touche toujours significative et juste. Un de ces tableaux créés par la parole de l'artiste nous est resté en mémoire comme une vive aquarelle enlevée en face de la nature. C'était une ligne de maisons basses à terrasses plates, semblables à des cubes de craie, ayant pour fond un ciel d'un bleu violent. Au-dessus de ces terrasses blanches se profilaient d'une façon inattendue et bizarre des cous de chameaux, dont on ne voyait pas les corps masqués par les maisons du premier plan ; ces cous s'avançant tout seuls avec le balancement familier à la bête bossue que les périphrases nomment « le navire du désert, » avaient l'aspect le plus chimérique et le plus en dehors du possible qu'on puisse rêver. Le court récit de Regnault nous donna la vision complète de cette rue de Tanger, et, pendant quelques minutes, au milieu de l'hiver parisien, nous nous sentîmes enveloppé de la chaude atmosphère orientale. Un coup de soleil soudain se projeta sur le mur, comme dans les tableaux de Decamps ou de Peter de Hooch.

Après divers détours, la conversation en vint sur Goya. Nous avions précisément à la maison un superbe exemplaire des *Estragos y desastres de la guerra*, que nous avait prêté Ph. Burty, qui possède toutes les belles choses « dans le meilleur état. » L'album fut placé sur la table, et Regnault, qui en avait vu quelques planches en Espagne, mais non l'œuvre complet, assez difficile à réunir, commença à le feuilleter, énonçant les brèves légendes, ironiques ou sinistres, écrites au bas des eaux-fortes, souvent au crayon, car la plupart sont avant la lettre. Il s'arrêta à une gravure représentant une maison traversée par une bombe, dont les planchers s'écroulent, entraînant, la tête en bas, la mère pressant son enfant sur son sein, la *criada* et le mari, pêle-mêle parmi les meubles fracassés — un sujet qui devait bientôt devenir pour nous une *actualité* terrible, et que le peintre espagnol a rendu avec ce mélange de réalisme et de caprice caractéristique de sa manière. Regnault admira la hardiesse des raccourcis plafonnants et la grâce étrange que l'artiste sait garder aux figures des femmes dans l'extrême horreur. Il remarqua aussi la pose si noble et si tragique de la jeune dame agenouillée qu'on fusille avec toute sa famille, aïeule, enfant à la mamelle, nourrice et servantes. Les pauvres diables étranglés par le *garrote*, leur *navaja* pendue au col, et portant sur la poitrine ces mots écrits « pour un couteau » attirèrent son attention; mais il s'arrêta plus longtemps à une planche d'un effet grandiose et sinistre : un champ de bataille jonché de cadavres que contemplent dans une attitude de désespoir un vieil homme et une vieille femme le visage noyé sous l'ombre de son capuchon — un père et une mère sans doute cherchant leur fils parmi les morts ; — un ciel sombre que raye à l'horizon une barre de lumière livide s'étend sur cette scène désolée comme un drap funèbre bordé d'argent. Au bas se lit cette inscription d'un laconisme terrible : *Enterrar y callar* (enterrer et se taire), maxime à l'usage des vaincus, dont nous pouvons méditer la justesse. Le jeune artiste resta quelques instants pensif avant de retourner la page : avait-il quelque vague pressentiment de sa destinée ? Il secoua légèrement sa tête aux cheveux bouclés et continua à feuilleter le recueil. L'étonnant cauchemar qui montre dans un tourbillon de larves fantastiques et hideuses, grimaces de toutes les illusions de la vie, un squelette conservant encore quelques lambeaux de chair, qui, se relevant à demi de sa fosse entr'ouverte, trace sur un papier de son doigt crochu le mot *nada* (rien), comme renseignement rapporté de l'autre monde, lui suggéra quelques réflexions sur le fantastique particulier à Goya, et comme dix heures venaient de sonner, ce qui est une heure avancée pour une soirée de siége, il se leva et partit, après nous avoir donné une poignée de main cordiale, avec son ami Clairin et le camarade qui les avait amenés.

Cette première entrevue, où Regnault nous avait charmé par l'aimable simplicité de ses manières, son esprit naturel et cette supériorité qui se dégageait de sa personne, fut aussi la dernière. Nous ne le revîmes plus; et nous ne le reverrons plus. Nous ne l'avons connu que pour le perdre, et juste assez pour augmenter l'amertume de nos regrets. Il nous faut avec le grand artiste pleurer l'ami, car il l'était déjà au bout de ces quelques heures passées ensemble. Nous le sentions, et tout un précieux avenir de liaison sympathique se ferme devant nous.

Si Henri Regnault avait vécu, nous eussions laissé dans l'ombre ces petits détails intimes, alors sans intérêt, mais on nous pardonnera d'avoir découpé, après une entrevue unique, cette silhouette d'une aimable figure à jamais évanouie.

Certes, dans la période désastreuse que nous venons de traverser, il y a eu des deuils irréparables, des douleurs qui saigneront toujours; il s'est fait des lacunes qui seront longues à combler; bien des noms manqueront à l'appel, et, quand elle est sacrifiée pour la patrie, la vie du plus obscur vaut la vie du plus illustre ; mais l'on peut dire que la plus grande perte du siége est la mort de Regnault : il avait, malgré sa bravoure folle, échappé aux périls de la défense, et il est tombé au jour suprême devant ce funeste mur de Buzenval, sous la dernière balle prussienne, — raffinement cruel de la destinée qui nous poursuit.

Avec Henri Regnault disparaît, pour la peinture, la possibilité d'un avenir nouveau. Si ce jeune maître avait eu des jours plus nombreux, la face de l'art pouvait être changée ou modifiée. Dans le monde des formes et des couleurs, il avait ouvert des perspectives, signalé des horizons jusqu'ici restés inaperçus. Les rapports de ton que les peintres ne saisissent pas étaient sensibles aux yeux de cet artiste si merveilleusement doué qui semblait avoir, pour parler le langage de Swedenborg, le don de *correspondance*. Il voyait l'âme de la couleur là où les autres n'en voient que le corps, et il savait reconnaître sous les disparates apparentes les secrètes affinités des nuances. Il dégageait la singularité intime et personnelle des types, les mettant dans tout leur relief et les montrant sous leur angle étrange et bizarre, sans perdre le charme, comme cela est trop souvent arrivé aux peintres de l'école romantique. Nul mieux que lui ne comprenait l'exotique séduction des barbaries pittoresques et n'était plus profondement entré dans l'idéal de l'Orient.

On ne peut porter un jugement définitif sur un artiste arrêté dès ses premiers pas — des pas, il est vrai, pareils à ceux des dieux d'Homère qui atteignaient en quatre pas au bout du monde; mais depuis son tableau pour le grand prix de Rome, *Thétis apportant les armes à son fils Achille*, d'une couleur déjà si fine et si rare, Regnault avait parcouru un chemin immense. Le portrait de la dame en rouge, se détachant d'un fond de rideau rouge, le portrait équestre du général Prim, le délicieux petit portrait de duchesse en rose, la *Judith tuant Holopherne*, la *Salomé* du dernier Salon, ont montré quel grand maître était déjà ce jeune homme encore élève à la villa Médici, et qui n'avait pas vingt-sept ans. Jamais originalité plus frappante et plus incontestable ne s'est révélée si soudainement au public. Toutes ces toiles, admirées, critiquées, ont soulevé devant elles la rumeur qu'excitent toujours les œuvres remarquables qui contiennent nécessairement un peu de « cette beauté choquante » dont la routine s'alarme. Le nom de Regnault était devenu célèbre; il était l'événement du Salon; son influence se faisait déjà sentir, et il eût bientôt imprimé une direction nouvelle au mouvement de l'art.

Son dernier ouvrage et son chef-d'œuvre, l'*Exécution sans jugement sous les rois maures de Grenade*, arrivé trop tard à l'exposition des envois de Rome, y figura seulement pendant quelques jours.

Mais il fut vu de peu de personnes. Déjà les catastrophes de la guerre préoccupaient tous les esprits. Cette composition, d'une si étonnante hardiesse, d'un effet si inattendu, passa sans grand retentissement, ce qui nous permet de donner ici comme une page inédite ce fragment d'article paru le 8 septembre 1870 et où se retrouve, avec toute la vivacité du moment, notre impression sur cette œuvre, la dernière que dût peindre Henri Regnault.

« Un escalier de marbre blanc de quelques marches forme le premier plan de la toile dont il occupe toute la largeur. Il conduit à une salle d'architecture arabe dans le style de la salle des

Abencerrages ou de *las dos Hermanas* à l'Alhambra de Grenade, couverte d'une voûte découpée en stalactites et en gâteau d'abeilles. Tout ce fond est frappé d'une lumière de reflet indiquant au dehors un vif soleil et une ardente chaleur. Il semble qu'il se fasse un grand silence dans ce lieu charmant où vient de s'accomplir une action sinistre; il y règne comme une solitude et un mystère de sérail. Le crime et le châtiment resteront également ignorés, quand les esclaves muets auront emporté le cadavre et épongé le sang. Nul œil n'a vu, nulle oreille n'a entendu. La victime et le bourreau étaient seuls. La tête qui vient de tomber était peut-être une des quatorze têtes que le chef des croyants a le droit de couper par jour, sans en donner aucune raison : celle d'un traître, d'un assassin ou d'un sacrilége dont le forfait ne doit pas être révélé.

« Sur les marches a roulé la tête séparée du corps crispé par les dernières convulsions et se présentant en raccourci. Auprès du cadavre, quelques degrés plus haut, se tient l'exécuteur essuyant la lame de son sabre. Voici en quelques lignes le croquis de la composition.

« Le justicier, car le nom de bourreau ne saurait convenir à cette noble et majestueuse figure, est un Maure très-basané, coiffé d'un fez rouge que dépasse le bord d'une calotte blanche, et n'ayant d'autre vêtement qu'une gandourah, ou longue robe d'un rose éteint, décoloré, rompu, d'un rose mort comme celui d'une feuille sèche, et d'une harmonie extraordinaire. La gandourah, ouverte par en haut, laisse voir une forte ossature de poitrine et de larges pectoraux qui indiquent une grande vigueur. D'un mouvement superbe, il passe lentement le damas de sa *flittah* sur le pan à demi relevé de sa robe, qu'un reflet éclaire en-dessous et teint d'une lueur orangée sur laquelle se dessine le bas de ses jambes brunes et nerveuses. Détournant un peu la tête, il jette de haut, sur le cadavre abattu, un regard indéfinissable, à la fois dédaigneux et mélancolique, d'une férocité douce et rêveuse, et empreint du fatalisme oriental : C'était écrit ! Nulle colère, nulle indignation.

« La rage impuissante, la haine furieuse se lisent, au contraire dans le regard que la tête coupée renvoie à la tête vivante. La bouche se tord convulsivement, les traits se contractent d'une façon hideuse, et les tons bleuâtres du crâne rasé donnent à ce *chef* un aspect étrange et fantastique. Le corps du supplicié a glissé sur les marches et ses bras renversés cachent à demi le moignon du col d'où le sang jaillit et se répand en flaques rouges sur la blancheur du marbre. Cette tache de pourpre, d'une incroyable richesse de couleur, est la note tonique, la dominante du tableau. Là, le sang a jailli avec force, éclaboussant les degrés; ici il s'étale plus largement répandu. Plus loin, il coule en longs filets ou se coagule en gouttes épaisses; cela est d'une vérité qui ne se devine pas. Il faut que le jeune artiste ait vu à Tanger quelque décapitation à l'yatagan, et l'on pourrait même croire que c'est ce spectacle qui lui a suggéré l'idée de sa composition.

« C'est un parti pris d'une rare audace d'avoir placé au milieu d'une toile cette grande plaque sanglante; mais ici l'horreur n'est pas le dégoût. Au point de vue de l'art, il y a beauté. En regardant ces tons splendides, nous songions à la comparaison homérique du sang coulant comme des écheveaux de pourpre sur la cuisse d'ivoire de Ménélas. Le vers d'Alfred de Musset :

Et taché de leur sang, les marbres, ô Paros!

nous revenait en mémoire; de même que le geste superbe du justicier nous avait rappelé l'ange vengeur « essuyant son épée aux nuées, » dans le dénoûment de *Ratbert*. »

A propos de l'*Exécution sans jugement* dont la note dominante est une tache de sang, M. Paul de Saint-Victor fait remarquer que les sujets peints par le jeune artiste sont volontiers farouches et sanguinaires — Judith et Holopherne, Salomé ayant sur les genoux le bassin où doit tomber la tête de saint Jean, la Décapitation mystérieuse sur les marches de l'Alhambra; — la mort dans ces toiles éblouissantes s'enveloppe de la magnifique insouciance orientale, et le meurtre s'y accomplit au milieu de toutes les magies de la palette, dans le scintillement de l'or, du brocart et des pierreries.

Qu'il nous soit permis d'indiquer une coïncidence singulière qui s'accorde avec cette signification donnée par la mort de Regnault à ce choix de sujets funèbres : le général Prim n'a-t-il pas été tué d'un coup de feu quelques jours avant l'artiste qui avait fait de lui un portrait digne de Velasquez? Le modèle a précédé de bien peu le peintre dans sa tombe sanglante.

A nous qui restons, les regrets amers, les rêves sur cette floraison merveilleuse coupée dans sa racine, sur ce bel avenir détruit. Henri Regnault a vécu assez. Il laisse trois ou quatre chefs-d'œuvre. Sa gloire est assurée. Il a débuté en génie, il est mort en héros.

XIV

TROIS AQUARELLES INÉDITES

Mars 1871.

Quand une vie d'artiste a été aussi brusquement interrompue que celle de ce pauvre Regnault, après quelques œuvres éclatantes qui suffiront à sa gloire, on cherche avec avidité toutes les traces lumineuses qu'il a pu laisser de son passage, esquisses, dessins, aquarelles, croquis, germes de la pensée future pour reconstituer en imagination ce talent plein de promesses. Sans cette dernière cartouche qu'il voulait employer, sans ce retour fatal vers l'ennemi, lorsque la retraite était sonnée, Regnault aurait eu de longues années de production, car il était de nature robuste et de caractère énergique, quoique trop aventureux peut-être. Il eût donné sa mesure, exercé sa légitime influence, et la critique ne serait pas obligée de rêver dans une esthétique conjecturale quelle direction il eût imprimée à l'art. Mais il s'est évanoui comme un météore dont l'œil garde un long éblouissement. Pour lui, il n'est plus d'avenir, le passé seul existe. La date suprême est inscrite en lettres noires sur la pierre blanche.

Nous avons obtenu cette faveur de voir les dernières pages tracées par cette main hardie et rapide, qui servait si bien la décision du peintre. Ce sont trois grandes aquarelles exécutées d'une reconnaissance à l'autre, entre une garde montée et une garde descendue, depuis que l'artiste avait quitté Tanger. On pouvait croire que le jeune lauréat, excité par le spectacle de la guerre, nouveau pour lui, aurait reproduit quelque épisode des combats où il prenait une part si active et si brillante; il n'en est rien. La guerre moderne, telle qu'elle se fait avec ses moyens mathématiques, ses armes sans ornement, ses laids uniformes et ses évolutions calculées, devait pittoresquement peu séduire Regnault, amoureux de la couleur et de la fantasia orientales. Aussi, par une récurrence de pensée facile à comprendre, son imagination l'emportait-elle au pays de la lumière. Ce ciel gris, ces terrains boueux ou glacés d'une neige livide sur laquelle se découpaient les noires silhouettes des combattants, ces fumées de poudre se mêlant au brouillard n'offraient pas des tons assez riches à cette palette ardente. Peut-être, s'il eût vécu, la poésie de ces effets sombres et tristes se fût-elle révélée à lui et lui eût-elle fourni le sujet de quelque admirable esquisse. Le sentiment du devoir, la haine de l'envahisseur, le courage chevaleresque et l'attrait du danger si puissant sur Regnault l'occupaient seuls en ce moment où l'artiste s'effaçait derrière le citoyen. Quelques notes retrouvées sur lui, après la bataille, expriment sur ce point sa mâle et ferme résolution. Il acceptait toutes les conséquences du sacrifice.

Il semble que des augures sinistres aient voulu faire pressentir la mort héroïque et violente du jeune artiste. Une large tache sanglante occupait le centre de son dernier tableau. Le sujet de sa première aquarelle est une tête coupée, étude faite à l'amphithéâtre et qui rappelle les beaux fragments anatomiques de Géricault. Tout d'abord, sans hésitation, sans tâtonnement, Regnault, qui n'avait jamais trempé son pinceau dans le verre des peintres *of water colours*, s'était assimilé tous les moyens de cet art avec une rapidité merveilleuse d'intuition, les avait agrandis et pliés à son usage. On sait combien il est difficile de traiter à l'aquarelle une tête grande comme nature. Cette étude, qu'on croirait faite en vue d'une descente de croix ou d'une mise au tombeau, est lavée de tons vigoureux dans leur gamme de pâleur morte et n'a coûté que deux heures de travail à l'artiste. Les cheveux courts, des moustaches et une barbiche donnent à cette tête détachée du corps par le préparateur une apparence militaire. On en voit de semblables parmi les cadavres au premier plan des tableaux de bataille.

C'est en plein Orient que nous transportent ces splendides aquarelles, qu'on croirait exécutées sous l'immuable azur du ciel d'Afrique, et non sous ce triste dais de brouillard qui recouvrait Paris pendant les mois d'hiver du siége. La première représente une jeune femme couchée sur un divan dans un costume où dominent ces étoffes aux blancheurs transparentes traversées de raies mates; ces blancheurs font l'effet du camellia entouré de fleurs variées qu'on place au milieu des bouquets de bal, elles attirent et concentrent la lumière, et leur éclat se répand par douces ondulations sur les teintes fraîches qui l'environnent. La femme à demi allongée dans une pose assouplie par les langueurs du kief rappelle cette délicieuse Haoua dont Fromentin, dans *une Année au Sahel*, trace un si délicieux portrait avec une plume qui vaut son pinceau. On ne saurait trop admirer l'étonnante harmonie de ces étoffes, de ces tapis, de ces accessoires de couleurs disparates en apparence, mais dont les contrastes se résolvent en un accord parfait. Depuis les *Femmes d'Alger*, d'Eugène Delacroix, aucun peintre n'a mieux su baigner d'une ombre limpide le chatoiement d'un riche intérieur moresque.

La seconde de ces aquarelles a pour sujet un intérieur encore, mais d'une signification et d'un valeur toutes différentes. Sur un divan encombré de carreaux de brocart, de soie ou de maroquin, est assis ou plutôt accroupi un jeune homme nu jusqu'à la ceinture, basané presque comme un mulâtre, et le bras s'appuyant au genou avec un mouvement plein de science et de hardiesse.

C'est une figure étrange. Une espèce de turban négligemment enroulé lui recouvre le front de ses larges plis et projette sur ses yeux une ombre mystérieuse. On dirait un Manfred ou un don Juan oriental ayant peut-être connu une autre civilisation et ayant voulu changer de blasement. En regardant ce corps maigri et nerveux, consumé d'ardeur, nous pensions au héros de Namouna, à cet Hassan, d'Alfred de Musset, qui s'en était allé réchauffer son scepticisme au pays du Soleil, quittant le cigare pour le haschich. Le peintre n'a probablement pas eu cette idée, mais son aquarelle la suggère : l'ennui de la volupté, le désir de l'inconnu, la fatigue des paradis artificiels, comme les appelle Baudelaire, se lisent sur ce visage amaigri, mais jeune encore malgré les excès.

Sur les épais tapis qui jonchent le sol est étendue une jeune femme qui, les épaules adossées au divan, enveloppée d'une gandourah noire à capuchon, entr'ouverte à la poitrine, dont la blancheur ressemble à la lune sortant d'un nuage sombre, laisse errer nonchalamment ses doigts teints de henné sur les cordes d'une guzla dont elle s'accompagne. Le chant s'exhale comme un soupir de ses lèvres distraites. Elle sent qu'elle n'est pas écoutée et suit son rêve. Rien de plus séparé que ces deux êtres, tous deux jeunes et beaux, placés aux deux bouts d'un divan.

Le luxe qui les entoure a une richesse sourde, une ardeur sombre, et comme une gravité funèbre malgré la violence des tons conservés dans l'ombre avec une superbe maestria de coloris. Ce ne sont que rideaux et portières d'étoffes où s'est épuisé l'art de l'Orient, que tissus magnifiques, que tapis de Smyrne, de Kabylie ou de Turquie, plateaux incrustés de nacre, armes constellées de pierreries, narghilés du Khorassan, et cependant il y a quelque chose de tragique sous cet amoncellement de splendeurs. Cette chambre pourrait servir de fond à quelque scène de jalousie et de meurtre. Le sang ne ferait pas tache sur ces tapis d'une pourpre sombre.

La troisième aquarelle n'est qu'un simple bouquet de palette, un sélam de couleurs orientales épanouies dans un rayon de lumière. Elle représente une cadine ou une odalisque se tenant debout au milieu de sa chambre et comme ravie de sa beauté et de son costume chatoyant. Tout cela fait au premier coup avec une fraîcheur et une limpidité incomparables. Le peintre, tout en maintenant sa volonté, a su profiter admirablement des heureux hasards de l'aquarelle.

Mentionnons aussi quelques portraits au crayon pleins d'esprit et de vérité, entre autres un portrait de jeune fille à cheval, d'une grande élégance, et qui montre chez le jeune artiste des aptitudes qui rappellent Géricault.

Voilà ce qu'il laisse; mais nous savons par son ami Clairin ce qu'il rêvait et ce qu'il allait accomplir : une sorte de personnification et de triomphe de l'Islam au temps des califes d'Espagne. Il faisait bâtir à Tanger un immense atelier pour y mettre son projet à exécution. La toile devait avoir dix mètres de long sur une hauteur proportionnée — quelque chose comme l'un des grands festins de Paul Véronèse; — on la cousait déjà.

Avant de se mettre à une œuvre, Regnault, par une intuition rapide, la voyait réalisée et il la racontait avec une grande abondance de détails, semblable en cela à ces personnages hallucinés d'Hoffmann et de Balzac, pour qui une toile blanche représentait un chef-d'œuvre invisible aux autres spectateurs. Mais il y avait entre lui et maître Frenhoffer et le peintre de *la Cour d'Artus*, cette différence que bientôt la toile se couvrait de couleurs splendides, et que le sujet apparaissait comme si on eût déchiré un voile.

Le fond du tableau était rempli par un palais orné de toutes les merveilles de l'architecture arabe, — sveltes colonnettes, arcs évidés en cœur, panneaux de guipures découpées dans le stuc, niches à stalactites dorés et peints, inscriptions du Koran en caractères cufiques entremêlés de fleurs, application d'azulejos : un résumé de l'Alhambra de Grenade et de l'Alcazar de Séville ; fontaines grésillant sur des vasques d'albâtre rubané, grands vases surmontés de fleurs rares, toutes les féeries que l'Orient entasse au palais des kalifes. Au milieu s'ouvrait un grand arc dont les portes de cèdre formaient des symétries compliquées d'un travail miraculeux et rehaussées de nielles d'argent. A cet arc superbe aboutissait un large escalier de marbre blanc dont les dernières marches trempaient dans l'eau d'un fleuve. Une galère dorée à proue et à poupe fantasques, laissant traîner au fil de l'eau des tapis et des draperies bariolés, amenait au bas de l'escalier les chefs tributaires, les vassaux d'Afrique et d'Espagne, revêtus d'armures étincelantes, étoilés de rubis et de turquoises, drapés de velours, de brocart, de soie et de fine laine blanche, ruisselant d'or et d'argent sous une pluie de lumière.

Sur les marches de l'escalier s'étageaient des groupes d'esclaves, des prisonniers et de captives de toutes les races, les unes demi-nues, les autres disparaissant à moitié sous l'éclat tremblant et grenu des gazes d'or égratignées d'un rayon de soleil, belles comme la Judith, étranges comme la Salomé, — sans compter les types nouveaux rêvés ou trouvés par l'artiste ; ajoutez à cela des coffrets incrustés de nacre laissant échapper des fils de perles, des cassolettes de filigrane, des coupes remplies de dinars et de tomans, des vases d'argent, des buires de jaspe, des plats de poterie des Baléares, irisés de toutes les couleurs de l'arc-en-ciel, des ruissellements d'étoffes brodées, striées, lamées, des selles et des harnais bosselés d'or, des entassements d'armes plus précieuses que des bijoux, des fleurs pour lesquelles Bulbul ferait des infidélités à la rose, des pigeons au col cerclé de diamants, des gazelles regardant de leur grand œil étonné, et vous aurez à peu près une idée de ce que voulait faire Regnault.

Au centre du tableau, par les portes de cèdre entrebâillées, comme une idole au fond de son temple, on entrevoyait dans une pénombre transparente le calife, l'Emir-el-Mumenim recevant ces tributs et ces hommages, impassible et n'ayant pas l'air de s'en apercevoir.

Cette figure mystérieuse qui devait donner de l'unité au tableau en ramenant à elle tout ce déploiement de luxe et de faste, nous faisait penser lorsque Clairin nous la décrivait d'après les indications de Regnault, à l'attitude surhumainement détachée du sultan Abd-ul-Medjid pendant la cérémonie du Courban-Beiram lorsque les dignitaires de la cour venaient baiser le bout de sa ceinture attachée à l'un des bras du trône.

Ce merveilleux rêve, hélas! ne sera jamais réalisé; mais en fermant les paupières il nous semble le voir, par l'œil intérieur du poëte, briller largement encadré d'or sur la paroi du grand salon à l'Exposition prochaine.

XV

VICTOR GIRAUD

Février 1871.

C'est le temps des surprises douloureuses, et l'on ose à peine ouvrir son journal de peur d'y apprendre quelque perte nouvelle. La triste prévision est rarement trompée : on croyait un ami, qu'on n'avait pas vu depuis quelques semaines, vivant et bien portant, échappé aux hasards de la guerre ; son nom n'avait pas figuré sur les funèbres listes. Pas du tout, vous apprenez sa mort avant sa maladie par la lettre encadrée de noir, et à votre chagrin s'ajoute le regret de n'avoir pas serré cette main pâle une dernière fois. On revenait d'un autre enterrement, et, les yeux humides encore, il faut reprendre le chemin du cimetière, malade soi-même et le cœur saignant de tant de blessures, étonné de survivre.

Il n'y a pas que la balle et les obus qui tuent. La mort héroïque au milieu de la fumée du combat et de l'enivrement de la lutte n'est pas donnée à tous. Les nuits glaciales, passées les pieds dans la neige, à l'âpre vent du Nord, le long du rempart, aux grand'gardes, ont fait de plus nombreuses victimes que le feu de l'ennemi. Combien, blessés à mort par une de ces froides flèches, se sont éteints silencieusement dans leurs logis déserts, loin de leur famille et sans que la gloire vînt consoler leur agonie, en posant l'étoile sacrée sur leur poitrine exhalant son dernier souffle ! S'ils n'ont pas eu ce bonheur de succomber en soldats sur le champ de bataille, ils n'en ont pas moins donné leur vie, obscurs martyrs du devoir. Quoique leur sang n'ait pas coulé, que leur *décès* soit mis sur le compte de la bronchite ou de la pneumonie, la patrie doit leur savoir le même gré du sacrifice. La bataille finie, on ne sait pas encore toutes ses pertes, et plus d'un qu'elle semblait avoir épargné, malade, épuisé, à bout de forces, s'est couché pour ne plus se relever. Victor Giraud est de ceux-là.

Victor Giraud est le fils d'Eugène Giraud. Tout

le monde peignait dans cette famille comme dans celle de Vernet. Charles, le frère d'Eugène, est lui-même un très-bon peintre d'intérieur, mais celui qui semblait devoir amener sur ce nom le plus de lumière et de gloire était Victor. La nature l'avait richement doué, et un travail de jour en jour plus opiniâtre ajoutait l'expérience à ces dons. Quoique sa vie ait été brisée dans sa fleur épanouie, à trente ans, il a eu le temps de montrer ce qu'il valait et de faire regretter l'artiste autant que l'homme. Nous l'avons connu tout jeune, presque enfant, et l'amitié qui nous liait au père, si souvent rencontré pendant « nos années de voyage » en Espagne, en Turquie et ailleurs, s'était naturellement continuée au fils, dont nous suivions les progrès avec un intérêt particulier. C'était plaisir de voir d'un salon à l'autre se développer et grandir ce jeune talent, qui avait déjà donné au présent des gages sérieux, et sur qui l'avenir pouvait compter beaucoup. Nous le rencontrions le soir, dans le monde ou aux premières représentations, car il aimait, après la journée de labeur et le silence de l'atelier, l'éclat des lumières, les élégances et le mouvement de la vie. Il s'intéressait aux choses de l'esprit, et se connaissait au théâtre mieux qu'un critique du lundi. C'était un beau jeune homme aux cheveux blonds, abondants et touffus, retombant sur le front, à la barbe frisée, aux traits réguliers et purs, d'un galbe antique et rappelant le buste de Lucius Vérus. Il semblait robuste dans sa sveltesse, quoiqu'il eût, au fond, sous ses larges pectoraux, la poitrine délicate.

Mais nul ne pouvait soupçonner un dénoûment si triste et si rapide à cette existence commencée sous les plus heureux auspices et à laquelle tout semblait sourire. Une nuit, il prit froid au rempart, pendant une de ces factions que la lune éclaire de sa lueur glacée et mortelle répercutée par la neige. Il tint bon le plus qu'il put, car en ces moments suprêmes la maladie semble une désertion et comme le refuge de la lâcheté, pensée insupportable à une âme généreuse et fière; mais le mal fut le plus fort et il fallut bien abandonner le lit de camp pour la couche de l'agonie.

Le pauvre artiste dans ses nuits de souffrance, quand le délire de la fièvre commençait à troubler sa pensée, murmurait : « Est-il heureux, Regnault! au moins il a été tué par une balle, lui! » C'est une noble jalousie de mourant, qu'on ne peut qu'admirer, mais la mort a ses préférés à qui elle donne pour couronne funéraire une couronne de laurier.

L'art a largement payé sa dette à la patrie dans cette guerre funeste. Ses plus chers enfants sont tombés à la fleur de l'âge, pleins d'audace, de génie et de feu, et l'avenir de la peinture en est peut-être compromis pour longtemps. Après l'école romantique, une nouvelle école se formait, passionnément préoccupée de la couleur, rêvant des alliances et des contrastes de tons auxquels on n'avait pas songé, voyant la nature sous un jour bizarre et particulier. Il semblait qu'un monde inconnu s'ouvrît devant les yeux étonnés. Sans imiter Regnault ou Fortuny, le peintre espagnol qui n'a pas voulu exposer, mais que les artistes connaissent bien, Victor Giraud cherchait aussi dans ce sens. Il avait, comme Gœthe, une théorie des couleurs dont l'expression la plus complète se trouve dans son tableau intitulé *le Charmeur*, l'un des plus remarquables du dernier Salon. On en sait le sujet. Un charmeur d'oiseaux égyptien faisait exécuter à ses petits élèves leurs tours d'adresse devant une réunion de patriciennes et de jeunes beaux romains, dans une galerie ornée de plantes rares, de vases grecs et de peintures décoratives. Les personnages étaient de grandeur naturelle et les femmes étalaient toutes les recherches de ce *mundus muliebris*, thème d'invectives pour les moralistes et les poëtes satiriques. Leurs types, d'une beauté délicate, avivée par les artifices de la coquetterie antique, beaucoup plus compliquée que la coquetterie moderne, offraient ces expressions de blasement profond, de dédain aristocratique et de perversité frivole caractéristiques des époques de décadence. On comprend le parti qu'avait tiré le jeune peintre de ces bijoux, de ces coiffures, de ces tuniques, de ces broderies et de tout ce luxe chatoyant et discord auquel il avait su donner de l'harmonie par l'ingénieux emploi de tonalités conciliatrices, comme les Orientaux qui empêchent le choc de couleurs ennemies au moyen d'un simple fil d'or ou d'argent.

Le *Marchand d'esclaves*, traité dans la dimension historique, avait obtenu beaucoup de succès à l'un des salons précédents. On y remarquait cette intelligence des types exotiques qui était une des qualités de l'artiste. C'est là un beau sujet pour la peinture qu'un jeune patricien ennuyé et chercheur d'impossible, à qui l'on montre des jeunes filles de tout les pays du monde, et de toutes les nuances, depuis le marbre blanc de la Grecque jusqu'au bronze fauve de l'Abyssinienne. Victor Giraud l'avait traité de la manière la plus brillante, avec ce sentiment de la composition, cette couleur exquise et rare, et cette dextérité merveilleuse d'exécution qui le caractérisaient. C'était de l'antique ; mais plus souple, plus libre et comme rajeuni et renouvelé par la compréhension moderne, à la façon d'André Chénier.

On n'a pas oublié non plus cette scène tragique en costume du Directoire, où un mari jaloux tuait dans l'escalier l'amant de sa femme, qui glissait évanouie sur la rampe avec un mouvement inspiré de la Kitty Bell, d'Alfred de Vigny, apprenant la mort de Chatterton. Ce tableau, d'une audace singulière, préoccupa fort l'attention du public.

Maintenant l'œuvre est interrompue ; la palette a glissé de la main défaillante de Victor Giraud. Trois ou quatre toiles feront survivre cette mémoire. Henri Regnault n'en a guère laissé davantage. Le sort leur fut, à l'un et à l'autre, avare de jours, mais ils les ont bien employés, et quoique emportés si jeunes, tous deux ont trouvé le temps de prouver leur valeur et de faire deviner ce qu'ils contenaient de projets et de rêves pour les œuvres futures.

L'autre jour — mardi 21 février, — *mardi gras!* le hasard a parfois de ces amères ironies qu'on croirait calculées par une méchanceté diabolique, le portail de Saint-Philippe du Roule était tendu de noir. Un G d'argent brillait sur la litre funèbre, et les amis du défunt, vieux et jeunes, amaigris par la famine, se traînaient vers l'église comme des spectres.

Nous étions tout près du catafalque qui recouvrait celui que nous avions vu, il y a quelques mois à peine, jeune, beau, souriant, aimé ; et si l'on nous eût dit : « C'est toi qui jetteras l'eau bénite sur son cercueil, » on n'eût provoqué chez nous qu'un geste de dénégation et d'incrédulité.

Les jeunes sont pressés, les jeunes vont devant,

selon le vers du grand poëte Victor Hugo, que nous murmurions malgré nous à travers les répons de la liturgie. Les cierges brûlaient sur le fond du chœur tapissé de deuil, comme des étoiles pâles sur un ciel noir; les prêtres, en dalmatiques à croix d'argent, accomplissaient, avec des gestes lents, les rites sacrés, pendant que la voix des enfants de chœur montait vers le ciel blanche, aiguë et grêle comme le prélude du *Lohengrin*. Par instants, l'orgue, avec sa basse profonde, poussait des lamentations sourdes, soupirs étouffés de l'âme, sanglots de cette douleur qui ne veut pas être consolée. L'effet eût été navrant sans quelque note ailée et lumineuse planant sur cette tristesse et parlant d'espérance et d'immortalité.

A l'élévation, une batterie de tambours voilés de crêpes éclata tout à coup avec son roulement amorti mais puissant, mâle expression de douleur et de respect militaires, qui remua tous les cœurs et fit tomber de bien des yeux des larmes longtemps contenues. C'étaient les compagnons de guerre disant adieu à leur frère d'armes.

Pour nous, tout en déplorant avec amertume ce deuil nouveau, une ancienne blessure, difficilement cicatrisée et qui se rouvre au moindre contact, saignait dans notre cœur.

L'hémicycle formant le fond de la nef de Saint-

Philippe du Roule contient un calvaire de la dimension du calvaire de Tintoret à la *Scuola di San Rocco*, œuvre pleine de génie et de passion, d'une mélancolie intense, de notre cher et toujours regretté Théodore Chassériau, dont la perte n'a pas été assez sentie quoique le grand art la déplore et la déclare irréparable. Il est mort bien jeune aussi celui-là, à l'âge de Raphaël et de lord Byron, et Gustave Moreau, le peintre de l'*Œdipe*, a fait dans un tableau d'un charme funèbre et pénétrant sous le titre de : *le Jeune homme et la Mort*, une apothéose de ce génie qu'il aimait et comprenait. Hélas! on a beau, quand on avance dans la vie et que vos compagnons de jeunesse s'arrêtent sur le bord du chemin, avoir des amis qui pourraient être vos fils, ils meurent encore avant vous et il faut suivre leur cercueil!

Après avoir silencieusement serré la main au vieux Giraud, — c'est ainsi qu'on l'appelait pour le distinguer du jeune Giraud, — car que peut-on dire à un père foudroyé d'une telle douleur? nous reprîmes lentement le chemin de notre logis, à travers les Champs-Élysées, accablé d'une désespérance et d'une tristesse profondes. De temps à autre quelques sons rauques, étranglés et lamentables comme le râle d'un mourant parvenaient à notre oreille. C'étaient deux pauvres enfants hâves, déguenillés, qui soufflaient dans des cornets à bouquin, achetés sans doute avec quelques sous extirpés à l'aumône.

Rien de plus lugubre que cette trompe de terre cuite qui sonne, nous ne savons trop pourquoi, « le joyeux appel du carnaval, » et qui serait mieux à sa place dans un convoi funèbre. En effet, c'était la semaine grasse, et les deux Gavroches, mal informés de la situation, mais connaissant les traditions carnavalesques, essayaient à leur manière de fêter mardi gras, en toute innocence de cœur sans doute, car le gamin est patriote. Bientôt ils s'aperçurent du mauvais effet produit par cette note discordante dans le silence et la tristesse de la ville. Ils baissèrent le ton, comme effrayés du bruit qu'ils faisaient, et finirent par remettre leurs cornets dans leur poche.

XVI

GUSTAVE DORÉ

SOUVENIRS DU SIÉGE

Ce serait une erreur de croire que le mouvement de l'art se soit arrêté pendant les graves événements que nous venons de traverser. Nous avons déjà parlé de la statue de neige de M. Falguière, du buste de M. Moulin, pétri également dans la couche blanche qui recouvrait les glacis du rempart, des compositions si touchantes et si poétiques de M. Puvis de Chavannes, des aquarelles admirables où ce pauvre Regnault semblait vouloir se réchauffer à la lumière d'Orient des factions glaciales aux avant-postes; mais nous sommes loin d'avoir tout dit. M. Bracquemond, qui manie d'une façon si magistrale la pointe de l'aqua-fortiste, fixait sur le cuivre les aspects inattendus que donnaient les travaux de la défense aux abords des bastions et à la zone militaire qu'il avait tout le loisir d'observer pendant ses nombreuses gardes. Beaucoup d'autres noms sont restés inconnus que signalera la première exposition.

La pensée de l'artiste fonctionne toujours, même à son insu ; au milieu de la bataille, il remarque un effet qui échappe à tout autre. Par sa perpétuelle communion avec la nature, il s'est développé en lui une singulière acuïté de perception qui s'exerce sans qu'il le veuille. Dans la rapidité de l'action la plus vertigineuse, il ne perd jamais de vue la forme et la couleur. Sa mémoire, habituée à saisir les lignes, prend en courant le reflet ineffaçable des choses. Cela ne l'empêche pas d'être brave, exact à son devoir, bon camarade, plein de cœur. Si un compagnon d'armes tombe blessé, il l'ira enlever sous les balles et le mettre à l'abri derrière un mur. Mais l'attitude du corps affaissé, la pâleur du visage, le crépi de la muraille effritée par les boulets où s'appuie la tête, le ton du sang qui coule sur l'herbe ou sur la neige, les rapports du terrain et du ciel en ce moment-là seront réfléchis dans son œil comme dans une photographie instantanée. En voyant éclater la bombe, il se demande avec quel mélange de couleurs on pourrait exprimer cette lueur sinistre. Cette disposition spéciale rend l'artiste merveilleusement propre à conserver et à reproduire la physionomie des événements à ces heures de lutte suprême où, sous l'imminence des catastrophes, les esprits les plus fermes ne songent plus qu'à une défense désespérée. L'artiste prend part à l'action, mais voit en même temps le spectacle. Cette tuerie, où il peut trouver la mort, — Regnault l'a bien prouvé, — est une bataille sans doute, mais c'est aussi un tableau.

Les décorations de monuments, églises et palais, les commandes officielles ou particulières, les grands travaux d'illustration étaient naturellement suspendus à cette époque si sombre et si incertaine, où l'espoir le plus obstiné ne pouvait, sans folie, compter sur un lendemain; chaque artiste, résigné à la maigre sportule du siége, et ne comptant sur aucun profit rémunérateur, s'abandonnait librement à sa fantaisie personnelle, notant ce qui l'avait frappé et l'exprimant avec toute sincérité dans l'oubli parfait du public, préoccupé lui-même de toute autre chose. C'est ainsi qu'on a vu de Gustave Doré, que n'absorbaient pas, cette année, ces beaux livres à couverture dorée qu'il enrichit de sa verve inépuisable, de grandes compositions épiques, reproduites en photographie, dans lesquelles l'artiste, mêlant l'allégorie à la réalité, représentait l'invasion, l'appel aux armes, la résistance et autres sujets de cette nature.

Mais ce serait mal connaître Doré que de croire qu'il se soit borné là. Il a une fécondité d'imagination servie par une facilité de main prodigieuse qui le pousse sans cesse à des séries d'œuvres nouvelles. Quoiqu'il ait ses heures de paresse rêveuse ou contemplative, le repos prolongé serait pour lui la plus grande fatigue. Aussi, nous nous doutions bien que dans les intervalles d'une garde à l'autre, il devait avoir produit à lui tout seul de quoi meubler toute une exposition. Profitant du privilége d'indiscrétion que nous accorde une amitié déjà ancienne, — Doré a débuté si jeune! — nous avons pénétré dans l'atelier fermé de l'artiste, maintenant en Angleterre, où l'accueillent les plus hautes sympathies, et nous avons vu que nous ne nous étions pas trompé.

Sur des chevalets, placés au meilleur jour, le long de la muraille, la plupart retournés, à tous les coins de la vaste pièce, de grands cartons tendus, des toiles à divers degrés d'avancement étaient disséminés, et par leurs sujets se rattachant tous au même ordre d'idées, semblaient former comme le cycle épique et pittoresque du premier siége. Au-dessus s'étageaient, richement encadrées, des peintures du jeune maître représentant des types singuliers et farouches, et quelques-uns de ces paysages alpestres d'une fraîcheur si vive et d'un coloris si intense, où des couchers de soleil jettent des roses sur la blancheur des cimes.

Ce tranquille sanctuaire de l'art l'avait récemment échappé belle. Sur la terrasse, remplie de fleur, qui lui sert de promenoir, les artilleurs de la Commune, peu sensibles à la peinture, voulaient installer une batterie, à laquelle on eût répondu sans doute, au grand détriment des tableaux et des dessins. Heureusement cette velléité dangereuse n'avait pas eu de suite.

Un des dessins qui nous occupa d'abord remontait au commencement du siége ; c'était le temps où le cercle de l'investissement se resserrait de plus en plus, ne laissant que de rares lacunes. D'immenses troupeaux se hâtaient vers la ville, rappelant, avec des aspects bibliques, les migrations des peuples devant quelque fléau envoyé par la colère céleste. Ces troupeaux devaient servir à la nourriture de la capitale, Gargantua grossi des fuites de la banlieue repliée derrière les murailles. A voir le tumultueux défilé de toutes ces bêtes destinées à la boucherie, on pouvait croire la provision inépuisable.

L'imagination de Gustave Doré a été vivement frappée de ce spectacle étrange et si nouveau dans notre civilisation, de cette agglomération gigantesque de bétail, dont l'Amérique du Sud seule peut donner des analogues, lorsque l'incendie des pampas pousse devant lui les hordes effarées des bisons. L'artiste nous a montré, s'engouffrant dans les allées du bois de Boulogne, comme un torrent irrésistible, cette masse de dos montueux, de cornes en croissant, de croupes saillantes, à travers les tourbillons de poussière, sous l'orage incessant des coups de bâton. Il nous a fait voir aussi une armée de moutons plus considérable que celle dont le chevalier de la Manche faisait, en termes si pompeux, le dénombrement à Sancho ébahi, la prenant pour l'ost du Miramolin ; des toisons ondulant à l'infini, comme une mer laineuse, dans un de ces paysages que Doré sait si bien faire.

On se souvient de ce pauvre bois fashionable, naguère le lieu d'exhibition des élégances, transformé en parc à bestiaux ; mais, après tout, il n'y perdait pas en beauté, et lorsqu'un grand bœuf, levant le mufle d'un air d'inquiétude étonnée, traversait une allée déserte suivi bientôt de quelques compagnons enhardis, cela ne faisait pas un mauvais effet pittoresque. L'admirable dessin de Gustave Doré conservera pour la postérité cet aspect unique du bois de Boulogne auquel nos neveux refuseront de croire, avec une poésie qui en complète la vérité.

Un autre dessin déploie le panorama de Paris vu en abîme du plateau de la butte Montmartre, de ce moulin où étaient installés les puissants appareils électriques dont les rayons, d'un blanc livide, allaient fouiller au loin la plaine et y surprenaient, par leur brusque clarté, les manœuvres des Prussiens. La ville énorme, baignée de fumée, piquée de points lumineux ébauchant dans l'ombre ses monuments comme des promontoires ou des écueils au-dessus de son océan de maisons, prend une apparence apocalyptique et formidable : on dirait une de ces Ninives ou de ces Babylones que le prophète entrevoit en rêve, et sur lesquelles plane le nuage noir des cataclysmes.

Un de ces dessins a été repris par l'artiste, qui en a fait un tableau d'un effet saisissant. C'est la nuit, et « l'obscure clarté qui tombe des étoiles, » comme a dit Corneille, dans une cheville sublime, permet de deviner confusément le nom de la rue Gay-Lussac, inscrit à l'angle d'une muraille. La neige recouvre le pavé de son blanc linceul, sinistre dans sa pâleur, et faisant ressortir le gris lugubre des longs murs fermant les jardins et les terrains vagues des rues qui s'achèvent au milieu des champs. Sur un ciel d'un bleu noir scintillent ces mouchetures d'argent semblables à des larmes gelées, indice des nuits glaciales. Quelques fragments d'obus, récemment tombés, jonchent la neige et ajoutent aux terreurs de l'obscurité, du silence, de la solitude et des mauvaises rencontres, l'épouvante de la mort soudaine sortant de l'ombre avec un éblouissement de foudre.

Cependant une forme qui jette au mur une ombre bizarre chemine lentement par la rue déserte. C'est une religieuse, jeune, délicate, faible d'apparence, amaigrie par le jeûne du siége et les labeurs de la charité. Elle porte entre ses bras, roulé dans une couverture, un enfant malade ou blessé, déjà grandelet, pour le mettre à l'abri sous un toit moins menacé des projectiles. Elle va ainsi par les ténèbres pleines de périls, voyant dans l'ombre la lumière du Christ, recevant de sa foi des forces surnaturelles, et se redressant sous la charge qui l'écraserait.

L'impression que produit ce tableau est profonde, et l'image de cette religieuse filant le long de cette muraille, reste ineffaçablement dans le souvenir.

On sent que l'artiste a vu ce qu'il peint. Il a rencontré cette sainte femme en faisant quelque ronde nocturne, et son œil a retenu, involontairement peut-être, la tournure du groupe, l'expression du visage entrevu, la cassure des plis, la projection des ombres. Rentré chez lui, il a fait le dessin, puis le tableau, et à la représentation du fait il a ajouté sa propre émotion. Il en résulte que la religieuse passant la nuit, rue Gay-

Lussac, un enfant malade dans les bras, sous la pluie des obus, peut symboliser et symbolise la charité chrétienne avec son héroïsme obscur.

L'épisode du déménagement des pauvres ménages quittant les quartiers menacés à l'époque du bombardement, donne l'idée d'une fuite devant l'inondation, l'incendie ou tout autre fléau inéluctable. Les chaises, les tables, les bahuts, les minces matelas d'où la laine s'échappe, tous les humbles ustensiles indispensables à la vie sont entassés pêle-mêle, avec un tumulte d'angles bizarres, sur des charrettes à bras que tirent, le col tendu, les pieds glissant dans la neige, les hommes les plus valides de la bande.

Sur l'entassement des hardes et des paquets, les malades allongés prennent des apparences spectrales et des airs de morts recouverts du linceul; ils frissonnent à la bise glaciale, aussi froids déjà que si le doigt qui éteint les yeux et scelle les lèvres les avait touchés. On dirait, à voir ce convoi lamentable, une migration d'Indiens emportant leurs aïeux roulés dans des peaux de bison; les femmes suivent pressant contre leur sein maigre un pâle nourrisson qu'elles tâchent d'envelopper d'un lambeau de châle, et traînant en outre quelque enfant un peu plus âgé suspendu au pan de leur jupe. D'autres fugitifs marchent courbés sous le poids de quelque meuble; rien de plus sinistrement pittoresque que ce cortége s'avançant dans l'ombre, éclairé par le reflet livide de la neige et le feu rouge des obus.

Une composition restée presque à l'état d'esquisse, mais où le fini le plus extrême n'ajouterait rien, tant le sentiment que l'artiste a voulu exprimer s'y lit nettement dans le désordre des traits jetés comme au hasard, nous a retenu longtemps en contemplation devant elle. La scène représente une rentrée d'ambulance après une bataille hors des murs, — Champigny, le plateau d'Avron, Buzenval; — une femme hagarde, échevelée, droite comme un spectre, ayant dans les yeux cette fixité qui annonce la folie, porte une lanterne sous le nez des blessés éblouis de cette brusque lueur, et dont les figures hâves, décomposées, convulsées par la souffrance, entourées de bandelettes et de compresses, rappellent les masques fantastiques évoqués par Goya du fond de ses ténébreuses eaux-fortes. Elle cherche parmi ces blessés un mari ou un fils qui est sans doute au nombre des morts, et à chaque voiture, elle recommence infatigablement sa revue.

Ce n'est pas seulement le côté épisodique et pittoresque du siége que Gustave Doré s'est plu à reproduire. Il a dessiné les travaux de la défense, l'installation des forts, l'armement des bastions, de façon à satisfaire les ingénieurs et les peintres. L'histoire pourrait aller puiser des renseignements dans ses cartons en grisailles, à la fois si exacts et si colorés, qui ont la précision d'un plan géométrique et l'effet grandiose d'une gravure noire à la manière de Martyn. Par cette série d'études, de croquis et de compositions, à une époque où la pensée semblait arrêtée sous le coup d'une préoccupation unique, Gustave Doré a prouvé que l'art était incompressible et qu'aucune force n'était capable d'en restreindre l'expansion ; sous les écroulements des édifices et des institutions, entre les blocs de pierre écornés par les boulets et noircis par le feu, une plante toujours verte apparaît la première, ouvrant sa fleur éclatante : c'est l'Art, immortel comme la Nature.

XVII

SAINT-CLOUD

Mars 1871.

On nous avait dit que les Prussiens avaient quitté Saint-Cloud la veille, et, cédant à un désir bien naturel après la longue réclusion du siège, nous nous mîmes en route, comptant ne rencontrer aucune figure ennemie et trouver le paysage nettoyé. Nous avions compté sans notre hôte. Au bout du pont de bateaux de Sèvres, encombré de charrois, nous aperçûmes, à notre très-désagréable surprise, trois casques de cuir à pointe de cuivre surmontant trois épaisses figures de soldats fortement râblés, à grosses cuisses, à gros pieds, chaussés de grosses bottes, ayant au côté une musette de toile rappelant les poches de Bertrand dans *Robert Macaire*, et portant le fusil en travers sur l'épaule avec la même grâce que le balai dont, il n'y a pas longtemps, ils nettoyaient nos rues. Notre œil fut bien forcé de recevoir cette silhouette odieuse que nous voudrions effacer comme une épreuve photographique mal venue, et nous passâmes outre avec un mouvement de rage sourde et de haine malheureusement impuissante, que nos lecteurs comprendront.

D'autres soudards occupaient le corps de garde à l'entrée du parc, dont une grille latérale était ouverte. Une solitude morne y régnait, et l'on n'y entendait que le bruit de la cognée équarissant les arbres abattus. Rien de plus sinistre que la tristesse des lieux peuplés par des souvenirs de splendeur et de fête. On y sent tomber goutte à goutte, sur son cœur, les larmes des choses, car la nature pleure. *Sunt lacrymæ rerum*, a dit Virgile avec une mélancolique profondeur d'expression.

Cependant, cette partie du parc n'est pas aussi dénudée qu'on pourrait le croire. Des éclaircies ont été pratiquées pour dégager la vue et faciliter le tir des batteries placées plus haut sur le revers de la colline. Mais l'aspect général n'est pas trop changé, et le printemps qui vient, avec ses vertes frondaisons, masquera les cicatrices des arbres survivants et comblera les vides.

La cascade, tombant de son château d'eau sur cet escalier de marbre et de rocaille, légitime admiration du Parisien, n'a pas subi de dégradation, apparente du moins, et pourra *jouer* encore le dimanche, si le plomb des tuyaux n'a pas été volé par un ennemi soigneux et qui n'oublie rien.

Quand on a gravi la pente sur laquelle les eaux se déploient et dépassé le massif d'architecture de la cascade, on entre dans une région saccagée comme avec une sorte de rage. Des arbres magnifiques, deux ou trois fois séculaires, les géants et les patriarches de la forêt, sciés au bas du tronc, gisent, traînant leur chevelure de branches, sur des arbustes écrasés et des éboulements de terrasses. Ces troncs, ainsi coupés, offrant leur large tranche de couleur claire qui rappelle la carnation humaine, ont quelque chose de tragique et de solennel. On dirait des autels faits pour y jurer une haine implacable, et implorer Némésis, la déesse des justes vengeances. Cet espace franchi à travers les gravats, les pierres, les bouts de bois, les débris et les souillures de toutes sortes, on arrive à cette pelouse qui montait du château à la lanterne de Diogène, dont il ne reste rien, par une pente douce, entre deux grands massifs de verdure, et l'on aperçoit avec stupeur le squelette brûlé d'un monument à peine reconnaissable. Les embrasures des fenêtres, noircies par le passage des flammes, laissent voir le bleu ou le gris du ciel; tout l'intérieur s'est effondré. On devine à peine, sur la façade, les grandes divisions de l'architecture. Seules, deux statues de bronze vert sont restées sur leurs piédestaux, en avant du péristyle, comme deux sentinelles consciencieuses qu'on a oublié de relever. L'une représente l'Aurore debout sur un petit char et jetant des fleurs ; l'autre, un Hercule bonasse écrasant avec une massue qui ressemble à une bûche, les têtes renaissantes de l'hydre. Les cous décapités sont percés de petits trous d'où jaillissaient des filets d'eau, montrant que l'Hercule a autrefois figuré dans quelque bassin mythologique.

La ruine est complète, et il n'y a pas, pour l'édifice, de restauration possible. Ce que les obus ont commencé, l'incendie l'a achevé. On pénètre dans le palais par le vestibule ouvert à tous les vents, obstrué de décombres, de poutres carbonisées, de ferrailles descellées et tordues, de fragments de marbre, et l'on découvre par l'effondrement des planchers, les distributions intérieures, comme dans les coupes des plans d'architecture. On voit, comme des veines dans le corps de l'édifice, circuler les tuyaux des calorifères et des conduites d'eau rompus çà et là, ou rentrant dans l'épaisseur des murs. Pas une cloison ne subsiste. Quelquefois une cheminée se tient suspendue à la paroi, sur un arrachement de plancher, et produit le plus singulier effet. La flamme a dû être guidée dans sa fureur : un élément aveugle n'arrive pas tout seul à cette perfection de ravage et de désastre. On sent là l'œuvre d'incendiaires exercés et pratiques, obéissant à une consigne d'extermination.

Dans l'intérieur de la cour, la destruction a eu ses caprices : des statues sont décapitées, boiteuses, manchotes, borgnes, balafrées d'affreuses blessures, réduites à l'état de troncs informes et calcinées comme de la chaux ; d'autres ont été épargnées, on ne sait pourquoi, et sourient, avec la sérénité indifférente du marbre, au milieu de cette désolation que leur grâce intacte rend encore plus lugubre. Trois lampadaires ont conservé, sans la moindre fêlure, les glaces de leurs lanternes. Mais ces exceptions sont rares ; tout est mutilé, pilé, émietté avec une méchanceté savante, et les maraudeurs, si on ne les arrête, auront bientôt fait disparaître jusqu'au dernier vestige des matériaux.

En sortant de ce qui fut le palais de Saint-Cloud, navré de cette ruine violente à laquelle le temps n'est pour rien, car les siècles détruisent moins que les hommes, nous remarquâmes, aux fenêtres des anciens bâtiments de service, des figures de juifs allemands sordidement et cruellement basses, à cheveux gras, à barbe fourchue, à teints rances, descendants de Judas Iscariote et de Shylock, capables de couper la livre de viande à l'échéance, recéleurs du vol et du meurtre, brocanteurs du pillage, retirant avec leurs griffes sales les lingots de métal fondu des monceaux de braise ; ils avaient cet air de béatitude hébétée qu'on voit aux vautours gorgés de charogne jusqu'au bec.

Nous remontâmes dans la ville de Saint-Cloud par une rue dont les premières maisons ne semblent pas avoir beaucoup souffert des projectiles et de l'incendie ; mais la croûte extérieure est seule restée debout. Regardez par une porte entrebâillée, entre les planches qui bouchent les fenêtres, vous apercevrez un gouffre d'effondrement du grenier à la cave, et la lumière jouant à travers les brèches des murailles.

On ne peut, sans l'avoir vu, se faire l'idée d'un pareil désastre, et l'on devrait garder Saint-Cloud comme une Pompéi de la destruction. On y viendrait voir ce que c'est que la guerre. La ville n'est désormais plus habitable, et il nous semble impossible de réparer ces décombres qui s'écrouleront au moindre choc. Il faudrait raser la ville et la reconstruire de fond en comble sur de nouveaux frais, après l'avoir déblayée.

Les rues montant vers l'église sont barricadées de pierres, de gravats, de poutres, de persiennes, de grilles arrachées, où l'on commence à pratiquer de petits chemins, mais qu'il faut gravir en beaucoup d'endroits. Des maisons éventrées ont vidé leurs entrailles sur la voie publique et semblent faire effort pour rester debout, comme des soldats courageux qui ont reçu le coup mortel et ne veulent pas tomber ; d'autres, aux embrasures noircies, ne présentent qu'une lézarde comme la *maison Usher*, dans le conte sinistre d'Edgar Poë, mais elle va du faîte au rez-de-chaussée. La fente hideuse s'élargit à vue d'œil, et l'on sent que les deux morceaux de la muraille vont se séparer et s'affaisser d'un seul bloc. De toit, il n'en subsiste plus nulle part; les obus les ont crevés, les flammes les ont dévorés. Ces ruines subites n'ont pas le caractère des ruines faites à la longue par le temps et l'abandon. Les années n'y ont pas mis encore leurs douces teintes brunes; la nature n'a pas égayé de ses lierres et de ses fleurs sauvages les architectures disjointes; tout y est sec, criard, violent. Le plâtre éraillé garde sa blancheur mate, les cassures fraîches des pierres ont une crudité de ton qui blesse l'œil comme une plaie vive. C'est la différence de la mort naturelle à l'assassinat. Ces cadavres de maisons égorgées ont un aspect navrant qu'il est impossible d'oublier; elles crient vengeance par toutes les bouches de leurs plaies.

Par les larges écroulements des façades, l'intérieur des logis se découvre, comme ces décorations qui servent au théâtre pour jouer des pièces à action double. On voit dans quelques chambres que le feu n'a pas atteintes, des papiers de tenture à fleurettes et à losanges, des cheminées avec leurs chenets, des portraits de famille suspendus à la muraille, un pot à l'eau sur une toilette, des vaisselles de ménage sur des planches d'armoire, des matelas éviscérés, des chaises marquant, auprès du foyer, la place des hôtes disparus; une commode près de glisser au fond de l'abîme, et retenue en l'air par un équilibre bizarre. Mille petits détails révèlent la vie intime de ces maisons, naguère si gaies et si heureuses. Nous avons pu même reconnaître un portrait lithographié de Louis-Philippe, encadré de sapin verni, et toujours accroché au troisième étage d'une habitation effondrée. Des fragments d'escalier, comme dans les eaux-fortes de Piranese, aboutissent au vide; des portes ouvrent sur le ciel; des balcons restent appliqués, d'une manière hasardeuse, à des façades démantelées et trouées à jour, décrivant d'étranges arabesques, que reproduisent des photographes encapuchonnés de noir comme des nécrophores, et la tête courbée sur leur boîte.

Détail touchant! une statuette de la sainte Vierge, dans sa petite niche grillée, a échappé aux flammes avec ses bouquets et ses couronnes. Les âmes pieuses auraient vu jadis un miracle dans cette préservation au moins singulière. Une telle croyance n'a rien qui répugne à notre philosophie.

Comme des fourmis à leur fourmilière renversée par un pied brutal, quelques habitants commençaient à revenir à leurs maisons. Ils se glissaient à travers les amoncellements de ruines, cherchant la place de leurs anciens gîtes, en déblayaient le seuil et poussaient avec effort les portes sur lesquelles les Prussiens ont écrit, avec un charbon pris au brasier de Saint-Cloud : « Défense d'entrer. » Des ménagères puisaient de l'eau à une borne-fontaine à moitié enfouie sous un monceau de gravats, et dont le trop plein s'extravasait parmi les pierres. Ce faible essai de vie, dans cette ville morte, avait quelque chose d'attendrissant. Une petite plante verte d'espérance germait déjà entre ces décombres entassés par les barbares.

Il semble, à l'aspect de cette dévastation, qu'elle a été froidement et méthodiquement exécutée. Des incendiaires enrégimentés ont dû mettre le feu aux maisons, l'une après l'autre, avec du pétrole et des torches. Quelques-unes, quatre ou cinq tout au plus, sont conservées, et, sur les volets de l'une d'elles, on lit, en allemand :

CETTE MAISON SERA RESPECTÉE JUSQU'A NOUVEL ORDRE
28 JANVIER 1871
JACOBI, MAJOR GÉNÉRAL.

A droite et à gauche tout est ruiné et brûlé.

La tristesse et la fatigue nous gagnaient, et nous dirigeâmes nos pas vers le bateau qui devait nous faire traverser la Seine, dont le pont est rompu. La *Tête-Noire*, au coin de la place d'Armes, est broyée par les obus, et, de longtemps, les canotiers n'y feront escale pour leurs joyeux repas.

Arrivé sur l'autre rive, nous nous retournâmes : Saint-Cloud, avec ses maisons sans toits et la blancheur morte de ses décombres, ressemblait à un grand cimetière dominé par sa chapelle funèbre. L'église, épargnée seule, veillait sur ce cadavre de ville.

XVIII

LES BARBARES MODERNES

Mai 1871.

La place d'armes de Versailles présentait, pendant le second siége de Paris, un aspect farouche et surprenant : la vie guerrière s'y était installée au milieu de la vie civile, et les cônes blancs des tentes se détachaient en clair du fond plus sombre des maisons qui bordent cet immense espace si nu, en temps ordinaire, et que rien ne semble pouvoir remplir. Des fumées bleuâtres montaient des foyers improvisés entre deux briques où les soldats faisaient leur cuisine en plein air, avec ces procédés primitifs que l'homme n'a plus l'occasion d'employer à une époque si avancée que la nôtre. Sous les arbres de l'avenue de Saint-Cloud, des chevaux alignaient leurs croupes, n'ayant d'autre abri que le feuillage, et frissonnaient au souffle du matin, comme les *mustangs* dans les prairies d'Amérique. Leurs maîtres dormaient près d'eux sur quelques brins de paille, enveloppés d'un manteau ou d'une couverture, se dressant au premier appel de la diane, et montrant combien sont, en réalité, inutiles les chambres bien closes et les matelas capitonnés.

Au milieu de la place, on avait formé un parc d'artillerie où arrivaient et d'où repartaient incessamment les canons de tous calibres : grosses pièces de siége, légères pièces de campagne, obusiers trapus, mitrailleuses de divers systèmes, engins d'attaque et de défense rayés ou non rayés, avec leurs caissons rangés en longues lignes, noire armée de bronze qui ne demandait qu'à vomir feu et flamme. Au-dessus de cette meute monstrueuse au col penché comme des dogues tirant sur leur laisse, s'élevaient des grues massives, des enchevêtrements de poutres semblables à des catapultes antiques, destinés à soulever les énormes canons de marine et à les changer d'affûts. Quelques pièces redressées à demi semblaient pointées contre le ciel et rompaient l'uniformité des files. Ainsi l'on voit dans un troupeau un bœuf impatient se hausser et dépasser de la tête et du poitrail ses compagnons de marche. C'était un spectacle étrange que cet entassement formidable d'artillerie au centre de cette ville si paisible de mœurs, et qui semble se complaire dans le silence, le recueillement et la solitude, comme si elle écoutait le murmure affaibli de ses anciens souvenirs. Mais ce spectacle avait sa beauté sévère; et il nous arrêtait toutes les fois que nous longions la place pour aller rue des Réservoirs guetter les nouvelles à leur sortie de la cour de Maroc.

Ce qui nous frappait surtout, c'était ce retour aux formes antiques de la vie au milieu d'une civilisation extrême. La guerre est un des modes de l'existence primitive. Le soldat en campagne vit à peu près comme le sauvage et le barbare. Qu'on n'attache à ces deux mots aucune signification de blâme : ils veulent dire seulement que l'homme en état de guerre se rapproche de l'état naturel. Le soldat coupe et fend son bois, apprête sa nourriture, dresse sa tente, et pourvoit lui-même à ses besoins, ne demandant rien qu'à ses propres forces. Il veille à sa sûreté, fait le guet, interroge les ténèbres, écoute le moindre frisson d'herbe, comme le peau-rouge dans les forêts; fait de longues marches, en silence, attaque, se défend, et, en beaucoup de circonstances, lorsque l'ordre des officiers ne peut parvenir jusqu'à lui, est obligé d'inventer des moyens de salut. Pendant de longs siècles, l'humanité n'a pas vécu d'autre sorte. Il a fallu bien de lentes améliorations pour arriver au bien-être compliqué dont nous jouissons sans nous en rendre compte, et presque sans nous en apercevoir.

Après des escarmouches heureuses, on amenait à la place d'Armes des pièces prises sur l'ennemi. Les canons prisonniers s'avançaient, ornés comme des trophées, tout fleuris de lilas et d'aubépine, — on était alors au commencement de mai, — traînés par des chevaux ayant des bouquets sur l'oreille. Les soldats du train, qui les conduisaient d'un air fier et superbe, portaient comme des palmes des branches en fleur. La foule se précipitait et faisait cortége, poussant des acclamations, et cela avait des aspects de triomphe antique qui nous rappelaient les peintures de Jules Romain et les cartons d'André Mantegna au château d'Hampton-Court. On dira que les canons n'existaient pas alors, quoique Milton en ait mis dans la bataille des bons et mauvais anges à une date bien antérieure ; mais le caractère de la scène n'avait assurément rien de moderne. L'expression des têtes, l'attitude des corps, la robustesse des chevaux, semblables aux chevaux historiques des grands maîtres, ce mélange d'armes et de feuillages sortent violemment les yeux de leurs spectacles habituels et font penser à des tableaux d'un autre âge.

Cette vérité nous fut démontrée un jour de la manière la plus évidente par une scène des plus étranges. Il nous sembla voir sur la place d'armes de Versailles, agrandi aux proportions de nature, un de ces merveilleux dessins où Decamps, cherchant le style antique, représentait des épisodes de la vie barbare : campements, attaques, déroutes, défilés de captifs, migrations, charroi de butin, conduite de troupeaux enlevés et autres sujets de ce genre, que le succès de la bataille des Cimbres l'engageait à traiter.

C'était une halte de prisonniers qu'une escorte conduisait à Satory. Il faisait ce jour-là une chaleur à mettre les cigales en nage. Pas un souffle d'air, pas un nuage au ciel. Le soleil versait sur la terre des cuillerées de plomb fondu. Ces malheureux, amenés des portes de Paris à pied, par des hommes à cheval qui les forçaient involontairement de presser le pas, fatigués du combat, en proie à d'affreuses transes, haletants, ruisselants de sueur, n'avaient pu aller plus loin, et il avait fallu leur accorder quelques instants de repos. Leur nombre pouvait s'élever à cent cinquante ou deux cents. Ils avaient dû s'accroupir ou se coucher à terre, comme un troupeau de bœufs que leurs conducteurs arrêtent à l'entrée d'une ville.

Autour d'eux leurs gardiens formaient le cercle, accablés comme eux de chaleur, se soutenant à peine sur leurs montures immobiles et s'appuyant la poitrine au pommeau de leur selle. Le pistolet chargé semblait peser à leurs mains, et visiblement ils luttaient contre le sommeil. On n'aurait pu dire la couleur de leur uniforme, tant la couche de poussière qui le recouvrait était épaisse, et la longue lance à fer aigu, sans banderole, appliquée à leur cuisse, indiquait seule à quelle arme ils appartenaient. Toute particularité avait disparu. Ce n'était plus le soldat, c'était le guerrier pris en lui-même, le guerrier de tous les temps et de tous les pays, aussi bien un Romain qu'un Cimbre, un Grec qu'un Mède. Tels qu'ils étaient, ils eussent pu figurer sans anachronisme dans les batailles d'Alexandre et de César. Leurs chevaux, simplement harnachés, mouillés de sueur, blancs d'écume, ne se distinguaient par aucun détail moderne. Ils gardaient un caractère de généralité antique.

Nous regardions ces cavaliers de si grand style, regrettant qu'un peintre de génie ne se trouvât pas là pour fixer d'un trait rapide ces belles lignes naturellement et naïvement héroïques, et aussi pour noter les types non moins curieux des captifs, devenus des prisonniers barbares, Daces, Gètes, Hérules, Abares, comme on en voit dans les bas-reliefs des arcs de triomphe et les spirales des colonnes Trajanes. Ils n'avaient plus de costume spécial désignant une nationalité ou une époque. Un pantalon, une blouse ou une chemise; tout cela fripé, froissé, déchiré, collé au corps par la sueur, ne les habillait pas, mais les empêchait d'être nus, sans conserver forme précise de vêtement. Blouse, blaude, sayon, tunique, à cet état, se ressemblent fort; et les braies sont, dans la sculpture antique, le signe distinctif du barbare; plusieurs s'étaient roulé des linges autour de la tête pour se préserver du soleil, car on enlève leur coiffure aux prisonniers, afin de les rendre plus facilement reconnaissables parmi la foule, s'ils essayaient de s'enfuir. D'autres avaient garni leurs pieds meurtris de chiffons retenus par des cordelettes, qui leur donnaient un aspect de Philoctète dans son île, à faire rêver un sculpteur. Ce bout de haillon les rattachait à l'art grec.

Toutes ces loques, sous l'ardente lumière, paraissaient décolorées comme les draperies d'une grisaille, et les cheveux eux-mêmes des prisonniers, vieux ou jeunes, étaient uniformément gris, tant la poussière en avait altéré la nuance.

Parmi ces prisonniers, il y avait quelques femmes, assises sur leurs articulations ployées, à la manière des figures égyptiennes dans les jugements funèbres, et vêtues de haillons terreux mais donnant des plis superbes. Quelques-unes, farouchement séparées du groupe comme par une sorte de dédain, présentaient des aspects de sybylles à la Michel-Ange ; mais la plupart, il faut l'avouer, avaient des airs de stryges, de lamies, d'empouses, ou, pour sortir de la mythologie du second Faust, ressemblaient aux sorcières barbues et moustachues de Shakespeare, formant une variété hideuse d'Hermaphrodite faite avec les laideurs des deux sexes. Chose étrange, parmi ces monstres se trouvait une charmante fillette de treize à quatorze ans, à physionomie candide et virginale, blonde, vêtue avec recherche et propreté d'un veston bleu clair à soutaches noires, et d'une jupe blanche, courte comme celle des très-jeunes filles, laissant voir des bas bien tirés et des bottines élégantes quoique poudreuses. Quel hasard avait mêlé ce petit ange à ces démons, cette pure fleur à ces mandragores? Nous n'avons pu le comprendre. Personne ne le savait, et notre point d'interrogation est resté sans réponse. Un peu en arrière, sur un chariot ou une prolonge, était couché sur le dos, avec une roideur cadavérique, un vieillard à grande barbe blanche, dont le crâne nu luisait au soleil comme un casque. Quoique immobile et dessinant les lignes anguleuses d'une statue allongée sur un tombeau, il n'était pas mort cependant, et dans son œil, qui palpitait sous l'aveuglante lumière, vivait un regard noir de haine irréconciliable et de rage impuissante. Rien de plus effrayant que ce Nestor de la révolte, que ce patriarche de l'insurrection, à la fois immonde et vénérable, et qui semblait poser le Père éternel sur les barricades.

Une soif ardente, inextinguible brûlait ces misérables, altérés par l'alcool, le combat, la route, la chaleur intense, la fièvre des situations extrêmes et les affres de la mort prochaine, car beaucoup croyaient trouver la fusillade sommaire au bout de leur voyage. Ils haletaient et pantelaient comme des chiens de chasse, criant d'une voix enrouée et rauque, que ne lubréfiait plus la salive : « De l'eau ! de l'eau ! de l'eau ! » Ils passaient leur langue sèche sur leurs lèvres gercées, mâchaient la poussière entre leurs dents et forçaient leurs gosiers arides à de violents et inutiles exercices de déglutition. Certes, c'étaient d'atroces scélérats, des assassins, des incendiaires, peu intéressants à coup sûr, mais dans cet état, des bêtes mêmes eussent inspiré de la pitié. Des âmes compatissantes apportèrent quelques seaux d'eau.

Alors toute la bande se rua pêle-mêle, se heurtant, se culbutant, se traînant à quatre pattes, plongeant la tête à même le baquet, buvant à longues gorgées, sans faire la moindre attention aux horions qui pleuvaient sur eux, avec des gestes d'une animalité pure, où l'on aurait eu peine à retrouver l'attitude de l'homme. Ceux qui ne pouvaient, trop faibles ou moins agiles, approcher des seaux posés à terre, tendaient les mains d'un air suppliant, avec de petites mines, comme des enfants malades qui voudraient avoir du *nanan*. Ils poussaient des gémissements mignards et câlins, et leurs bras se pliaient comme ceux des singes, se cassant aux poignets dans des poses bestiales et sauvages. Un énorme coquin, espèce de Vitellius de *caboulot*, dont le bourgeron déchiré laissait voir à nu le torse puissant, rougi à la poitrine par l'habitude des libations, se livrait aux pantomimes les plus attendrissantes pour obtenir une goutte du précieux breuvage. Il avait une de ces têtes d'empereur romain que la foule entraîne aux gémonies. Un pauvre cheval, enragé de soif, s'élançait vers le baquet, à travers les groupes et augmentait le désordre. Enfin des verres, des choppes, des bocks, des bols arrivèrent de tous côtés, grâce à la pitié des femmes, et ces malheureux purent au moins se désaltérer comme des hommes et non lapper comme des bêtes.

En regardant ce spectacle, on pouvait tout aussi bien se croire sur le champ de bataille de Pharsale que sur la place d'armes de Versailles, devant le palais du grand roi.

XIX

LES MARCHES DE MARBRE ROSE

Mai 1871.

Il arrive souvent qu'un motif d'opéra, une ritournelle d'orgue, une phrase de chant entendue par hasard se loge dans votre tête sans qu'on en ait conscience. On pensait même en ce moment-là, à toute autre chose, mais une fibrille du cerveau n'étant pas surveillée par la volonté s'est emparée du thème et le garde avec obstination. Un souffle le murmure tout bas à votre oreille, et cela devient bientôt une obsession insupportable. Quelquefois des mots se substituent aux notes et la parole remplace la mélodie — le cas est plus rare cependant — mais l'autre jour il nous advint de la façon la plus inopinée.

Comme nous nous promenions de la cour de

Maroc à l'hôtel des Réservoirs, sur le Boulevard Italien en pente où se réunit le « tout Paris » de Versailles, écoutant les nouvelles, faisant des conjectures sur les événements, il s'ouvrit tout à coup dans le cabinet de nos souvenirs un tiroir fermé depuis longtemps, et il en roula, pareils aux perles d'un collier qui se défile, ces six mots :
— Sur trois marches de marbre rose. — C'est, comme on sait, le titre d'une pièce de vers d'Alfred de Musset. Ils s'emparèrent aussitôt de nous et se mirent à voltiger sur nos lèvres comme un refrain monotone, nous ennuyant à la fois et nous charmant; mais il nous était impossible de les chasser ou d'en distraire notre esprit.

On nous disait : La barricade du pont de Neuilly a été enlevée par nos troupes, et nous répondions intérieurement : — Sur trois marches de marbre rose. — La nuit même, pendant notre sommeil, des rêves vagues nous chuchotaient cette phrase d'un air moqueur, comme pour nous empêcher de l'oublier en dormant. Au réveil, les six mots se dessinaient sur le mur dans un rayon d'aurore, et nous recommencions notre inéluctable litanie. Pour tout poëte, par son étrangeté, son harmonie et sa couleur, ce titre contient un *charme* dans le sens magique du terme, et il agit comme une sorte d'incantation ; mais son effet doit être passager et s'éteindre avec la vibration des syllabes sonores, au lieu de se prolonger en reprises infinies, comme l'écho de Simonetta. Il n'en fut pas ainsi pour nous, et le bourdonnement recommençait toujours.

Ce qu'il y avait de singulier, c'est que pas un seul vers de cette délicieuse pièce, que nous savons par cœur, ne nous revenait au bout de la langue ; idées et rimes nous échappaient ; nous en pressentions obscurément la présence comme derrière une gaze noire, mais il nous était impossible de déchirer le voile ; le titre seul flamboyait, et nous l'épelions machinalement, répétant la cantilène obligée : — Sur trois marches de marbre rose !...

Qui pouvait avoir éveillé cette idée en nous ? idée si éloignée de la situation présente! Dans les cas d'obsession musicale, la phrase qui vous hante a été exprimée par un orchestre, un instrument, une voix. On connaît le point de départ de la *possession* — car c'en est une véritable — mais ici rien d'analogue. Personne n'avait prononcé près de nous les mots sacramentels ; nous ne les avions pas vus écrits ou imprimés ; nous n'avions pas rencontré sur une table un volume dépareillé de Musset, traîné à travers les exodes et les pérégrinations de la campagne. Peut-être par une *correspondance* occulte, pour employer la mystique expression de Swedenborg « les trois marche de marbre rose » s'étaient elles mises en *rapport* avec nous à notre insu. Elles se trouvent dans le parc de Versailles et le voisinage augmentait leur force d'influence. Nous avons d'ailleurs le goût ou plutôt la passion du marbre, cette noble matière qui sait garder la forme, cette chair étincelante des héros et des divinités, même quand il n'est qu'à l'état de bloc où sommeille la possibilité d'un chef-d'œuvre, et il doit exister des affinités secrètes entre lui et nous.

Ce charmant poëte mort qui, de l'extra-monde nous envoya, à propos de *Spirite*, des stances si ravissantes, n'ayant pas de médium sous la main, se servait sans doute de ce moyen pour susciter, par une légère vibration, son souvenir dans notre mémoire et détachait, à notre adresse, une imperceptible parcelle de marbre rose. Vivant, il s'inquiétait de la blancheur du Paros, au grand scandale des utilitaires, et partageait avec nous cet amour du marbre. Dans ce sentiment commun, non loin des marches sur lesquelles s'étaient fixés ses yeux rêveurs, nos esprits, quoique habitant des sphères différentes, avaient pu se rencontrer et les mots résumant la poésie et le poëte avaient jailli comme un appel se répétant avec une opiniâtreté fatidique jusqu'à ce que nous ayons compris ce que demandait l'âme flottant autour de nous.

Pendant quelques jours, avide de nouvelles, arrachant les journaux aux vendeurs, ne songeant qu'à l'immense drame où se joue le sort de la France, nous essayâmes vainement de chasser ce refrain intérieur importun comme le bruit d'ailes d'une mouche obstinée. A la fin, nous sentîmes que l'esprit voulait un pieux pèlerinage et comme une libation de souvenirs sur ce marbre baigné de ses regards, pénétré de sa pensée, attiédi de son amour qui voyait dans cette neige, veinée d'azur et de rose, le sein virginal d'une Diane chasseresse. Il fallait qu'un grain d'encens fût brûlé sur cet autel à la pure beauté.

Nous commençâmes aussitôt notre excursion.

Diverses consignes nous barrant le chemin le plus court, nous prîmes le plus long, sans grand regret. Les poëtes ne sont guère pressés d'arriver ; les incidents de la route les amusent et leur font parfois oublier le but.

A peine avions-nous franchi la grille que nous nous trouvâmes en pleine solitude. Un calme solennel succédait à la passagère agitation. On sortait du présent pour rentrer dans le passé et toutes les rumeurs s'éteignaient au seuil de ce jardin majestueux et tranquille.

Rien de plus beau et d'un dessin plus noble que ce cirque entouré de grands arbres dont le centre est occupé par le bassin de Neptune. Toute l'architecture de la pièce d'eau est ancienne et date de Louis XIV; la décoration en a été faite sous Louis XV par Bouchardon et Lemoyne. Le rococo flamboyant n'a jamais tordu les formes, chiffonné les plis et contourné les rinceaux d'une main plus hardie et plus leste.

Le Neptune au milieu de sa cour de néréides et de monstres marins, brandit son trident d'un air furieux. Plus loin, se faisant pendant, des Tritons maîtrisent des Hippocampes, et, sur les branches du fer à cheval, de petits génies qui ont huit pieds de haut comme les enfants du bénitier de Saint-Pierre, lutinent des orques chimériques, à nageoires onglées. On dirait un décor d'opéra du temps réalisé. Malgré la dépravation du goût, il y a dans l'agencement de ces figures une facilité pompeuse et grandiose d'un bel effet. La teinte mate de ces groupes, coulés en plomb, se marie heureusement aux tons gris de la pierre vermiculée et effrangée de stalactites, et le ruissellement de l'eau leur donne, aux jours de fête, les luisants et le poli qui leur manquent aux temps de sécheresse.

Le retour du refrain nous avertit que nous tardions trop longtemps et nous continuâmes à marcher. Au bout des allées qui s'ouvrent en éventail autour du bassin du côté de Trianon comme dans ces fuites bleuâtres des parcs de Watteau flottaient de légères fumées dont la vapeur allongeait la perspective aérienne. Le printemps, comme un paysagiste timide qui procède à petits coups dans son feuillé, plaçait sur les branches, d'un pinceau sobre et un peu maigre, quelques touches d'un vert tendre. C'est le moment où les arbres ont tout leur jet et toute leur élégance. Leur structure si fine et si délicate ne disparaît pas encore sous l'épaisseur des frondaisons et ils ne portent plus cependant la sombre livrée de l'hiver.

Sur le rebord du bassin de Cérès dont l'eau était opalisée par des nuages de savon, des soldats lavaient leur linge et le suspendaient pour sécher aux murailles des charmilles. Qu'eût dit de ce spectacle l'ombre du grand roi, si elle erre encore dans le jardin où il se promenait avec la Vallière, Fontange ou Montespan? Elle eût fait sans doute une moue dédaigneuse et, cependant, au point de vue purement pittoresque, la tache garance des pantalons réchauffait le vert un peu froid du paysage comme ces points rouges dont le coloriste Decamps piquait ses gazons.

Tout en continuant à gravir vers la terrasse sur laquelle le château déploie sa belle ordonnance, nous regardions à travers les mailles, légèrement festonnées de jeunes feuilles, d'un treillage détruit un peu par le temps et beaucoup par les hommes, cette portion réservée du parc, nommée « le bain d'Apollon, » et nous découvrions entre les fûts des arbres, un rocher factice d'où tombent les nappes de la cascade quand jouent les grandes eaux.

L'abandon, la solitude, les végétations pariétaires lui ont prêté un air naturel que contrarient un peu, il est vrai, les groupes de marbre placés dans les grottes pratiquées au ciseau. Mais ce rappel de l'art n'est pas désagréable au milieu de cette nature composée. Sous cette voûte que soutiennent de lourds piliers à peine dégrossis se détache d'un fond obscur, le Roi-Soleil, le jeune Apollon de Versailles, ayant accompli sa carrière lumineuse et venant se reposer dans le sein de Thétis. Les Néréides s'empressent autour de lui ; l'une, agenouillée, lui délace ses cothurnes, l'autre lui présente une buire de parfums, une troisième le débarrasse d'une partie de ses vêtements, et si la quatrième ne lui présente pas la chemise, c'est que les dieux grecs n'en avaient pas. Ce petit coucher mythologique est fort galant, et Girardon y a mis sa grâce toute française. Les deux cavernes, où des Tritons remisent les chevaux du Soleil, accompagnent bien la grotte centrale, et ces trois taches blanches dans le rocher sombre sont d'un effet heureux.

Il faisait ce jour-là un de ces ciels fouettés de blanc et de bleu, qui versait la lumière avec de jolis hasards d'ombre et de clair. Des paillettes de soleil scintillaient çà et là, à travers le fourré et sur les pointes des herbes. Les oiseaux chantaient et l'imperturbable sérénité de la nature ne se troublait pas pour quelques coups de canon lointains. Malgré les querelles et les fureurs des hommes, le printemps continuait paisiblement son ouvrage. Les éternelles fonctions s'accomplissaient en silence. Et nous restions là dans une contemplation rêveuse et pleine d'oubli, quand la phrase : « Sur trois marches de marbre rose, » qui ne s'était pas fait entendre depuis longtemps, se mit à murmurer tout bas à notre oreille intérieure avec un ton de reproche amical.

Abandonnant la grotte d'Apollon, nous longeâmes la rangée d'ifs taillés en boule, en pyramides et autres formes bizarres, ne jetant qu'un regard distrait aux quatre saisons, aux quatre parties du monde, passant moins vite devant la jolie Diane chasseresse, debout à l'angle du bassin des lions, et nous arrivâmes sur la grande terrasse.

A mesure que nous approchions la mémoire nous revenait et il nous semblait entendre la voix du poëte nous dire, avec son timbre *connu* et sa grâce négligente :

> Mais vous souvient-il, mon ami,
> De ces marches de marbre rose ?
> En allant à la pièce d'eau,
> Du côté de l'orangerie,
> A gauche, en sortant du château.

Nous étions sur la bonne voie. La copie de la Cléopâtre antique dont la répétition en bronze est aux Tuileries, dormait toujours, à la même place, le bras replié au-dessus de la tête, dans cette tranquille et gracieuse pose où la mort ressemble au sommeil, et sur la balustrade de la terrasse s'alignaient comme autrefois, ces charmants vases de bronze d'un caprice si varié sous leur apparente symétrie, avec leurs anses faites de chimères, de satyres et de petits génies ailés. Les marches n'étaient pas loin ; elles se trouvent près d'un vase blanc « proprement fait et fort galant » auquel de Musset reconnaît le mérite de n'être pas gothique. Il a, en effet, un très-beau galbe et ses flancs s'évasent comme la coupe d'un grand lis. A son ombre s'abritent les trois marches célébrées par le poëte avec leurs tons de rose pâlie, leurs transparences azurées, d'un marbre si frais, si vivant, si pareil à de la chair, qu'on ose à peine y poser le pied de peur de froisser le sein d'une déesse. L'on sent alors, combien est vraie l'image du poëte s'adressant à ce bloc qui eût dû être scellé dans le fronton d'un temple attique.

> Quand sur toi leur scie a grincé,
> Ces tailleurs de pierre ont blessé
> Quelque Vénus dormant encore,
> Et la pourpre qui te colore
> Te vient du sang qu'elle a versé.

Nous restâmes là quelque temps comme à un endroit sacré où le pèlerin dit sa prière, et le calme descendait sur nous ; le sentiment de l'art oublié nous reprenait ; des idées de poésie voltigeaient autour de nous en palpitant les ailes comme des bouffées de colombe.

Nous songions à la forme idéale, au rhythme divin, à l'immortelle beauté, aux nymphes et aux vierges de Grèce qui courent les pieds nus dans la rosée, couronnées de smilax et de violettes, à tous ces beaux mensonges flottant comme un voile d'or sur la nudité de la vie.

C'était là sans doute la leçon que voulait donner le poëte disparu dans la sérénité éternelle au poëte resté parmi les agitations terrestres, car depuis ce jour nous sommes délivré de l'obsession à laquelle nous étions en proie. Nous pouvons nous abstraire, penser, écrire, sans entendre la petite voix nous souffler tout bas : — Sur trois marches de marbre rose.

XX

LE VERSAILLES DE LOUIS XIV

I

Mai 1871.

Quand on arrive sur la place d'Armes de Versailles par une des allées d'arbres séculaires qui s'y dirigent, le château apparaît devant vous avec son antique magnificence. On se sent tout de suite transporté dans une autre sphère : cela est si vaste, si grand, si solennel, si majestueusement régulier, que la vie moderne s'y trouve comme intimidée et baisse la voix par respect.

L'aspect général est conservé, et le grand roi, s'il revenait au monde, pourrait croire au premier coup d'œil que rien n'est changé dans son olympienne demeure. Un examen plus attentif le détromperait bien vite.

Pour les nombreux hôtes que Versailles renferme aujourd'hui et qui ne parviennent pas à faire encombrement dans ses larges avenues, il serait peut-être curieux de remettre le château en son état primitif et de montrer sa façade comme elle se présentait au courtisan venant de Paris vers 1710. Les architectes font souvent pour s'exercer de ces restitutions de monuments plus ou moins détruits et quelquefois tout à fait disparus. Ici, il n'y a pas besoin d'un tel effort d'imagination. Le monument subsiste, et l'on sait l'histoire des modifications qu'il a subies, modifications qui, au reste, n'en altèrent pas la physionomie d'une façon essentielle. C'est un besoin, à ce qu'il paraît invincible, pour les générations qui s'installent dans un édifice caractérisant une époque, de le remanier à leur goût et d'y laisser leur empreinte souvent fâcheuse.

Commençons par la grille qui sépare la place d'Armes de la cour du château; elle est restée telle qu'autrefois avec ses deux groupes de pierre flanquant la porte et représentant la *victoire de la France sur l'Empire* et *de la France sur l'Espagne*. Mais du temps de Louis XIV, une seconde grille divisait en deux cours cette énorme espace. Cette grille partait de l'angle des pavillons au fronton desquels on lit aujourd'hui : « A toutes les gloires de la France, » et passait en s'arrondissant par l'axe de la statue moderne du grand roi, dont la figure est de Petitot et le cheval de Cartellier. Roi et cheval sont d'un affreux style troubadour et font regretter avec amertume cette grille monumentale richement dorée et ornée de deux beaux groupes de Coysevox et Tuby, — l'Abondance et la Paix, — qu'on a reportés sur les coins en retraite de la terrasse, terminant la cour du côté de la place d'Armes, où personne ne les aperçoit.

Cette disposition était certes préférable à l'arrangement qu'on y a substitué. Deux autres grilles, dont on peut distinguer encore les arrachements, et qui se continuaient dans les entre-colonnements des pavillons, fermaient la cour des Princes et la cour de la Chapelle, qui accompagnent latéralement la cour de Marbre. Le palais proprement dit se trouvait de la sorte tout à fait clos et circonscrit dans ses limites.

De chaque côté de la cour d'honneur, qui formait autrefois comme le vestibule de la cour royale, précédant elle-même la cour de Marbre s'élevaient et s'élèvent encore de grands bâtiments de brique et de pierre qu'on appelait *les ailes des ministres*, où étaient établis les bureaux. Un terrassement calculé pour adoucir et modifier le niveau incliné de la cour, permet à leur soubassement de garder la ligne horizontale. C'est dans la balustrade qui borde le terrassement que, sous Louis-Philippe, on a encastré sur de grands piédestaux, à droite et à gauche, car le terrassement est double, les douze statues colossales qui écrasaient si lourdement le pont de la Concorde. On y a joint quatre maréchaux de l'Empire.

Ces colosses d'un blanc froid et criard, d'un galbe disgracieux et d'une extrême pesanteur d'aspect, feraient bien de retourner au dépôt des marbres, à l'île des Cygnes, à moins qu'on ne préférât envoyer chacun des personnages illustres qu'ils représentent à sa ville natale. Isolés, au milieu d'une place, ils seraient d'un meilleur effet.

Les deux pavillons qui s'élèvent à l'entrée de la cour royale n'avaient pas jadis la forme qu'ils ont maintenant. Un toit élégant, percé d'œils-de-bœuf et de mansardes, orné de statues, surmonté d'un lanternon, les couronnait de sa courbe harmonieuse qui s'arrangeait à merveille avec les bâtiments en retour. Leurs façades comptaient six colonnes formant portique. Sous Louis XV, le pavillon qui avoisine la chapelle fut refait par Gabriel, l'architecte du Garde-meuble et du ministère de la Marine, homme d'un talent supérieur, mais dont les idées ne s'accordaient pas avec le goût qui florissait sous le règne de Louis XIV.

Il ne faut pas le blâmer d'avoir oublié le style du palais où devaient s'adapter les constructions nouvelles qu'on lui demandait, précisément parce qu'on ne trouvait plus les anciennes au goût du jour. Ce sentiment archaïque si développé chez nous, qui exige dans les remaniements et les restaurations, une fidélité scrupuleuse au style primitif du monument n'existait pas alors. Les architectes ne craignaient pas d'appliquer une façade classique à une nef d'église gothique et les artistes logeaient tranquillement dans Notre-Dame des tombeaux Pompadour, inscrivaient des pleins cintres sous des ogives avec une sérénité parfaite. Les édifices d'une longue durée, gardaient ainsi les témoignages des siècles qu'ils avaient traversés avec leur art, leur goût, leurs mœurs, leurs perfectionnements et leurs dégénérescences.

Le caractère général de l'œuvre en était bien un peu altéré, mais elle restait plus vivante, plus curieuse, plus historique en quelque sorte. Tous les temps ont procédé de même, et il est rare que le plan conçu par le premier architecte d'un palais ou d'une église soit respecté. Ce n'est qu'aux époques de critique, où l'art devient de la curiosité qu'on s'avise de ses raffinements.

Le pavillon de Gabriel est en lui-même fort noble et fort beau avec son fronton grec, son portique tétrastyle d'ordre corinthien et son soubassement rustique à refends ; mais il nous plairait mieux dans un autre endroit par suite d'un sentiment d'antiquaire dont nous ne pouvons nous défendre, et que ne ressentaient pas les gens plus voisins du grand siècle. Ce pavillon dut être généralement préféré à l'ancien.

Le pavillon de gauche ne fut bâti que bien longtemps après, sous Louis XVIII, par l'architecte Dufour, sans doute pour les besoins de la symétrie, car la construction ne se poursuit pas du côté de la cour comme sur le plan de Gabriel.

Quels motifs déterminèrent à jeter bas, du temps de Louis XV, des bâtiments qui devaient être encore d'une solidité entière et dont l'aspect, à en croire les gravures de l'époque, a de la pompe et de la richesse? Outre l'amour du changement et cette persuasion de faire mieux que la précédente qui est commune à toutes les générations, on peut supposer que la brique et la pierre, qui avaient suffi à Henri IV, à Louis XIII et à Louis XIV, semblaient alors des matériaux d'une rusticité peu digne de figurer dans le palais d'un souverain. Peut-être aussi ce mélange de rouge et de blanc, ce teint vermeil des façades devaient paraître trop robustement campagnard à ces yeux habitués aux nuages blancs de la poudre et au velouté bleuâtre du pastel.

Quant à la tourelle rose et blanche qui s'élève sur le toit, à l'angle gauche de la cour Royale, vous pouvez l'abattre en pensée; elle ne troublait pas la ligne de perspective de sa saillie inopportune au temps du Roi-Soleil, ayant été bâtie par Louis-Philippe pour quelques besoins de communication intérieure.

La cour de Marbre, qui fait le fond de cette

suite de bâtiments en retraite, était élevée de cinq marches au-dessus du niveau de la cour précédente ; il n'en est plus ainsi ; la différence n'est plus que d'un degré, le sol ayant été abaissé sous Louis-Philippe.

Le dallage noir et blanc de la cour de Marbre avait l'avantage et le privilége de ne pouvoir être traversé autrement qu'à pied même par le *Roy*, comme dit le sieur de Monicart en son *Versailles immortalisé*.

>Son petit escalier donnant sur son passage,
>Il me traverse à pied, car à mon carrelage,
>Voitures ni chevaux n'ont jamais fait de mal :
>Ces cinq marches, plus bas, défendent leur approche
>Et qu'on n'entame ainsi ma noire et blanche roche.

De cette disposition, il résultait que le roi pour monter en carrosse était obligé de faire quelques pas lui-même sur ses talons rouges. Louis XV sortait par un portique dont on a supprimé les colonnes, à l'angle de la cour Royale. C'est là qu'il fut frappé ou plutôt égratigné par Damiens.

La façade intérieure du palais qui se trouve au fond de la cour de Marbre est restée exactement comme elle était sous Louis XIV, avec son toit à mansardes et à œils-de-bœuf, ses bouquets de plomb, son acrotère découpée à jour, son cadran où les heures se détachent en or d'un fond d'émail bleu de roi, son fronton où se relève en ronde bosse fortement accentuée l'*Hercule*, de Girardon, et le *Mars*, de Marsy, à qui le calembour que présente le rapprochement des deux noms a peut-être valu la commande du dieu symbolisant comme Hercule le roi invincible, ses groupes de colonnes supportant un balcon et séparant trois arcades, ses murailles rouges où sur des panneaux blancs oblongs s'appliquent des bustes portés par des consoles, rien n'est changé.

Dans les autres bâtiments on a bien, çà et là, modifié, supprimé ou remplacé quelques détails, un buste manque ici, une statue n'est plus là, elle est tombée, on ne l'a pas relevée. Des vases ont disparu, mais tout cela n'a pas grande importance et il serait trop long d'indiquer ces petits ravages et ces petits embellissements.

Pour compléter la silhouette antique du château, il faudrait rétablir sur l'arête du toit de la chapelle un lanternon doré et terminé en pointe comme celui du dôme des Invalides ; on l'a amputé nous ne savons trop pourquoi. Il s'harmonisait avec les petites coupoles des pavillons démolis qui surmontaient les cadrans disparus et remplacés par les frontons de Gabriel.

Nous ne faisons pas ici une monographie du palais de Versailles, mais un article rapide où nous indiquons sommairement les principales différences entre l'état ancien et l'état actuel.

Notons encore quelques particularités. Vous avez sans doute remarqué, en arpentant la cour d'Honneur, quatre lignes de pavés allant de la porte d'entrée à la porte de la seconde grille donnant accès dans la cour Royale, à l'endroit où s'élève aujourd'hui la statue équestre moderne de Louis XIV. Elles sont encore parfaitement visibles. C'est sur ces lignes que se rangeaient, pour former la haie au passage du roi, les Suisses à droite, les Gardes-Françaises à gauche. Leurs corps de garde étaient pratiqués dans le soubassement de la terrasse qui délimite la cour du côté de la place d'Armes.

Si la fantaisie vous prend de repeupler le palais et de lui rendre son animation première, rien de plus facile. Nous allons transcrire la vieille gravure qui nous sert de renseignement et de guide, et qui fourmille de figures comme l'estampe du Pont-Neuf de Della Bella.

Les Suisses et les Gardes Françaises sont à leur poste, car le roi vient de rentrer, et l'on voit son carrosse à huit chevaux, accompagné de mousquetaires et de piqueurs à cheval, qui tourne dans la cour Royale, où lui font place deux autres carrosses à six chevaux de prince du sang ou de grands seigneurs. D'autres carrosses attelés de même montent ou descendent la pente inclinée de la cour d'honneur où roulent plus légèrement des voitures à deux chevaux qui représenteraient nos coupés d'aujourd'hui. Une multitude de figurines, militaires, courtisans, solliciteurs, dames à hautes coiffes disséminées ou réunies en groupes, accidente le vaste espace. Un bon nombre se dirige vers les *ailes des ministres.* — cette partie du spectacle n'est pas difficile à reconstituer. Le costume seul est différent, l'affluence est est la même. On voit aussi des hommes à cheval au service du château, partant pour porter quelque ordre ou quelque message. Avec un peu de complaisance à l'illusion, l'on oublie les dates et la vie revient active et brillante dans ce grand palais ressuscité que dore toujours d'un rayon lointain le soleil de Louis XIV. *Nec pluribus impar.*

II

LES VASQUES CARRÉES, L'ARC DE TRIOMPHE, LES TROIS FONTAINES

On pénètre dans le parc en traversant le palais par trois arcades qui s'ouvrent à gauche, au fond de la cour des Princes, à droite au fond de la cour de la chapelle. Autrefois elles n'étaient pas vitrées et encadraient librement des percées de verdure et de ciel.

Lorsqu'on a fait quelques pas sur la grande terrasse et qu'on se retourne, la façade du château se développe avec toute son ampleur et sa magnificence telle qu'elle était au temps de Louis XIV. Contrairement à ce qui arrive sous nos climats pluvieux, le temps ne l'a pas noircie, et la pierre blanche s'est à peine colorée d'un gris blond très-agréable à l'œil. Il n'y manque

que les trophées et les vases qui, posés sur les acrotères des balustrades du couronnement rompaient à propos l'immense ligne horizontale de l'édifice aujourd'hui trop nue, et en variaient la monotonie par des interséquences bien calculées. Les châssis vitrés, placés sous Louis-Philippe pour donner du jour aux salles du musée, sont loin de produire le même effet.

Dans notre promenade au parc, nous n'avons pas pour but de décrire ce qui est, mais bien ce qui n'est plus ou a été modifié, et de restituer les choses en leur état ancien comme les voyait le grand roi. Nous descendrons par cet escalier dont le haut est gardé par le Rémouleur et la Vénus accroupie de Coysevox, daté de 1686, — un chef-d'œuvre moderne sur un chef-d'œuvre antique ! — et nous suivrons l'allée d'Eau, dite vulgairement des Marmousets. Elle se compose d'enfants et de petits génies groupés par trois, supportant des vasques, et espacés sur deux rangs le long de la pente assez rapide de l'allée, de manière à s'étager en perspective ascendante.

Jadis ces enfants, qui sont de bronze et d'une superbe patine, portaient des vasques alternativement rondes et carrées, dont l'eau retombait dans un bassin de même forme que la vasque, et comme elle d'un seul morceau de marbre. Les vasques étaient remplies de fruits et de fleurs moulés en plomb et coloriés au naturel, que l'eau jaillissante recouvrait d'une gaze d'argent. Ces enfants tenaient à la main divers attributs qui expliquaient leurs gestes. Tout cela a été supprimé plus tard, et l'on a remplacé partout les vasques carrées par des vasques rondes pour plus de symétrie; on peut voir encore par les plinthes des groupes qui épousaient la forme des bassins, la trace de cette disposition, plus variée et plus pittoresque à coup sûr. Dans la suppression des fruits coloriés, on peut voir le commencement de cette tendance à éteindre les tons qui faisait substituer les frontons blancs de Gabriel aux façades rouges de Louis XIV.

Au bas de l'allée d'eau se trouve la pièce du Dragon. Ce n'était pas ainsi que Louis l'apercevait quand il se promenait dans son parc, perché sur ses hauts talons, appuyé sur sa grande canne et marchant comme un pigeon pattu, car c'était un fort promeneur devant le Seigneur que Louis XIV. — A la place de ces bouts de tuyau qui lèvent prosaïquement le bec au centre du bassin, un dragon, qui a laissé son nom à la pièce, se débattait au milieu d'une attaque de cygnes montés par des Amours, ce qui produisait un fort curieux entre-croisement de jets dardés comme des flèches.

Le bassin de Neptune n'avait pas alors son groupe du dieu des mers qui brandit son trident, ses tritons et ses enfants domptant des marins, œuvre de Bouchardon, de Lemoyne et d'Adam, ajoutés sous Louis XV. La vaste conque en pierre, bordée de bossages rustiques et de madrépores, existait seule avec sa ligne de vases en plomb.

Près de l'allée d'Eau, à droite en descendant de la terrasse du palais, verdoie un bosquet fermé de treillages et de charmilles plein d'arbres au feuillage plus touffu et plus libre que les autres verdures du parc. Si l'on a la clef de la grille qui le clôt et qu'on y pénètre par la porte voisine de la pièce du Dragon, on est surpris, au bout de quelques pas, de s'y trouver en pleine solitude, en pleine forêt vierge pour ainsi dire. Les arbres, depuis longues années, poussent à l'abandon, non moins beaux pour cela, habillés de lierre, les pieds dans l'herbe haute, entrecroisant leurs branches, confondant leurs cimes avec un désordre à faire honte à M. Le Nôtre et à charmer les paysagistes. On découvre pourtant bien vite qu'ils n'ont pas été plantés là par le hasard. Leurs troncs, comme les colonnes d'une salle écroulée, dessinent un espace vide, montueux, fouillé d'excavations, dont on retrouve la régularité sous le désordre des herbes folles et des végétations parasites. En effet, c'était là que s'élevait, au temps du Versailles primitif, cet arc de triomphe ou plutôt ce château d'eau triomphal, objet de l'admiration des contemporains. Il n'en reste aujourd'hui plus trace que le terrain bouleversé par l'extraction des matériaux et depuis longtemps recouvert d'herbe.

Cependant si vous tournez un peu vers le massif d'arbres en entrant, vous découvrez dans un état de délabrement complet, un groupe magnifique où la nature a travaillé à sa façon, plaquant ici des chamarrures de mousses noires, semant ici une fleurette jaune, profitant plus loin du descellement d'une pierre pour y insérer un paquet de scolopendres.

Le groupe représente *la France triomphante* assise sur un char que supporte une plate-forme de marbre denticulé comme le rebord d'un buffet d'eau, car ce groupe est aussi une fontaine ; la France, en bronze autrefois doré, a le casque, la balance et le bouclier. Le manteau royal la drape noblement. Le soleil, emblème du roi, rayonne au milieu de l'écu où la place des fleurs de lis, arrachées sans doute pendant la Révolution, est restée visible par des empreintes plus noires. Quant à la lance, elle a disparu, mais le geste du bras et de la main indiquent suffisamment que la figure était armée. Deux captifs, l'un jeune et l'autre d'âge mûr, accompagnés le premier d'un lion et le second d'un aigle, renversés près des roues du char, symbolisent l'Espagne et l'Empire vaincus ; à côté d'eux sont leurs casques aux ornements chimériques qui lançaient de l'eau par le cimier et leurs boucliers munis aussi de leurs jets et se servant à eux-mêmes de cuvettes avec leurs disques renversés. Le lion et l'aigle soufflaient également leur fusée ; il en jaillissait de toutes les saillies du char agrémentées de mufles et de masques.

Un dragon à trois têtes expirant sur les degrés

de marbre du socle et figurant « la Dissolution de la triple alliance » vomissait de l'eau par toutes ses gueules. — Le dragon y est toujours, mais parfaitement à sec. O finesse de l'allégorie ! Nous pensions que cet honnête dragon n'était ici que pour jeter beaucoup d'écume dans le bassin ou, tout au plus, pour jour son rôle d'hydre de l'anarchie ; mais, si on, nous l'avait pas dit, nous n'aurions jamais soupçonné qu'il représenterait la Dissolution de la triple alliance.

Un accident singulier s'est produit sur la figure de l'Empire. Le terrain ayant cédé sous le poids du monument, a produit un changement de niveau dans l'assiette du groupe qui a porté sur la jambe du captif germanique et l'a ployée comme un membre d'invalide. Cette statue estropiée produit un effet étrange ; on ne s'étonnera pas qu'elle ait fléchi en apprenant qu'elle est en plomb.

Ce beau groupe, arrangé en fontaine et qui faisait face à l'arc de triomphe démoli, a une magnifique tournure décorative. Il serait facile de le réparer. Les auteurs sont Coysevox, Prou et Tuby, qu'en ce temps-là on appelait familièrement Baptiste.

En tournant le dos au groupe de la France triomphante, on avait devant soi l'arc de triomphe.

L'arc de triomphe occupait le sommet du terrain inculte et défoncé que nous venons de décrire, et se dessinait sur un fonds d'arbres dont un treillage adapté à la forme du monument masquait le pied. C'était une construction toute de fer et de bronze doré consistant en un portique à trois arcades dont les baies étaient remplies par des vasques lançant des jets d'eau. Au milieu du fronton, parmi de riches ornements, s'inscrivaient les armes de France. Sur les rampants du fronton s'étageaient six coquilles, trois d'un côté, trois de l'autre, qui dardaient un bouillon retombant de chaque côté du portique le long d'une volute, dans cinq coquilles se renvoyant l'eau l'une à l'autre. Le soubassement de l'édifice d'ordre ionique était taillé de degrés où l'eau se répandait en cascatelles, mettant des franges à chaque marche et laissant transparaître les ornements. Deux jets partant d'une console contournée et ornementée marquaient les lignes extérieures de l'arc de triomphe, et des vasques sur des scabellons carrés les accompagnaient à droite et à gauche, jetant aussi leurs bouillons, mais moins haut.

Quatre obélisques triangulaires, portés par des griffons et surmontés d une fleur de lis d'or, dont les vides fournissaient des cadres aux miroirs que l'eau y enchâssait en s'égouttant, s'élevaient près de deux buffets se faisant face et se déversant dans un bassin carré. Près de ces buffets, se trouvaient deux vasques formant symétrie avec celles placées aux deux côtés de l'arc de triomphe. Nous ne décrivons pas deux autres buffets placés plus bas et portant sur des tablettes de marbre le nom du roi entouré de feuillages d'or. Toutes ces eaux retombaient ensuite au milieu de l'allée par deux goulottes formant de petites cascades et ornées, à leurs points de départ, d'une énorme tête de dauphin aux barbes déchiquetées.

Tel était l'arc de triomphe qui fut détruit lorsqu'on replanta le parc sous Louis XVI ; tout autour, un petit labyrinthe embrouillait des allées dédaliennes ; tout cela n'existe plus, même en souvenir, et il faut, pour retrouver la place ou la forme des monuments disparus, consulter les vieux plans et feuilleter les anciennes gravures. Mais ce que nous décrivons est précisément le Versailles évanoui.

O soleils descendus derrière l'horizon !

Sur la gauche de l'allée d'Eau, toujours en descendant du palais, faisant face au bosquet de triomphe, se trouve un autre bosquet dit des *trois fontaines*, fermé comme l'autre par des treillis et des haies palissadées.

Il était célèbre autrefois par l'abondance de ses eaux jaillissantes, supprimées comme celles du bosquet voisin au temps du reboisement du parc, sous Louis XVI. L'endroit, sans être aussi abandonné que le bosquet de l'arc de triomphe, qui servit quelque temps de jardin à la préfecture, occupée maintenant par l'hôtel des Réservoirs, est assez négligé et retourne doucement à la nature derrière son paravent de charmilles. Les rossignols y chantent à gorge déployée, et les merles s'y promènent comme s'ils étaient chez eux. Peu de personnes pénètrent dans cette enceinte réservée, on ne sait pourquoi, dont la clef, quand on l'obtient, tourne difficilement dans la vieille serrure rouillée où l'araignée ourdit sa toile.

Les seuls vestiges restant des trois fontaines, c'est une végétation plus drue d'orties qui marque encore, comme les foulées dans l'herbe indiquent la danse des fées, le dessin de la plate-bande de gazon dont le premier bassin était entouré.

Ce bassin qu'on rencontrait d'abord en venant par la grille d'en bas était hexagone. Il en jaillissait huit gros jets d'eau montant à cinquante pieds de hauteur, et huit autres plus petits formant gerbe au milieu de la pièce et décrivant un quart de cercle à la retombée.

Plus loin, sur une terrasse où l'on montait par un plan incliné côtoyé de deux cascades à gradins, s'étendait un bassin carré avec dix jets, les quatre gros placés aux angles, et les six autres au centre entre-croisant leurs fusées de cristal de manière à former un berceau ou pavillon.

Enfin, tout en haut, sur le dernier palier de la pente, s'arrondissait un bassin d'où s'élançaient avec un bruit, une impétuosité et une puissance d'ascension incroyables, cent quarante jets dans des bruines d'écume où dansaient des iris. Ces cent quarante jets, ajoutés à ceux des autres pièces, atteignaient un total de cent quatre-vingts et produisaient un effet féríque. On eût pu se croire dans les jardins d'Alcine. C'était un vrai feu d'artifice d'eau dont le bouquet d'argent éclatait sur un fond de verdure sombre.

Pour le temps, c'était une pièce relativement simple, on n'y avait employé que l'eau, les arbres et le gazon. A peine, çà et là, quelques morceaux de marbre ou de rocaille pour les degrés des cascatelles. Le grand roi avait dû trouver ce *paysage* « très-sylvestre et fort bocager. » Tout le luxe consistait dans l'abondance et le jaillissement des eaux qui émerveillaient « la cour et la ville, » comme on disait alors. Louis XIV dans ses promenades posthumes regretterait ces belles eaux si fraîches, si transparentes et d'un élancement si hardi. Mais, hélas! les trois fontaines sont taries pour jamais et leur nom seul est resté au bosquet dont elles faisaient la gloire.

III

LES BAINS D'APOLLON, LE THÉATRE D'EAU, LES DÔMES

Les bains d'Apollon subsistent toujours et le bosquet qui les renferme est même un des plus fréquentés du jardin ; mais rien n'a été conservé de la disposition première et le grand Roi aurait de la peine à reconnaître sa création, dont il ne reste que les groupes de statues. Nous allons rétablir l'état primitif puisque nous avons pris à tâche de décrire surtout ce qui a disparu du Versailles ancien.

Les bains d'Apollon se trouvaient dans une salle de treillage formant des cabinets en retraite où étaient installés des bancs ; de grands arbres élevaient leurs cimes au-dessus du treillis, de petits ifs plantés en avant et taillés en pointe complétaient la décoration ; au fond de la salle se dressait, sur un socle vomissant l'eau par trois mufles de lion, le célèbre groupe d'*Apollon chez*

Thétis, transparente allusion au Roi se reposant des travaux du jour. Ce groupe charmant n'est pas tout entier, comme on le croit communément, dû au ciseau de Girardon. Girardon n'a fait que l'Apollon et les trois nymphes placées sur le devant du groupe. Les trois autres nymphes du second plan sont de Regnaudin. Un riche baldaquin de bronze doré le surmontait et l'abritait tout en permettant, par la légèreté de ses hampes, d'apprécier les profils et les détails de la sculpture. Les coursiers du soleil dételés et pansés par des tritons, recouverts de baldaquins semblables, formaient deux groupes placés en symétrie de chaque côté du sujet central. Les chevaux de droite sont de Guérin, et ceux de gauche, bien supérieurs, de Marsy.

Ce bosquet présentait donc l'aspect solennel, régulier et fastueux qui est le style propre du temps. L'art ne cherchait pas alors à se cacher derrière la nature, il se montrait au grand jour et *s'affirmait* hardiment, comme on dit dans le jargon du dix-neuvième siècle ; on aimait ces belles *ordonnances* où la volonté humaine ne laisse au hasard et au caprice de la végétation qu'une place sévèrement délimitée.

Les jardins étaient bâtis autant que plantés, et les arbres devaient s'y rapprocher des formes architecturales. Les charmilles s'y repliaient à angles droits comme les feuilles d'un paravent de verdure ; les ifs s'y aiguisaient en pyramide, s'y arrondissaient en boule ; des tailles savantes accusaient des voûtes dans les massifs de feuillage et ce que nous entendons aujourd'hui par pittoresque était soigneusement évité. Ce goût, qu'on appelle assez improprement le goût français, venait d'Italie où les villas et les vignes des papes et des princes romains donnaient l'exemple de ce mélange de terrasses, de fabriques, de statues, de vases, d'arbres verts et d'eaux jaillissantes.

Nous-même, au temps du romantisme, nous avons plus ou moins paraphrasé l'ingénieuse opposition que faisait Victor Hugo, dans la préface de *Cromwell*, d'une forêt vierge d'Amérique aux jardins de Versailles, et nous avons plaisanté comme un autre « les petits ifs en rang d'oignon. » Nous avions tort ; ce jardin était bien le jardin de ce château, et il y avait une merveilleuse harmonie dans cet ensemble de formes régulières où la vie de l'époque pouvait développer à l'aise ses évolutions majestueuses et un peu lentes. Il en résulte une impression de grandeur, d'ordonnance et de beauté à laquelle personne ne peut se soustraire. Versailles reste toujours sans rival au monde : c'est la formule suprême d'un art complet et l'expression à sa plus haute puissance, d'une civilisation arrivée à son entier épanouissement.

Quand, sous Louis XVI, on replanta le jardin, le goût avait changé. Le citoyen Rousseau de Genève avait découvert la nature ; les idées anglaises envahissaient le continent, la mode était aux « jardins paysagistes, » c'est-à-dire aux terrains montueux, aux massifs d'arbres non taillés, aux allées sinueuses, aux vertes pelouses, aux eaux plates traversées de ponts rustiques, aux grottes factices, aux ruines artificielles, aux chaumières renfermant des automates qui se livraient aux travaux de la campagne. En admirant ces belles choses, on montrait qu'on avait l'âme *sensible*, une grande prétention de l'époque, et la pensée dut venir de refaire le jardin dans le genre moderne.

On se moquait déjà fort agréablement des allées tirées au cordeau, des charmilles tondues, des parterres encadrés de buis et dessinant des ramages pareils à ceux des tapisseries. Un moulin fouettant de sa roue des eaux savonneuses comme les moulins des paysages de Wattelet, eût alors paru préférable à la plus belle pièce d'architecture hydraulique ornée de statues. L'énormité de la dépense, la gravité des événements qui survinrent, empêchèrent sans doute qu'on ne donnât suite à ce projet, dont on peut pressentir un commencement d'exécution dans le nouvel arrangement des bains d'Apollon, dont nous venons de décrire l'état ancien.

Cette transformation s'opéra sur les plans d'Hubert-Robert, le dessinateur à la mode, le peintre de ruines, le romantique du temps, un artiste doué d'un sens décoratif et pittoresque encore apprécié de nos jours et dont les amateurs recherchent les tableaux et surtout les esquisses pleines d'esprit. Il imagina de creuser dans un énorme rocher factice trois grottes qui abritèrent le groupe d'Apollon et des nymphes et servirent d'écurie aux coursiers du soleil dételés par des tritons. La grotte du milieu présentait une ébauche d'ordre rustique taillée dans le plein de la montagne, et un arc de voûte à peu près régulier où l'art semblait profiter d'un accident naturel.

Des plantes pariétaires furent semées entre les blocs de rochers imitant le désordre des végétations abandonnées à elles-mêmes, et l'eau s'épancha par les fentes, se brisant aux anfractuosités, formant des cascatelles, et retombant avec des bouillonnements et des écumes, au pied de la roche, dans un bassin contourné en petit lac.

Des arbres plantés confusément, de façon à simuler la sauvagerie du hallier, entourèrent cet entassement de roches rapportées et donnèrent au « bosquet » un aspect pittoresque tout à fait contraire au système de décoration de l'ancien jardin. Mais, il faut l'avouer, cette innovation, conforme à l'esprit littéraire de l'époque, obtint beaucoup de succès, et de nos jours les bains d'Apollon sont encore une des parties du jardin les plus fréquentées et les plus admirées. Il ne faut cependant y voir qu'une altération du goût sérieux et magnifique de Louis XIV et le commencement d'une décadence qui ne s'arrêtera plus. Le genre anglais l'emporta sur le style français, et les beautés de Versailles, étonnement de l'univers, devinrent purement *historiques* : la vie s'en était retirée.

Non loin de là, près des *trois fontaines*, dans

une enceinte de haies et de treillages, se trouvait jadis le *théâtre d'eau*, une pièce fort admirée en son temps, et dont il ne reste pas vestige. Le théâtre d'eau fut détruit sous Louis XVI, lorsqu'on replanta le jardin, opération funeste qui fit disparaître beaucoup de curiosités regrettables et ôta de son caractère à l'œuvre du grand roi. Le théâtre d'eau était une grande place ronde de vingt-six toises de diamètre, séparée en deux parties, dont l'une, environnée de gradins en gazon, servait d'amphithéâtre, et l'autre renfermait la scène proprement dite. Dans la palissade qui formait la rampe de ce théâtre aquatique, s'élevaient quatre fontaines de rocailles rustiquement travaillées sur lesquelles des groupes d'enfants de Houzeau se jouaient à gauche avec une écrevisse et un griffon, et à droite deux autres groupes de la Hongre lutinaient un cygne et tenaient une lyre. Ces quatre groupes étaient en métal, en plomb, sans doute. On ne sait ce qu'ils sont devenus : ils doivent avoir été fondus.

Dans le rideau d'arbres soigneusement taillés qui figuraient la toile de fond de ce théâtre s'enfonçaient trois allées s'ouvrant en éventail et formant de longues perspectives bordées de doubles charmilles qui cachaient le pied des arbres et ressemblaient aux coulisses d'une décoration. Trois rangées de jets d'eau s'étageaient par files sur les gradins d'une cascatelle venant du fond de l'allée vers le spectateur. Au bout de ces allées, il y avait de petits groupes qu'on ne devait guère apercevoir à travers le jaillissement et la bruine des eaux. Au milieu, c'était Jupiter chevauchant un aigle, les serres contractées, sur le globe céleste, de Legros ; à droite, Mars, jeune, tenant un bouclier et posé sur un lion terrassant un loup, de Desjardins ; et enfin, à gauche, un Plutus, dieu des richesses, ayant pour monture Cerbère, le chien infernal, œuvre de Masson.

Ce théâtre possédait six décorations d'eau de l'invention du sieur Vigarani, fort expert en ces merveilles hydrauliques, qui excitaient alors, par leur nouveauté, une admiration presque enfantine, c'est-à-dire qu'au moyen d'ajutages différents et de clefs tournées dans un autre sens, les jets prenaient des formes et des directions inattendues, figurant des pièces comme aux feux d'artifice, à la grande joie des spectateurs assis sur les bancs de gazon de l'hémicycle.

Ces décorations s'appelaient : les nappes, les

lances, la grille, les fleurs de lis, les petits et les grands berceaux. Les grands berceaux étaient le tableau final et comme l'apothéose de cette représentation aquatique. A voir tous ces jets s'élancer, se croiser, s'arrondir, décrire des arcs de cercle, prendre diverses figures, retomber et se briser avec un scintillement de cristal, le public s'enthousiasmait et applaudissait comme à une pièce de théâtre.

Nous retrouvons des traces de cette admiration dans une description de Versailles, *en vers héroïques*, de C. Denis, « fontainier du Roy. » Si le poète chez lui laisse quelque peu à désirer, sa compétence hydraulique ne peut du moins être contestée par personne.

> Enfin *les grands berceaux*, pour être les derniers,
> Ne cèdent pas la gloire et l'honneur aux premiers.
> Ce spectacle est charmant, il faut que je l'avoue :
> Et, durant tout le temps que le théâtre joue,
> Les décorations avec les bassins,
> Les nappes et la grille ayant les mêmes fins,
> Font leurs jets différents pour nous faire paraître
> Le respect et l'honneur qu'ils rendent à leur maître.

Dans ce vers qui pour le temps n'avait rien de trop courtisanesque, C. Denis, « fontainier du Roy, » a pressenti cette formule respectueuse d'un illustre académicien : « Ces deux gaz vont avoir l'honneur de se combiner devant Votre Majesté. » Les jets d'eau n'étaient pas moins polis que les gaz.

Une plantation d'arbres qui tourne maintenant au hallier dans sa clôture de treillages, a remplacé le théâtre d'eau.

En longeant le tapis vert qui occupe le milieu de cette allée, qui va du bassin de Latone au bassin d'Apollon, on aperçoit, à droite, si l'on descend du château, une petite allée oblique aboutissant à une espèce de cirque fermé d'une grille. Cet endroit du jardin s'appelait autrefois « les Dômes. » C'est même le nom qu'il porte encore. Mais les dômes n'y sont plus.

Quand la clef eut grincé dans la serrure et la grille cédé à notre pression, nous pénétrâmes dans une enceinte circulaire fermée d'une charmille. Au-dessus de cette charmille montaient vers le ciel bleu de grands arbres pleins d'élégance et faits pour accompagner l'ascension diamantée de jets d'eau, de vrais arbres de jardin royal qui avaient cependant repris, après quelques années d'abandon, un peu d'indépendance et de caprice naturel. Les lierres, sans qu'on les en eût priés, s'étaient faufilés à la charmille et jetaient leurs guirlandes autour des statues, cherchant leur équilibre sur leurs socles croulants. Ils avaient mis une ceinture verte à la taille d'une svelte Diane et un cothurne de feuillage au pied d'un héros mythologique. En l'absence du jardinier, le gazon s'amusait à pousser hors de ses limites et à tracer sur les allées. Quelle charmante solitude! les rossignols, enivrés par les parfums de mai, exécutaient à l'envi leurs plus brillantes roulades et semblaient, devant un arbitre ailé, se livrer à un combat de chant comme les maîtres de la Wartbourg.

Nous nous assîmes tout rêveur dans l'enceinte déserte, oubliant le but de notre visite, qui était de rétablir l'ancienne figure du lieu. Mais, quand cette idée nous revint, notre tâche ne fut pas trop difficile. Une partie des ruines restées en place dessine le plan primitif avec une netteté suffisante.

Un banc circulaire, coupé de quatre escaliers qui descendent vers l'enfoncement où se creuse le bassin du jet d'eau a pour dossier une balustrade interrompue de distance en distance par des acrotères ou socles ornés de bas-reliefs méplats d'une grande finesse d'exécution, représentant des attributs de guerre : trophées, armes, drapeaux, tambours, clairons, boucliers à la tête de Méduse, tout cela peu visible au premier abord, noirci, rouillé, verdi, plaqué çà et là d'une lèpre de mousse sèche, disjoint, fendillé, mais non irrévocablement perdu. L'imagination assiérait volontiers un aréopage sur ce banc qui trace sa courbe majestueuse ayant pour fond la tenture verte de la charmille.

En contre-bas, dans un cercle de gazon envahi par les mauvaises herbes, s'inscrit une balustrade hexagone, chantournée à ses angles, qui entourait le bassin, tari maintenant et dont le dallage se soulève. Beaucoup de balustres sont rompus ou tombés, laissant voir l'armature de fer qui les soutenait ; des débris obstruent la vasque du bassin et deux cicatrices de pierre à ras du sol signalent la place qu'occupaient « les dômes. »

Maintenant, relevons par la pensée ces deux dômes, ou plutôt ces deux pavillons, qui tombaient en ruine et que Louis-Philippe fit abattre, en jugeant sans doute la restauration trop coûteuse.

Ces dômes se faisaient face de chaque côté de

la rotonde dont le centre était occupé par le bassin. Ils étaient quadrangulaires, décorés de colonnes et de pilastres d'ordre ionique avec un fronton blasonnés aux armes de France. Les ornements de l'impériale, ceux des frontons, les génies de l'amortissement, supportant la couronne fleurdelisée, les trophées d'armes des panneaux intérieurs et extérieurs, placés dans les entre-colonnements et les frises étaient en bronze d'or moulu ; le riche pavé en marbre de diverses couleurs dessinait une mosaïque très-délicate. Le tout formait un ensemble aussi magnifique que galant.

La dimension de ces édicules devait être assez petite d'après l'espace qu'indiquent les lignes des fondations rasées.

Nettoyons des mousses, des plantes parasites, des taches noires, le marbre blanc et jaspé de rouge de la balustrade circulaire et de la balustrade hexagone où s'encadre le bassin ; rapprochons-en les blocs disjoints, remettons en place quelques balustres brisés, désobstruons de ces décombres la belle vasque soutenue par des dauphins d'où s'élançait un jet d'eau de soixante-dix pieds de hauteur, et nous aurons, à peu de chose près, l'aspect primitif de la pièce des Dômes. Pour que l'effet soit complet, faisons couler dans le cheneau de la seconde balustrade l'eau que lançaient les bouillons jaillissants des piédestaux encastrant les balustres et déversons-la en nappe à l'intérieur du bassin ; rapportons de Saint-Cloud, où elles doivent être encore et où Louis-Philippe les avait fait placer dans les jardins particuliers du château, les belles statues du Point-du-Jour, d'Ino, du berger Acis, de Flore, de la Chasseresse, de Galatée, d'Amphitrite et d'Arion, dues aux habiles ciseaux de Legros, de Rayol, de Tuby, de Magnier, d'Anselme Flamen, de Michel Anguier et de Raon, remettons-les sur leur socle à la place des statues de rencontre et de taille inégale prises au Petit-Trianon, et le grand roi ne trouverait rien de changé au bosquet des Dômes. Il ne serait pas surpris de ne plus voir la statue de la Victoire debout sur la vasque, puisque lui-même la fit enlever dans un accès de modestie qui ne lui était pas habituel. Peut-être eut-il tort. La Victoire allait bien au caractère guerrier et triomphal de toute cette ornementation.

IV

LE LABYRINTHE, LES FABLES D'ÉSOPE, L'ISLE ROYALE OU L'ISLE D'AMOUR, LA SALLE DE BAL

Et tournant le dos au palais, si vous allez jusqu'au bout de la terrasse, vous rencontrez un bassin décoré de deux groupes de molosses en bronze combattant l'un un ours, l'autre un cerf. Ce bassin est facilement reconnaissable à une jolie statue de Legros dont la blancheur se détache du fond de verdure sombre qui ombrage la fontaine. La statue placée en pendant — une Flore si nous ne nous trompons — n'est que gracieusement décorative, mais celle de Legros est une œuvre d'un charme tout particulier. Elle représente l'Eau. Des roseaux coiffent sa tête d'une expression maligne, presque inquiétante qui fait penser au « perfide comme l'onde » de Shakspeare. D'une main elle retient une draperie qui s'arrête aux hanches, et de l'autre elle porte une urne d'où s'échappe un flot de marbre. Son pied pose sur un dauphin dont la queue fourchue « se recourbe en replis tortueux » et donne de l'assiette à la figure. Ce marbre est traité avec une souplesse, on pourrait dire une fluidité tout à fait propre au sujet. C'est bien de l'eau condensée dans la forme d'une femme.

La statue de Legros respire un sentiment tout moderne, et surprend parmi ses sœurs placides, dont la beauté se contient au majestueux et pourrait monter dans les carrosses du roi.

A partir de ce bassin, le terrain s'abaisse entre le mur de l'Orangerie, dont l'angle est marqué par une copie de la Cléopâtre antique portant des traces de cette oxydation, qui prête des teintes de chair aux « trois marches de marbre rose, » et un massif d'arbres magnifiques taillés en palissade jusqu'à mi-hauteur et recourbés en dôme vers la cime. Cette allée, une des plus belles du jardin, à notre gré, par ce mélange d'architecture et de feuillage, descend d'une pente assez rapide et vous mène à la porte de l'Orangerie, d'ordre rustique d'un style noble et grave et digne du palais.

Presque en face vous verrez deux piliers fort simples, servant de support à une grille tout unie, dont les battants ouverts vous invitent à entrer dans un bosquet plein d'ombre et de fraîcheur ; la rêverie y trouve la solitude ou n'y est troublée que par de rares promeneurs. Là existait autrefois une curiosité des jardins de Versailles, aujourd'hui absolument détruite, et qui s'appelait « le Labyrinthe » ou « les Fables d'Ésope. »

De la disposition primitive il ne reste aucune trace appréciable. Les charmilles qui formaient le labyrinthe ont disparu dans cet abatis général des arbres qui eut lieu sous Louis XVI, et avait sans doute pour but de replanter le jardin à la mode nouvelle. Ce n'est plus aujourd'hui qu'un massif, qu'on croirait plus ancien à voir le développement et la hauteur des feuillages. Au milieu du bosquet est ménagée une sorte de place entourée de tulipiers gigantesques, qui rappellent le tulipier du *Scarabée d'or* d'Edgar Poë.

Au centre de l'espace vide se tient, faisant son geste pudique, une statue de la Vénus de Médicis, moulée sur l'original et fondue en bronze vert, au temps de la Renaissance, par les artistes de Fontainebleau. Ce vert n'est pas dû à une patine ; il existe dans la masse même du métal et n'a pas ces nuances vert-de-grisées des autres bronzes exposés à l'air et à la pluie. Une particularité de ces fontes, c'est que les statues n'adhèrent pas au socle et ont seulement sous les pieds comme une large sandale, une semelle de bronze qui permet de les visser au piédestal de marbre ou de pierre. Cette figure est d'une grâce exquise et réalise l'idéal du joli comme l'entendaient les Grecs.

La Vénus de Médicis est fort petite, sa taille ne dépasse pas celles de nos élégantes Parisiennes ; elle n'a guère plus de quatre pieds et demi, et nous nous en sommes assuré en mesurant la projection de son ombre à côté de la nôtre. Quatre vases d'une sveltesse hardie, aux anses légères, ornés sur la panse d'un crabe à pinces recourbées ou plutôt d'un cancer zodiacal, l'accompagnent placés avec symétrie et devaient autrefois jeter de l'eau par leur orifice. Ils sont très-simples, mais ils ont une fierté et une élégances hautaines qui manquent aux vases pourtant si beaux et si riches de l'époque Louis XIV.

Cette statue verte, ces vases verts, sur ce fond vert dans cette pénombre où la lumière prend une teinte verdâtre produisent un effet étrange dont la bizarrerie ne déplaît pas ; cela repose un peu de l'éternelle blancheur des marbres sur les rideaux de verdure.

Mais nous décrivons le jardin moderne et c'est au bosquet ancien que nous avons affaire. Revenons à notre labyrinthe. Devant la porte faisaient sentinelle deux statues en plomb coloriées, représentant l'une l'Amour et l'autre Ésope, le fabuliste, la première de Legros, la seconde de Baptiste Tuby.

Nous copions dans un guide du temps les lignes suivantes : « L'Amour tient entre les mains un peloton de fil pour signifier que si ce dieu nous jette parfois dans un labyrinthe d'inconvénients, ce même dieu nous donne aussi le moyen de les démêler et de les surmonter. Cependant Ésope semble lui remontrer que son peloton est inutile et que sans la sagesse on ne peut jamais sortir des abîmes que l'amour nous a creusés. » Cela nous semble expliqué à merveille et aussi ingénieux d'interprétation que *la Symbolique* de Creuzer. La présence de l'Amour et d'Ésope à la porte du Labyrinthe est parfaitement justifiée : la folie nous y engage, la sagesse nous en retire.

Ces deux statues existent encore dans une des caves du château, où nous les avons vues couvertes de poussière et de toiles d'araignée. Elles portent des traces de peinture qui leur prêtent une sorte de vie morte et de réalité spectrale assez effrayantes. L'amour, demi-nu ainsi qu'il convient à une personne mythologique, était peint jadis en couleur de chair, comme disent les enfants. Cette couleur de chair a pâli et pris des tons de cadavre ou de figure de cire dont le fard est tombé, ce qui n'empêche pas de retrouver sans peine sous cette lividité la jeune élégance du fils de Vénus représenté comme l'Eros grec avec la forme d'un garçon de quinze ans.

Ésope est un frappant exemple de réalisme qu'on ne s'attendrait pas à trouver dans une époque où le mot même n'était pas connu. C'est bien le bossu philosophe, couvert de la souquenille d'esclave phrygien semblable à une blouse de paysan, chaussé de sandales grossières composées de chiffons ou de cordelettes, faisant jaillir l'esprit de toutes les rides de son masque difforme. Ses haillons ont conservé de vagues colorations bleuâtres et rougeâtres, et sa face, aux tons d'ocre et de terre de Sienne, semble avoir été hâlée, tannée et recuite par le soleil. Éclairé par le soupirail de la cave et baigné de fortes ombres, il fait vraiment illusion.

Ne pourrait-on pas retirer ces deux statues du souterrain où elles achèvent de se détériorer et les replacer à l'entrée du Labyrinthe? elles n'exigent que de faciles restaurations et une nouvelle couche de peinture.

Près d'elles, sous la même voûte, gisent confusément des figures d'animaux coulées en plomb, entières ou brisées, des consoles, des ornements, entre autres une table ou guéridon entouré de ceps de vigne d'où pendent des grappes de raisin noir et blanc provenant des fontaines du Labyrinthe, au nombre de trente-neuf, représentant chacune une fable d'Ésope.

On avait gardé à chaque animal acteur des fables sa taille exacte et sa couleur naturelle. Deux singes venant d'une de ces fontaines, moins étudiés et moins zoologiquement vrais que ceux de Decamps, mais de l'exécution la plus libre et la plus spirituelle, font la grimace sur le balcon de M. le conservateur du musée. On voit à leur pose cambrée, à leur col rejeté en arrière, au gonflement de leurs bajoues, à la distension de leurs mâchoires qu'ils soufflaient en l'air un jet d'eau qui leur retombait sur le nez.

Les autres groupes ont probablement été fondus pendant la Révolution.

Il est regrettable que ce bosquet ait été supprimé. On y eût vu qu'il y avait au commencement du règne de Louis XIV plus de fantaisie et de couleur qu'on ne le suppose. Ce ne fut que peu à peu que le goût s'épura et donna dans ces régularités d'une monotonie parfois ennuyeuse. L'art sous Louis XIII était plein de caprice et ne se rangea à la loi classique qu'avec beaucoup de peine. Ses tendances le portaient vers l'emphase espagnole ou le pittoresque romantique, et la transition d'une manière à l'autre ne s'opère jamais si brusquement. Une certaine familiarité avec la nature était encore admise, et Louis XIV n'avait pas dit devant les chefs d'œuvres de l'école flamande : « Tirez de là ces magots ! »

Le Labyrinthe était du dessin de Le Nôtre ou Le Nautre, comme on écrivait alors; il se composait d'un lacis compliqué d'allées se coupant à angles droits ou formant des courbes, elles-mêmes disposées de façon à égarer les pas du promeneur, eût-il en main le peloton de fil de l'Amour.

A chaque détour, on rencontrait une fontaine en rocaille fine, où l'on avait représenté au naturel une fable d'Ésope, dont le sujet était marqué par une inscription de quatre vers gravés en lettres d'or sur une lame de bronze peinte en noir. Ces vers étaient de feu Benserade : on les a recueillis, et, en vérité, ils ne valent pas grand'chose. Il n'était du reste pas aisé de condenser une fable d'Ésope dans un quatrain.

Dès l'entrée, on apercevait *le duc et les oiseaux*. Un demi-dôme de treillage et d'architecture formait le fond de la fontaine et servait de perchoir à une infinité d'oiseaux : perroquets, geais, pics, merles, colombes, linottes, mésanges, bouvreuils, qui tous crachaient de l'eau par le bec sur le duc assis sur une pierre au milieu d'un bassin de rocailles, entouré de grands oiseaux aquatiques : cygnes, grues, hérons, lançant aussi de l'eau. C'était, il faut l'avouer, un joli motif de fontaine, et ces volatiles, peints des plus vives couleurs, devaient produire un bon effet à travers ces treillages, ces verdures et cette pluie diamantée des eaux jaillissantes. Ce duc avait excité l'indignation chez la gent ailée « par son chant lugubre et son vilain plumage. » La lame de bronze explicative portait ce quatrain dû, comme tous les autres, à l'auteur des *Métamorphoses d'Ovide* mises en rondeaux :

> Les oiseaux en plein jour, voyant le duc paraître,
> Sur lui fondirent tous à son hideux aspect.
> Quelque parfait qu'on puisse être,
> Qui n'a pas son coup de bec ?

Au centre du Labyrinthe s'élevait un pavillon ou cabinet, « dont le dessin du plafond fait plaisir à voir, » disent des descriptions du temps. La dernière fontaine qu'on trouvât sur sa route et qui indiquait qu'on avait surmonté heureusement les difficultés du dédale, s'appelait « les Canes et le barbet. »

> Un barbet poursuivait des canes;
> Mais il revint avec un pied de nez.
> Il est des vœux aussi vains que profanes,
> Ne comptez sur un bien que quand vous le tenez.

M. Leclerc a gravé une jolie suite d'eaux-fortes d'après ces fables. Le frontispice d'un petit livre du temps, que nous consultons pour faire cet article, nous fournit un curieux détail de mœurs :

Une jeune dame franchit la grille du Labyrinthe, traînée en *brouette* par un vigoureux porteur; elle joue de l'éventail en coquette avec un blondin qui marche près d'elle et lui dit des douceurs; un coureur la précède, un basque dératé portant la toque à plumet, la courte jaquette, la ceinture sanglée sur le ventre, dont les bouts retombent, et la grande canne à pommeau d'argent. Nous avons vu à Stuttgart, exactement dans cette tenue, un coureur, le dernier de sa race sans doute, qui s'aidait de cette canne comme les *toreros* de la garocha pour soulever ou franchir des obstacles. Rien n'était étrange comme cette apparition des temps passés au milieu de notre civilisation moderne. Ces coureurs devançaient toujours les voitures, ce qui ne paraîtra pas étrange à ceux qui connaissent les saïs d'Égypte et les zagales d'Espagne.

L'usage de la brouette était d'ailleurs fréquent sous Louis XIV, et la cour se promenait dans le jardin voiturée fort commodément de la sorte; un des lieux les plus favorables à cette procession de brouette était le tour du grand bassin, appelé l'isle Royale ou l'isle d'Amour; cette pièce d'eau ne mesurait pas moins de cent trente toises en longueur sur soixante en largeur; une chaussée la séparait d'une seconde pièce d'eau taillée en vertugadin et nommée parfois le Miroir; cinq jets d'eau, dont le jet central s'élevait à quarante-sept pieds, jaillissaient de la grande pièce, où flottait une galiote et nageaient des cygnes.

Un portique d'arbres en arcades encadrait ce vaste espace : en avant de ce portique des ifs en pointes formaient une file régulière.

Au fond se dressaient deux statues colossales copiées à Rome par Cornu et Raon, d'après l'Hercule et la Flore Farnèse. Autour du miroir se rangeaient quatre statues antiques de marbre : Julia Mœsa, Vénus sortant du bain, Jupiter Stator et Julia Domna. Deux beaux vases en marbre blanc, par Lefebvre et Legeret, complétaient la décoration.

Ne cherchez pas le bassin de l'isle Royale; il a été comblé et remplacé sous Louis XVIII par un jardin à l'anglaise, qui a reçu le nom de Jardin du roi. La tradition veut que ce jardin ait été copié sur celui de la maison d'Hartwell qu'habitait Louis XVIII pendant son séjour en Angleterre. Cette tradition n'a aucun fondement. La pièce du Miroir a été conservée, mais la physionomie des lieux a été totalement changée, et le grand roi ne s'y reconnaîtrait plus. Il se retrouverait dans le bosquet de la « salle de Bal, » bien que les gradins de l'amphithéâtre où s'asseyaient les spectateurs aient disparu, qu'on ait enlevé le dallage et les appliques de marbre sérancolin, que les candélabres qui supportaient les bougies soient tout à fait dédorés, et que des pierres meulières remplacent, en beaucoup d'endroits, les fines rocailles et les précieux coquillages de la cascade. La cour du grand roi y pourrait exécuter encore un de ces pas ou de ces entrées de ballet dont Benserade écrivait le livret et rimait les vers.

XXI

UNE VISITE AUX RUINES

I

Juin 1871.

Nous avions à la fois le désir et l'appréhension de revoir Paris, comme on craint de se trouver en face d'un malade trop cher dont la souffrance a dû altérer les traits jusqu'à les rendre méconnaissables. Que reste-t-il de cette beauté naguère si splendide qu'admirait et jalousait le monde? que garde de sa physionomie d'autrefois ce visage balafré et marqué d'affreuses brûlures? Ne vaudrait-il pas mieux conserver intacte dans sa mémoire cette grande, noble et charmante figure telle qu'elle était avant le désastre? Sans doute, mais il y a dans l'âme humaine un besoin de s'assurer de son malheur, de le contempler longuement, d'en apprendre par soi-même les détails;

on veut voir ce qu'on sait et qui semble à peine croyable, malgré tant de témoignages, et puis la curiosité de l'horrible vous prend malgré vous, et après avoir résisté quelque temps on va faire comme les autres, son « tour de ruines. »

Nous voilà donc parti par le chemin de fer de la rive droite, redevenu libre enfin. Quand on a été si longtemps prisonnier, réduit au même horizon, c'est une sensation étrange que de courir rapidement à travers les campagnes, de voir se déplacer autour de soi les ponts, les plaines, les collines, les archipels de nuées, les bourgs et les blanches villas semées dans la verdure. La moindre excursion semble un voyage. On va donc pouvoir aller retrouver ceux qu'on aime et dont on est séparé depuis de tant de mois !

Quoiqu'on fût au milieu de juin, la journée était triste. De grands nuages difformes, gonflés d'eau, véritables outres de pluie prêtes à se vider, se traînaient sur l'horizon, et il ne filtrait d'un soleil voilé qu'une lumière diffuse n'accusant ni les ombres ni les clairs.

Sous ce jour morne, l'aspect d'Asnières, ce gentil village de guinguettes, ce port de mer de la canoterie parisienne, criblé, déchiqueté, effondré, changé en un tas de décombres blanchâtres, était particulièrement lugubre. Rien de navrant comme un lieu de plaisir sur lequel une catastrophe a passé.

Quand nous descendîmes de wagon, la pluie tombait comme un brouillard qui se résout, fine, pénétrante. Peu de monde dans les rues, de rares voitures esquivant l'appel du passant, un grand silence comme à Venise, la ville sans chevaux ; sur les physionomies, une expression d'effarement ou de stupeur qui nous rappelait les temps du choléra. Chacun rasait le mur d'un pas hâté ou craintif, sans doute par l'habitude de se garer des obus ou des projectiles. Aux parois des maisons, des écorchures d'un blanc neuf et criard ; aux fenêtres, sur les vitres qui n'étaient pas cassées, des bandes de papiers collées, et croisées en tous sens, pour empêcher l'effet des vibrations de l'artillerie ; aux soupiraux des caves ou des sous-sol, des maçonneries de brique ou de plâtre, dans la crainte des *pétroleuses*, mot hideux que n'avait pas prévu le dictionnaire : mais les horreurs inconnues nécessitent des néologismes effroyables. On pressentait encore plutôt la grandeur du désastre qu'on ne la voyait réellement, et le cœur se serrait comme à l'approche d'une chose terrible.

La Madeleine, ce temple grec dépaysé qui prend parfois, au clair de lune, de faux airs de Parthénon, montrait sur les cannelures ébréchées de ses colonnes corinthiennes des passages de balles. Les saints et les saintes en faction sous le portique avaient reçu quelques blessures peu graves, et les lignes du monument n'étaient pas changées ; ce n'était que les cicatrices d'un combat impie, mais d'un combat. Plus loin la vraie, la sauvage, l'infernale dévastation commençait.

Dans la rue Royale, l'incendie avait continué l'œuvre des boulets et des obus. Des maisons éventrées laissaient voir leur intérieur comme des cadavres ouverts. Les planchers de tous les étages s'étaient écroulés sur les voûtes des caves. Des charpentes brûlées, des barres de fer tordues, des rampes aboutissant au vide comme les escaliers fantastiques des rêves architecturaux de Piranese, des avalanches de moellons ou de briques, de grands pans de mur où se discernait encore la configuration des appartements avec leurs papiers de tenture, leurs cheminées et quelque reste d'ameublement respecté par un caprice des flammes, tel était le spectacle qui surprenait douloureusement la vue. Sans d'énormes poutres d'étai, ces débris calcinés seraient tombés en travers de la rue et auraient écrasé les passants et les spectateurs ; mais déjà l'activité humaine s'était remise au travail, déblayant les gravats, abattant ce qui menaçait ruine, soutenant ce qui pouvait être conservé, bien peu de chose, hélas ! Si la perte encore n'était que matérielle, mais sous ces décombres il y a des corps ensevelis !

Sur la place de la Concorde la plupart des colonnes rostrales sont atteintes, trouées à jour bizarrement ; les néréides d'Antonin Moine ont été saccagées, la ville de Lille a perdu sa tête et son torse, emportés par les obus : elle est littéralement coupée en deux. Les statues de la place semblaient regarder de leurs fixes yeux blancs, avec la muette pitié de la pierre, leur pauvre sœur mutilée ; elles auraient bien fait de conserver le bandeau de crêpe noir dont on leur avait ceint les tempes pour les trois grands jours néfastes.

Par une sorte de miracle, l'obélisque de Louqsor se dressait intact sur sa base de granit gris. Les hiéroglyphes gravés en creux sur ses parois contiennent sans doute quelque formule talismanique qui l'a protégé. Les dieux de la vieille Égypte veillaient sur lui. Seulement sa couleur rose délayée par la pluie avait pris une teinte maladive; on voyait qu'Ammon-Râ, le soleil modérateur des mondes, ne l'avait pas depuis longtemps doré de ses rayons.

Quelques pas nous conduisirent au ministère des finances. Nous étions vingt jours auparavant sur le plateau de Courbevoie, lorsque l'incendie crevant les toits fit explosion dans le ciel comme un volcan, lançant une immense gerbe de fumée où le soleil empêchait d'apercevoir les flammes. Bientôt après, une quantité prodigieuse de papiers brûlés s'abattit sur le sol comme des flocons de neige noire. Sur la plupart on pouvait distinguer encore des reçus ou des quittances et autres formules administratives. C'étaient les *lapilli* de ce Vésuve ouvert au milieu de la ville.

La façade du ministère, en s'écrasant sur la rue de Rivoli, formait une tumultueuse carrière de blocs, comme on en voit dans le lit des torrents alpestres. La chute du mur démasquait l'intérieur du bâtiment, et par cette brèche énorme on voyait des perspectives, des enchevêtrements et des superpositions d'arcades qui rappelaient le Colisée de Rome. A travers les ouvertures, le ciel apparaissait par places et complétait la ressemblance. La flamme, la fumée, la combustion des produits chimiques destinés à produire l'incendie, avaient imprimé à ces décombres des tons gris, fauves, roussâtres, mordorés, rembrunis, des colorations étranges qui les vieillissaient et leur donnaient l'air de ruines antiques. Plus loin, un mur escarpé, semblable à la paroi d'un précipice à demi comblé par une avalanche, restait debout, montrant les baies de ses fenêtres et les arrachements de ses planchers. A l'une de ces fenêtres, chose étrange, pendait intact un store de soie bleue, qui n'avait pas été brûlé à ce foyer incandescent capable de calciner la pierre et de fondre les métaux. Ainsi, il arrive parfois de trouver au bord d'un cratère parmi les cendres et les scories une petite fleur d'azur miraculeusement préservée. Cependant les omnibus roulaient, effleurant presque les groupes de passants arrêtés et muets d'horreur devant ce lamentable spectacle. La vie invincible de Paris, que rien ne peut tuer, reprenait peu à peu son cours : ni le siège, ni la Commune n'en ont pu venir à bout.

Cette ville prétendue frivole a résisté à la famine, au bombardement, à l'incendie, à la guerre étrangère comme à la guerre civile. On la croyait morte à jamais, couchée à terre. La voilà déjà qui se relève à demi sur le coude, promène autour d'elle son regard raffermi et secoue son linceul de ruines.

En tournant l'angle du ministère des finances, à l'entrée de la rue Castiglione, nous éprouvions un sentiment de curiosité anxieuse, et cependant nous osions à peine regarder devant nous. Depuis si longtemps nous avions l'habitude de voir au sommet de sa colonne de bronze l'impérial Stylite, d'abord avec la redingote et le petit chapeau, et plus récemment drapé en César, une Victoire ailée sur la main comme un dieu antique! Nous savions bien que les barbares de la Commune avaient fait glisser de son socle cette spirale de batailles qui montait jusqu'aux cieux, et couché sur un lit de fumier toute cette gloire dont pouvait s'enorgueillir la France vaincue, car elle lui appartenait autant qu'à César. Mais notre étonnement fut aussi profond que si nous eussions tout ignoré, en n'apercevant plus au milieu de la place Vendôme le gigantesque point d'exclamation d'airain posé au bout de la phrase sonore du premier empire. L'œil n'accepte pas volontiers ces métamorphoses d'aspect et, sur notre rétine, comme sur une plaque de daguerréotype mal essuyée, se dessinait toujours la noire silhouette absente.

Seul, le piédestal avec ses aigles éployés aux quatre angles, ses bas-reliefs d'armures, de casques, d'uniformes et d'emblèmes militaires, sa porte à grillage de bronze, semblable à celle d'un caveau, était resté debout au centre de la place. On eût dit à le voir une tombe de héros d'un style sévère faite de trophées conquis, sur laquelle le tore de la colonne arrachée figurait une immense couronne funéraire déposée par le deuil d'une armée.

Déjà la statue du César précipitée de si haut avait disparu, on l'avait relevée et mise en lieu sûr; la tête s'était séparée du tronc dans la chute, mais sans rouler bien loin, et le colosse d'un vert sombre dont on pouvait mesurer la grandeur ressemblait ainsi au cadavre d'un Titan décapité. Près de là, gisait comme un énorme bouclier la calotte du lanternon qui terminait la colonne et sur le sommet duquel posaient les pieds de la statuc. En tombant, le monstrueux tube de bronze s'était rompu et crevé à plusieurs endroits, répandant ses entrailles de pierre blanche. Il y avait toute une carrière dans cette mince enveloppe de métal ; des ouvriers s'occupaient à déclouer les morceaux du bas-relief ascensionnel, qui adhéraient encore à leur axe brisé en fragments, et ces plaques, sous le marteau, résonnaient avec un bruit formidable comme des armures pendant la bataille.

La colonne sera relevée bientôt. Les morceaux de bas-relief qui manquent peuvent être aisément restitués d'après les dessins du temps, qu'on possède. Notre époque a le goût et le sens de la fidélité scrupuleuse en matière de restauration d'édifices. Dans quelques mois une colonne identique à l'ancienne se relèvera sur son socle conservé, de toute sa hauteur triomphale, car il est puéril de raturer l'histoire. On ne voudra pas croire qu'une démence enragée ait attaché le câble au trophée de nos campagnes victorieuses pour le ruer dans la boue, et l'on se demandera si vraiment la glorieuse colonne a disparu un instant de l'horizon de Paris.

A deux pas de là, vous attend une surprise navrante. La flamme mise par les torches de l'enfer a dévoré les Tuileries. Il ne subsiste plus que les gros murs et les hautes cheminées monumentales s'élevant au-dessus des décombres, noircies par le feu, lézardées et menaçant ruine. La ligne que le palais traçait sur le ciel n'est plus reconnaissable. Cette toiture en dôme du pavillon de l'Horloge, dont on avait coiffé l'élégante architecture de Philibert Delorme, a disparu.

Les combles des autres corps de logis ont été également dévorés et se sont affaissés dans l'incendie. Par des baies sans croisées et sans vitres on aperçoit l'intérieur vide des bâtiments, où désormais ne pourraient plus loger que la chouette et les oiseaux de nuit. Cette ruine d'un jour est complète ; trois ou quatre siècles n'auraient pas mieux travaillé. Le temps, qu'on accuse toujours et qu'on appelle injustement *tempus edax rerum*, « le temps mangeur des choses, » n'est pas, à beaucoup près, aussi habile en fait de destruction que l'homme. Sans la sauvage bestialité des barbares, presque tous les monuments de l'antiquité nous seraient parvenus. Le temps ne fait que caresser le marbre de son pouce intelligent ; il achève la beauté des édifices en leur donnant sa patine.

C'est la violence humaine qui détruit. Le pavillon de Marsan n'a conservé que sa croûte extérieure. Le dedans est effondré ; le pavillon de Flore à l'autre extrémité du palais a relativement peu souffert. Son toit seul a brûlé. Les pierres de la bâtisse neuve ont résisté à la flamme, et du côté de la rivière les vivantes sculptures de Carpeaux animent encore la façade. Çà et là le feu s'est fait jour à travers les combles des bâtiments qui longent le quai. Par miracle, l'incendie s'est arrêté à l'endroit où commence la galerie du Louvre. L'élément, moins stupide que l'homme, a reculé devant cette destruction des chefs-d'œuvre ; il n'a pas voulu faire un petit tas de cendre de toutes ces merveilles et anéantir les titres de noblesse du génie humain. Une telle profanation lui a fait horreur ; mais sur la rue de Rivoli, dans la bibliothèque du Louvre, poussé à bout par tous les moyens que la science moderne détournée de son but met au service du crime, il a été forcé de consumer les livres rares, les manuscrits précieux, les dessins authentiques, et, sortant par les fenêtres, de souiller de ses fumées les impassibles cariatides de la façade qui, le front penché, l'œil fixe regardent comme de sombres Némésis l'élégante architecture du Palais-Royal dévasté, à demi écroulé et laissant voir à travers ses colonnes noircies, comme la nef d'une église inconnue, la grande cage de son escalier monumental qu'éclaire une large rosace.

II

Sur la rive gauche de la Seine, le spectacle n'était pas moins lugubre. A l'entrée de la rue du Bac s'amoncelaient les décombres noircis et fumants. Les habitants étaient déjà revenus, cherchant un abri sous ces plafonds léchés par la flamme, marchant avec précaution sur ces planchers chancelants étayés à la hâte. Devant les portes, des groupes causaient, racontant les diverses péripéties de la lutte, et tenaient de ces conciliabules en plein vent qui précèdent et suivent les catastrophes.

Mais ce qui était particulièrement sinistre, c'était l'aspect de la rue de Lille, à partir du restaurateur Blot. Elle apparaissait déserte dans toute sa longueur, comme une rue de Pompéi, sous la lueur livide d'un soleil descendant derrière des brumes chargées de pluie. Les lignes ébréchées des maisons privées de leur toit et de leur couronnement auraient pu faire croire, par l'étendue, la promptitude et la simultanéité du ravage, à l'explosion soudaine d'un volcan. Ce désastre semblait plutôt causé par une catastrophe de la nature que produit par la main de l'homme, à qui l'on n'aurait pas jusqu'ici supposé une puissance de destruction si rapide, et l'œil n'admettait qu'avec peine ce changement à vue d'horizon.

A l'angle de la rue, la maison où logeait Mérimée ne présentait plus que les gros murs à moitié ensevelis dans un tas de poutres carbonisées, de moellons calcinés, de débris de toutes sortes.

La bibliothèque, rare et choisie, du célèbre écrivain avait été, nous disait-on, entièrement consumée, et peut-être une sœur de *Colomba* et de *Carmen* s'était-elle envolée du brasier dans une gerbe d'étincelles.

Heureusement Mérimée était mort à Cannes pendant le premier siège, et cette douleur si vive pour un lettré de savoir ses chers livres c ses manuscrits en cendres lui a été épargnée.

La rue avait été barrée, mais on nous laissa franchir la clôture et nous nous engageâmes résolûment dans cette voie désolée, au risque de recevoir sur la tête quelques pierres détachées d'une corniche. Un silence de mort régnait sur ces ruines; il n'eût pas été plus profond dans les nécropoles de Thèbes ou les puits des Pyramides. Pas un roulement de voitures, pas un cri d'enfant, pas un chant d'oiseau, aucune rumeur lointaine. C'était un silence morne, farouche et surnaturel, qu'on n'osait pas troubler en élevant la voix, et nous allions muet, près de notre camarade, au milieu de la rue, comme dans ces passages de montagnes qu'on traverse sans faire de bruit, de peur de déterminer la chute d'une avalanche. Une tristesse incurable envahissait notre âme avec l'ombre du crépuscule, et la grande chauve-souris mélancolique d'Albert Dürer ouvrait son aile noire dans le ciel pâle, où montaient encore quelques légères vapeurs sortant des décombres, comme les fumeroles des solfatares.

Nous nous disions avec une stupeur découragée : « Eh quoi! cette civilisation dont on est si fier recélait une telle barbarie! Nous aurions cru, après tant de siècles, la bête sauvage qui est au fond de l'homme mieux domptée. Quel est l'Orphée, quel est le van Amburgh, *doctus lenire tigres*, qui l'apprivoisera?

Toutes ces ruines violemment faites par l'incendie prenaient les formes et les profils les plus bizarres : c'étaient des déchiquetures, des érosions, des hasards d'éboulements tout à fait inattendus. Ici des dolmens, là des pylones; plus loin des pignons dentelés comme des toits de Hollande, des fenêtres élargies et béantes semblables à des brèches de rempart, des murs fendus, dont la lézarde ressemblait au rictus d'un rire sardonique, un tumulte d'angles noircis simulant la silhouette d'une ville du moyen âge sur une vignette romantique. Çà et et là des percées de lueurs livides laissaient voir le ciel à travers ces maisons sans toit et sans plancher. Rien d'étrange comme un morceau de ciel s'encadrant dans la porte de ce qui fut une chambre à coucher.

Les sculptures des façades, les consoles ornementées des balcons, les moulures des corniches dans les maisons qui n'étaient pas entièremen' abîmées avaient été écornées, mutilées, atteintes par la flamme et témoignaient par les balafres, dont pas une n'était exempte, du soin avec lequel on avait pratiqué cette dévastation méthodique. Il ne reste plus grand'chose de ces élégants hôtels, de ces confortables installations où le goût s'alliait à la richesse.

Cependant la nuit était tombée, ajoutant sa tristesse à cette désolation et donnant un aspect lugubre et formidable à cet entassement de débris.

Les formes se troublaient dans l'ombre et prenaient des apparences spectrales. La vision se substituait à la réalité avec les grossissements et les métamorphoses des ténèbres. On eût dit au bord de cette rue miroitée de pluie, une série de burgs démantelés le long d'un Rhin imaginaire.

Nous n'avons pas voulu voir ce jour-là la Cour des comptes, le palais de la Légion d'honneur, tant nous avions l'âme navrée, et nous rentrâmes dans le petit logis de la rue de Beaune, où nous avons passé tant d'heures faméliques, après avoir fait un frugal souper, pour recommencer le jour suivant notre pénible tournée.

La Cour des comptes produit au bord de la

Seine un effet de palais vénitien, surtout lorsque le couchant en touche la façade de son rayon oblique, et ne serait pas déplacée le long du grand canal près du palais Grassi, dont elle rappelle le style. Elle dessine sur le quai une silhouette élégante que l'incendie n'a pas altérée d'une manière très-sensible. La forme extérieure du monument garde à peu près ses lignes, mais il semble que depuis hier trois ou quatre siècles ont passé sur lui. Il a vieilli subitement. La fumée et la flamme lui ont mis la patine du temps en quelques heures.

Grâce à la protection d'un de nos amis, référendaire à la Cour des comptes, la grille du palais s'ouvrit pour nous, et nous pûmes pénétrer dans l'enceinte dévastée. Par un sentiment que nous reprochera, mais que nous pardonnera tout artiste, parce qu'il l'eût à coup sûr éprouvé, nous fûmes avant tout frappé de la *beauté* de ces ruines. Une toute autre impression eût été plus naturelle sans doute : la douleur, la colère, la haine, le désir de la vengeance ; mais nous fûmes saisi d'une admiration involontaire à l'aspect de cette cour entourée de deux étages de portiques dont l'architecture, à cause des mutilations qu'elle venait de subir, avait pris un caractère tragique et grandiose. Ce qu'il pouvait y avoir d'un peu sec et d'un peu froid dans les lignes était corrigé par des ruptures et des *interséquences* d'acrotères et de balustres, par la chute d'un fragment de corniche, par l'effondrement d'un mur démasquant une arcade ouverte sur le ciel. Il y aurait peut-être pour l'art quelque profit à tirer de ces rudes leçons de l'incendie qui donne de l'air et du jour à l'épaisseur trop compacte des monuments. Le Parthénon perdrait de son charme divin si l'on bouchait la lacune qui met une tranche d'azur dans la blancheur dorée de son marbre.

Errer dans une ruine, c'est tout l'intérêt des romans d'Anne Radcliffe. Aussi, nous allions le long des couloirs encombrés de gravats, nous regardions avidement les appartement sans portes, les chambres aux boiseries arrachées ou réduites en charbon, les salles du conseil, où sur les murailles on reconnaissait encore de vagues traces de peintures. A travers ce désordre on cherche à remettre chaque chose en place, on essaye de restituer la configuration des lieux et d'y ramener le fantôme des anciens jours. L'imagination res-

taure déjà ce qui vient d'être abattu et se plaît à
ce travail. En outre, il y a une sorte de péril dans
cette visite : il faut franchir sur une planche
qui fléchit, l'intervalle d'un palier à un autre,
gravir des tas de débris croulant sous vos pieds,
monter par des escaliers sans rampe aux marches interrompues et disloquées, comme les
marches des Propylées, passer sous un arceau
menaçant ruine, s'accrocher des mains à des
pierres calcinées tombant en poudre. Tous ces
dangers, notre camarade le référendaire à la
Cour des comptes, aussi brave qu'agile, les sur-
monta, et il fit le tour complet de la galerie du
premier étage, cherchant à gagner de là son ancien bureau, dont il apercevait, à cinquante pieds
en l'air, la cheminée appliquée au mur comme
une console; mais les cages d'escaliers étaient
devenues des gouffres béants accessibles seulement au vol des chauves-souris.

Une idée nous occupait. C'était de savoir ce
qui survivait, dans le grand escalier du palais,
des peintures murales de notre cher et toujours
regretté Théodore Chassériau. Il attachait beaucoup d'importance à ce travail énorme, exécuté
avec cette ardeur fiévreuse et cet acharnement

rapide qu'il apportait à ce qu'il faisait, comme s'il eût eu le pressentiment de sa mort prochaine, et usé du temps en homme à qui le temps allait manquer.

La grille était arrachée, tordue, et sur les premières marches on voyait rouler, en rebondissant, une cascatelle de pierrailles tombée des étages supérieurs. Au bas de l'escalier, dans la partie la plus obscure, l'artiste avait peint en grisaille, d'un ton clair, et d'un relief adouci, à gauche une sorte de *Pensierosa*, penchant son front rêveur sur un livre ouvert devant elle ; à droite, des guerriers et des chevaux. L'une symbolisait l'Idée ; les autres représentaient l'Action. Ces peintures, pareilles à ces pages blanches, ornées seulement d'un fleuron ou d'un titre qui précèdent les poëmes, n'ont été ni déchirées ni brûlées ; elles subsistent dans leur pâleur voulue, toujours visibles, à travers l'ombre, comme les fantômes blancs qui hantent une ruine.

En remontant aussi haut que possible le torrent des décombres, nous découvrimes cette grande composition de la *Paix*, d'un si beau style et d'une si magistrale exécution, qui occupe toute la paroi supérieure de l'escalier, mais dans quel état! noircie, bouillonnée, constellée d'ampoules par la chaleur, couverte de suie par la fumée, pourtant reconnaissable encore dans ses principaux linéaments. Nous y retrouvâmes, sous une triple couche de vernis jaune, le groupe charmant où Chassériau avait symbolisé les Arts de la paix, la Tragédie, la Musique, la Danse, la Poésie lyrique, en représentant sous des costumes allégoriques Rachel, Carlotta Grisi et autres artistes de l'époque, dignes par leur réputation, leur talent et leur beauté, d'entrer dans la composition de ce nouveau Parnasse. Le regard noir de la Tragédie et le sourire rose de la Danse n'avaient pas été trop brûlés.

La peinture représentant la *Guerre*, et qui faisait pendant et contraste à la *Paix*, sur l'autre muraille, a souffert horriblement et l'on doit la regarder comme à jamais perdue.

Le groupe de Neptune et d'Amphitrite, dont la fière tournure rappelle les mythologues de Jules Romain, apparaît encore discernable au fond du palier. Mais l'œuvre n'en est pas moins détruite dans son ensemble, et la mémoire de l'artiste privée auprès de la postérité de ce beau témoignage d'un talent, disons même d'un génie trop peu apprécié des contemporains.

En contemplant ce désastre, nous éprouvions l'amer chagrin que cause l'irréparable. Un palais au besoin se rebâtit, mais un chef-d'œuvre disparu, une peinture évanouie dans un tourbillon de flamme et de fumée se dissipent comme une âme impossible à reconstituer. Sur ce bûcher infâme, ce n'était pas comme sur le bûcher antique, le corps de notre ami qui avait brûlé, c'était son esprit même.

Le plafond de Gendron, où l'allégorie nouait et dénouait dans l'azur des guirlandes de femmes blanches et roses d'une grâce si exquise, est tombé au gouffre incandescent ouvert sous lui. Le *Justinien* d'Eugène Delacroix, cette magnifique peinture qui avait le fauve éclat d'une mosaïque byzantine, n'a pu être sauvé. On a perdu aussi des tableaux de Paul Delaroche, et bien des œuvres regrettables.

Dans la cour, soulevés par un léger souffle d'air, voltigeaient de petits morceaux de papier brûlé, papillons noirs de l'incendie, dansant sur les ruines au milieu d'un rayon lumineux.

Quelques pas plus loin, le palais de la Légion d'honneur étalait ses débris élégants et montrait ses croisées d'une proportion si heureuse, ses délicats bas-reliefs et ses bustes abrités par des niches arrondies en œil-de-bœuf, toute cette mignonne architecture, dont il est le spécimen et le modèle le plus achevé, affreusement saccagée et portant les fauves cautérisations de l'incendie. Cependant, comme l'édifice n'a qu'un étage, il ne sera pas difficile de le relever et de le remettre en son état primitif. C'est un soin que tous ceux dont la poitrine est constellée de la rouge étincelle ne laisseront pas à d'autres; il appartient aux légionnaires de refaire ce temple de l'honneur qui mêlait, pendant les nuits de fête, son étoile glorieuse aux étoiles du ciel, et apparaissait de loin avec son doux et fier rayonnement comme l'astre de la patrie.

III

On éprouve devant ces ruines si promptement faites une sensation étrange. Il semble que deux mille ans aient passé en une nuit et que la rêverie du poëte se soit réalisée lorsqu'il se représente Paris à l'état de ville morte et reconnaissable seulement à quelques débris semés sur les bords de la Seine déserte : la colonne couchée dans l'herbe et pareille

<blockquote>Au clairon monstrueux d'un Titan disparu.</blockquote>

Notre-Dame élevant encore au-dessus des végétations sauvages les tronçons de ses tours, l'arc de triomphe à demi écroulé, comme un pylone de Rhamsès, avec ses bas-reliefs de batailles et de victoires estompés par la mousse. Heureusement, Paris subsiste toujours. La torche des incendiaires a d'abord été appliquée aux monuments et l'œuvre de destruction n'a pu être achevée. Mais l'impression ressentie en face de ces décombres noircis et calcinés est bien celle d'une anticipation du temps. Le lointain Avenir s'est fait Présent tout à coup et vous met sous les yeux ces tableaux qu'on n'entrevoyait qu'à travers les brumeuses perspectives du rêve.

On sait l'admirable profil que découpe à l'horizon la Cité, ce berceau de Paris, lorsqu'on la regarde du pont des Arts ou du pont des Saints-

Pères. Les tours de Notre-Dame, la flèche élancée et scintillante d'or de la Sainte-Chapelle, les toits en éteignoir du Palais de justice, le faîte aigu du pavillon de l'Horloge, avec leurs angles multipliés mordant le ciel, conservent au milieu de la ville moderne une physionomie et un aspect gothiques merveilleusement appropriés aux souvenirs de la vieille ville. Un instant, quand l'immense tourbillon de fumée enveloppa ce groupe d'édifices d'un effet si pittoresque et si grandiose, on put craindre que la Sainte-Chapelle, ce chef-d'œuvre de Pierre de Montereau, découpé à jour comme une châsse d'orfévrerie, ne fût consumée, perte irréparable! au centre de ce brasier énorme; mais par un hasard heureux qu'autrefois on eût appelé un miracle, les flammes respectueuses s'arrêtèrent là et, l'incendie éteint, on vit l'ange doré toujours debout au sommet de la flèche étincelante. Le feu s'éteignit de lui-même dans la nef de Notre-Dame, ne pouvant mordre à ces piliers de granit faits pour l'éternité. Mais le nouveau Palais de justice de M. Duc a beaucoup souffert, à l'intérieur surtout, car les robustes piliers doriques de la façade se tiennent encore droits, malgré les jets de pétrole enflammé dont on les inonda. Les remarquables peintures de MM. H. Lehmann et Bonnat ont péri et ce bel édifice achevé d'hier, qui avait obtenu le prix de cent mille francs, est à reprendre de fond en comble. Les bâtiments de la préfecture de police sont brûlés en partie. C'est là que tout d'abord court l'émeute, car on y garde dans des archives mystérieuses le livre d'or du crime, et chaque factieux croit en lacérant la page qui le concerne anéantir à tout jamais son passé. Là, par des mains inconnues, sont notés les vols, les faux, les meurtres, les infamies de toutes sortes, les années de prison ou de bagne. Toute existence déclassée et suspecte a son dossier. A un moment donné, les trahisons ensevelies dans l'ombre reparaissent hideuses et livides, et dans le tribun nouveau se révèle l'ancien espion. A la préfecture de police, on sait « où est le cadavre, » aussi est-ce la *delenda Carthago* de l'insurrection.

Malgré la gravité des dégâts, la silhouette extérieure de ces édifices pourra être conservée ou rétablie, et le passant, traversant la Seine au débouché du Carrousel, jouira toujours de cette vue splendide, sans rivale au monde, et qui sert de vignette à l'*Illustration* comme type caractéristique de Paris, et à l'autre bout du quai on pourra encore demander l'heure au cadran d'azur de la tour carrée, sous son auvent semé de fleurs de lis.

Sur la rive droite, le malheureux Théâtre-Lyrique a terminé par un désastre la série de ses guignons. Il a brûlé en face du Châtelet à peu près intact; les flammes jaillissant au dehors ont crevé les fenêtres et tracé de larges zébrures noires le long des murailles. Voilà une vaillante troupe, qui a lutté avec énergie contre la mauvaise chance et rendu à l'art musical de précieux services, désormais sans asile; mais heureusement Paris a une indomptable vitalité, et le Théâtre-Lyrique renaîtra de ses cendres, où le *Sort*, qu'un œil regardant de travers avait jeté sur lui, aura été consumé. La fatalité, satisfaite, ne le poursuivra plus.

Nous ne parlerons pas en détail des maisons incendiées et canonnées de la rue de Rivoli, la variété de destructions a ses bornes; le mal lui-même n'est pas infini, et il n'y a pas mille manières pour une maison d'être dévorée par les flammes et de s'écrouler. Ce sont toujours des murs éventrés, des baies de fenêtres élargies et n'ayant plus de forme, des avalanches de pierrailles et de moellons, des enchevêtrements bizarres de poutres tombées l'une sur l'autre entraînant avec elles les toits et les planchers, des corps de cheminée s'élevant dans les ruines en façon d'obélisques noirs, des intérieurs de chambre démasqués par la chute d'une cloison, apparaissant comme des décors de théâtre, — ou les coupes d'un plan d'architecture, — toutes sortes d'accidents qu'il est difficile à la plume de reproduire, mais que conserveront les journaux illustrés. On voit, d'ailleurs, stationner devant chaque ruine un peu pittoresque les chariots qui servent de laboratoire aux photographes, dont les épreuves deviendront des pièces historiques d'une authenticité irrécusable ; sans elles, lorsque Paris aura pansé ses plaies, qui pourrait croire à ces monstruosités d'Érostrates anonymes ?

Arrivons donc à la place de l'Hôtel-de-Ville, où la dévastation se déroule dans toute sa grandiose horreur. L'âme reste douloureusement accablée devant cette jeune ruine faite de main d'homme. La frénésie d'abominables sectaires a détruit en un jour ce qui devait durer des siècles.

Le feu n'a rien épargné. Il s'est promené partout en vainqueur, dévorant, calcinant ce qu'il laissait debout, et, guidé dans son aveugle fureur par une infernale volonté. Des démons à l'œuvre n'auraient pas mieux fait. Du côté de la place de Grève, l'élégante façade que dominait naguère le svelte campanile caractéristique des hôtels de ville se développait lamentablement démantelée, lézardée, trouée à jour, découpant sur le ciel les angles de ses brèches, colorée de tons étranges par la palette ardente de l'incendie. Sur la façade, les statues des savants, des artistes, des magistrats, des édiles, des personnages célèbres, l'honneur et l'ornement de la Cité, se tordaient avec des poses convulsives comme, sur le *quemadero* d'une vieille ville espagnole, les victimes d'un immense auto-da-fé. Brûler le génie, brûler la gloire, brûler la vertu, brûler l'honneur, en effigie du moins, quelle joie satanique, quelle jouissance atroce pour ces âmes perverses! Heureusement on ne peut mettre le feu à l'histoire avec un jet de pétrole. Le Présent, dans ses fureurs, ne peut supprimer le Passé irrévocable. C'était pitié de voir ces pauvres grands hommes manchots, boiteux, décapités, coupés en deux, ces glorieux mutilés, zébrés de noir par les brûlures, égratignés de blanc par les projectiles, selon les hasards de l'incendie ou de la bataille. Dans le tympan de la porte du campanile on distinguait la silhouette du bas-relief arraché représentant un Henri IV équestre; on eût dit une ombre portée, fixée au mur par un procédé inconnu, après le passage du cavalier. Seulement cette ombre était blanche.

Désormais, les bons habitants de Paris ne régleront plus leur montre sur ce cadran rival du cadran de la Bourse, qui, la nuit, rayonnait lumineux au front sombre de l'édifice; l'horloge s'est abîmée dans l'écroulement intérieur du beffroi.

La cour où l'on pénètre en dépassant cette porte ressemble à la cheminée d'un volcan. C'est là, en effet, qu'était situé le cratère principal : dix tonneaux de poudre avaient été descendus dans les caves aux voûtes épaisses. L'éruption fut si violente que toutes les saillies des parois intérieures furent rasées, et que le Louis XIV de bronze qui fait pendant au François Ier, sur la plate-forme de cet escalier par où montèrent et descendirent les invités de tant de fêtes splendides, se détacha de son piédestal et roula au milieu de la fournaise, bientôt étouffée sous l'énormité des éboulements.

Plus d'acanthes aux chapiteaux, plus de cannelures aux colonnes, plus de modillons aux corniches, plus de frontons aux fenêtres, il semble que toutes les chairs de l'édifice aient été consumées et qu'il n'en reste plus que l'ossature.

Sous la conduite d'un guide, nous nous engageâmes dans un dédale de couloirs et de passages à demi déblayés, où seul nous n'eussions pas trouvé notre chemin, quoique nous soyons souvent allé à l'Hôtel de Ville, tant la figure des lieux est changée.

Nous passâmes d'abord par les cuisines, les offices et ces salles basses dallées de pierre où l'incendie avait trouvé moins d'aliments qu'ailleurs, pour arriver à l'escalier menant aux appartements de réception. Quel spectacle lamentable que celui de cette destruction stupide ! Des salons splendides il ne survivait que des murailles fendillées, cuites comme au four, conservant à peine les lignes des distributions primitives. Les dorures avaient disparu ; à chaque instant, les

29.

stucs des parois se détachaient par larges croûtes et s'écrasaient sur les parquets dont le bois avait brûlé. Le marbre des colonnes converti en chaux était devenu spongieux ou friable. Nul vestige de l'ancienne magnificence. La galerie des fêtes affreusement saccagée ne gardait des peintures de Henri Lehmann que de vagues traces dans les arcatures et les pénétrations latérales. Tous les grands panneaux de la voûte n'existaient plus. Cet immense travail presque improvisé qui faisait tant d'honneur à l'artiste, s'est effondré avec la voûte elle-même. Dans la salle des cariatides voisine de la galerie des fêtes, on distingue encore à peu près, à travers la suie, les ampoules et les craquelures, les compositions de Cabanel représentant les Douze mois. On en retrouve sous le voile de fumée les principales lignes, mais les couleurs carbonisées n'ont plus leur valeur. De tous les mois de l'année, Janvier est celui qui a fait la plus belle résistance : il est resté presque intact. Un poëte du seizième siècle n'eût pas manqué d'équivoquer et de faire des antithèses sur ces *glaçons* et sur ces *flammes*, sur ce combat de Vulcain contre l'Hiver, combat où le dieu des frimas avait eu l'avantage. Ces peintures charmantes pouvaient se compter parmi les plus gracieuses du maître.

En parcourant ces salles dévastées, nous sentions craquer sous nos pas des fragments de porcelaine colorés d'un bleu vif; c'étaient les débris du service de gala. Nous rencontrions aussi des scories bizarres, d'apparence vitreuse, figées dans des formes imprévues, provenant des cristaux fondus et réduits en pâte par l'intensité de la chaleur. Les fermes de fer des plafonds s'étaient tordues comme des branches de bois vert dans l'infernal brasier et pendaient à l'intérieur des chambres démantelées; on eût dit les cordages rompus d'un vaisseau dont la poudrière aurait sauté.

Après bien des détours, nous arrivâmes en gravissant un escalier dont les marches avaient été provisoirement remplacées avec des planches à une porte ouvrant sur un gouffre fait par la profondeur de trois étages dont les plafonds s'étaient effondrés sous la violence du feu et formaient au rez-de-chaussée un chaos de décombres.

Sur la paroi de l'immense muraille s'élevant d'un seul jet des fondations au comble mis à découvert, se dessinait la cheminée monumentale surmontée du portrait de Napoléon Ier, par Gérard, dont le cadre seul a résisté aux flammes et où s'enchâssait le médaillon en cristal de roche, représentant Napoléon III, chef-d'œuvre de Froment-Meurice. Au plafond de cette salle, tombé dans ce gouffre au milieu d'un lac flambant de pétrole, rayonnait l'apothéose du premier empereur, d'Ingres, une merveilleuse peinture, ou plutôt un gigantesque camée, supérieur en style, en perfection, en beauté à l'agate de la Sainte-Chapelle, ayant pour sujet Auguste reçu parmi les dieux. Désastre irréparable ! Un chef-d'œuvre qui mettait l'art moderne en état de lutter contre l'art antique, et qui prouvait que, depuis Phidias et Apelles, le génie humain n'avait pas dégénéré, perdu à jamais, réduit en cendres, disparu sans retour! Ils doivent être contents, les barbares féroces et stupides qui envoyaient Homère aux Quinze-Vingts et rêvaient la destruction de Raphaël; les iconoclastes furieux, les ennemis acharnés du Beau, — cette aristocratie suprême ! les calibans monstrueux, fils du démon et de la sorcière Scyorax, toujours prêts à lécher les pieds de Trinculo pour un litre de *bleu*, êtres difformes pétris de boue et de sang, natures diaboliquement perverses, faisant le mal pour le mal, étonnant par leurs crimes imbéciles la scélératesse elle-même, qui ne comprend plus, et ne retirant de leurs forfaits d'autre profit que l'exécration du monde civilisé! — Il leur manquera même la triste célébrité d'Érostrate, qui brûla pour s'immortaliser le temple de Diane à Éphèse, car la mémoire humaine se refusera à garder leurs noms maudits.

Dans l'autre pavillon, même, dévastation hideuse. Les peintures d'Eugène Delacroix au salon de la Paix, si fécondes d'invention, si magnifiques de couleur, ne sont plus qu'un souvenir; on cherche en vain au tympan des arcades ces Douze travaux d'Hercule, à la fois si antiques et si modernes, où la mythologie prenait sous le pinceau fougueux de l'artiste une telle intensité de vie romantique. La Commune a fait au demi-dieu un bûcher plus grand et plus flamboyant que celui de l'Œta d'où il a pu de nouveau s'élancer vers l'Olympe. Le héros qui tua le lion de Némée, le sanglier d'Érymanthe, l'hydre de Lerne, les oiseaux du lac Stymphale, dompta le taureau de Crète et les chevaux de Diomède nourris de chair humaine, tira le chien à triple tête hors des enfers, délivra Hésione de l'orque marine, eût peut-être hésité devant les monstres de la Commune, si Eurysthée lui eût commandé de les combattre.

La salle du Zodiaque, renfermant les peintures de L. Cogniet, est entièrement saccagée, de même que la salle de François Ier avec sa belle cheminée ornée de sculptures de Jean Goujon. Sur la frise de la salle à manger, on aperçoit encore quelques vestiges des petits génies jouant avec ces attributs de chasse et de pêche, de Jadin. Le long d'un couloir, les tableaux d'Hubert Robert, un peu abrités de la flamme, n'ont fait que roussir ; mais les sites des environs de Paris, dus aux plus célèbres paysagistes de ce temps-ci, sont brûlés comme si on les eût jetés dans le cratère de l'Etna. Il faudrait un catalogue pour énumérer toutes les pertes d'objet d'art causées par l'incendie.

Pendant que nous parcourions le gigantesque décombre, les nuages s'étaient formés d'un noir d'enfer ou d'un gris sulfureux, gros d'électricité et de tempête. Ils passaient au-dessus de l'édifice sans toit, comme d'immenses oiseaux de nuit fuyant devant la rafale. La pluie tombait fouettée par le vent dans les salles hypèthres illuminées subitement d'éclairs blafards. Le tonnerre retentissait avec un fracas sinistre répercuté par les profondeurs vides du monument ruiné, et pour regagner la porte d'entrée, nous fûmes obligé de contourner et parfois de traverser des flaques d'eau, de petits lacs amassés au fond des couloirs et des cours. La tempête sur cette ruine, c'était une harmonie superbe!

XXII

LA VENUS DE MILO

Juillet 1871.

Au début de la guerre, après les premiers désastres et lorsque déjà la marche rapide des Allemands vers Paris pouvait faire prévoir l'investissement de la grande cité, on avait songé à soustraire aux chances du siége et aux rapacités d'un ennemi peut-être victorieux, les plus riches joyaux de l'écrin du Louvre, ces perles, ces diamants de la peinture que des millions ne sauraient remplacer.

On avait soigneusement roulé Léonard de Vinci, Raphaël, Titien, Paul Veronèse, Corrége, Rembrandt, et on les avait expédiés à Brest prêts à prendre la mer à la moindre alarme, affrontant la tempête pour éviter l'incendie. Mais on n'avait pu de même enlever et mettre en sûreté les antiques. Le poids de ces marbres, leurs dimensions, les soins qu'exigeait leur fragilité relative, le peu de temps qui restait pour les préparatifs empêchaient qu'on les fît partir à la suite des tableaux. On se contenta de blinder la salle qui les renfermait et d'en boucher les fenêtres avec des sacs de terre pour les mettre à l'abri des bombes et des projectiles.

Parmi ces statues il en est une que tous les musées d'Europe nous envient, et qui passe avec raison pour le type accompli du beau, pour la réalisation la plus parfaite de *l'éternel féminin*. Tout le monde a déjà nommé la Vénus de Milo. Que cette adorable déesse grecque pût devenir prussienne et s'en aller d'Athènes à Berlin, cela, malgré l'improbabilité d'un pareil malheur, inquiétait les amis de l'art et les gardiens de nos chefs-d'œuvre.

Ceux-ci songèrent donc à la sauver de tout danger. Ils firent enlever de dessus son piédestal la Vénus étonnée, et coucher le divin cadavre de marbre dans une boîte de chêne, en forme de cercueil, ouatée, capitonnée de façon à ce que nul contre-coup, nul froissement n'altérât les purs contours de ce beau corps. La nuit, des hommes sûrs descendirent le précieux coffre à une porte secrète du Louvre, où d'autres hommes qui attendaient, le reçurent surpris de sa pesanteur et le portèrent à une destination connue d'eux seuls.

Une fosse avait été préparée dans les sous-sol de la préfecture de police pour la glorieuse ressuscitée que l'ombre allait reprendre momentanément, après l'avoir gardée pendant tant de siècles. Quelle admirable pièce de vers eût faite sur le convoi nocturne de l'immortelle, Henri Heine, le poëte des dieux en exil, s'il eût vécu jusqu'à nos jours, et quelles apostrophes ironiques il eût adressées à ces hordes kantistes ou hégéliennes dont l'approche fait se réfugier une habitante de l'Olympe dans la rue de Jérusalem!

Une cachette fut pratiquée au bout d'un de ces couloirs mystérieux qui circulent dans les épaisseurs et les profondeurs des édifices compliqués comme était la préfecture de police, et dont il est difficile d'apprécier la véritable étendue. On barbouilla le mur élevé au fond du corridor de manière à lui donner toutes les apparences de la vétusté, et la Vénus fut déposée derrière ce mur.

Mais ce procédé eût été par trop simple et trop enfantin. Il faut plus de malice pour déjouer la finesse des chercheurs de trésors, dont la sagacité égale celle de l'Auguste Dupin, d'Edgar Poë dans la *Lettre volée*, et *l'Assassinat de la rue Morgue*.

Des cartons, des registres, des papiers d'une certaine importance et qu'on pouvait avoir un véritable intérêt à dérober aux investigations, furent entassés, pêle-mêle, entre cette muraille et une seconde que l'on construisit un peu plus loin. En pénétrant dans ce cabinet obscur, fausse cachette masquant la véritable, les *sondeurs* devaient se croire arrivés à leur but devant cet entassement d'objets et se contenter du butin offert. Cette combinaison était assez ingénieuse.

La Vénus de Milo passa tout le premier siége dans cette retraite absolue, à la grande inquiétude de ses admirateurs ignorant ce qu'elle était devenue, un peu ennuyée sans doute, mais habituée à l'ombre et au silence par son séjour de plusieurs siècles au fond de la crypte d'où la tira le paysan grec Yorgos ; ayant, d'ailleurs, cette indifférence du temps qui sied à une immortelle.

On allait la replacer radieuse sur son socle,

autel du beau, et la rendre à l'amour des artistes et des poëtes malheureux de son absence, lorsque survint la Commune avec sa nuée de barbares, non pas descendus des brouillards cimmériens, mais surgis d'entre les pavés de Paris comme une impure fermentation des fanges souterraines. On connaît l'esthétique de ces farouches sectaires et leur mépris de l'idéal. Avec eux la déesse, s'ils l'eussent découverte, courait de grands risques ; ils l'auraient vendue ou brisée comme un témoignage du génie humain offensant pour la stupidité égalitaire. L'aristocratie du chef-d'œuvre n'est-elle pas celle qui choque le plus l'envieuse médiocrité ? Naturellement, le laid a l'horreur du beau.

Heureusement le secret de la translation avait été bien gardé. La Vénus, pendant le second siége comme pendant le premier, dormit tranquille au fond de sa cachette ; mais vint le jour terrible où la Commune, « voulant se faire des funérailles dignes d'elle, » alluma, comme des trépieds sur le passage de sa pompe funèbre, les monuments de Paris inondés de pétrole.

Le feu fut mis à la préfecture de police, et ceux qui savaient où s'était abritée la déesse disparue du Louvre durent éprouver les plus vives inquiétudes. Après avoir évité les boulets prussiens et autres, la Vénus allait-elle se consumer sur l'immense bûcher, ne laissant d'elle que quelques pincées de chaux, cendres de sa chair marmoréenne?

Dès que l'armée victorieuse eut reconquis la capitale et rendu Paris à la France, on courut à la préfecture de police, avec quelles anxiétés et quelles appréhensions, il n'est pas besoin de le dire, on le conçoit aisément. Les écroulements de décombres fumants encore furent écartés, et sous l'effondrement de l'édifice, on retrouva la boîte de chêne intacte. La rupture d'une conduite d'eau l'avait miraculeusement préservée. On pouvait appliquer à notre Vénus la fière devise inscrite sur la façade de la maison du chevalier, à Heidelberg: *Præstat invicta Venus*.

On rapporta au Louvre le cercueil de la déesse, et ce fut un moment de solennelle émotion lorsque, le couvercle enlevé devant une commission nommée pour dresser le procès-verbal, la Vénus reparut. Chacun se pencha avidement pour la contempler. Elle souriait toujours, mollement couchée, ce qui la présentait sous un aspect nouveau, de ce sourire vague et tendre, légèrement entr'ouvert comme pour mieux aspirer la vie, d'une sérénité lumineuse, sans la moindre nuance d'ironie, de ce sourire inconnu aux lèvres modernes et d'un irrésistible charme. Son beau corps se développait dans sa perfection intacte ; le long séjour au fond d'une cachette humide n'avait en rien altéré le marbre.

Le chef-d'œuvre était sauvé ; mais lorsqu'on voulut redresser la déesse pour la remettre sur son piédestal, au milieu du sanctuaire de l'art, où elle occupe la place d'honneur, les restaurations en plâtre, qui servent à masquer les sutures des morceaux dont se compose la statue, détrempées et amollies par l'humidité, se détachèrent, très-petit malheur facile à réparer d'après un moulage antérieurement fait. Mais cet accident, insignifiant en lui-même, révéla des circonstances curieuses, qui intéresseront peut-être nos lecteurs et nous feront pardonner d'entrer dans des détails minutieux, mais indispensables.

La Vénus telle qu'elle est aujourd'hui est faite de cinq fragments : le buste avec la tête, les jambes drapées, les deux hanches et le chignon. Le pied gauche n'existe plus, et il a été refait en plâtre ainsi qu'une partie de la plinthe. Originairement la Vénus de Milo n'était pas, comme on pourrait le croire, taillée dans un bloc unique. Elle était formée de la superposition de deux blocs de marbre corallitique, matière très-estimée qu'on ne trouve qu'en Asie, dont les filons ne dépassaient pas deux coudées de hauteur, et qui, pour la blancheur et le grain, se rapprochaient beaucoup de l'ivoire, selon Pline. Tout le bas de la statue, jusqu'aux hanches où s'arrête la draperie, était pris dans le même morceau, ainsi que la plinthe. Un second bloc avait fourni la tête et le torse, où s'ajustaient des bras rapportés, comme l'indique le trou du tenon encore visible près de l'épaule. Ces bras ne sont pas entièrement perdus, comme on se l'imagine. Des fragments ont été trouvés près de la Vénus de Milo et ramenés en France avec elle. Les essais infructueux ou maladroits de restauration ont fait dédaigner et tomber en oubli ces précieux restes dont l'authenticité n'est pas douteuse, et qui auraient pu fournir sur l'*action* tant controversée de la statue des renseignements certains ; mais nous y reviendrons tout à l'heure.

En se détachant, la soudure de plâtre qui reliait les deux blocs laissa voir des cales en bois de quelques centimètres d'épaisseur coupées en biseau et faisant incliner en avant le bloc supérieur, c'est-à-dire la tête et le torse et penchant légèrement de côté l'attitude de la déesse. C'est ainsi que la statue avait été arrangée à son arrivée à Paris, en 1821, pendant le règne de Louis XVIII, par Bernard Lange, le restaurateur ordinaire du Louvre, à cette époque ; et c'est sous cet aspect qu'elle a conquis l'admiration des artistes et du public, et qu'elle est devenue le type traditionnel de la beauté absolue.

Avant de rendre à la Vénus de Milo cette pose qui n'est pas tout à fait la sienne, mais que tant de moulages, de réductions, de photographies, de dessins, de gravures ont consacrée et fixée ineffaçablement dans la mémoire universelle, la commission a fait superposer les deux blocs s'adaptant par leurs surfaces polies et tels qu'ils se trouvaient à l'état primitif, puis un moulage a été exécuté sur la statue redressée selon son mouvement antique.

Ce moulage posé près d'une épreuve antérieure et se détachant d'un fond de draperie verte, dans une salle voisine du musée assyrien, permet de comparer les deux attitudes. La nouvelle pose ne change pas essentiellement la physionomie de la célèbre statue, mais elle la modifie cependant d'une manière appréciable, même pour un œil peu attentif.

L'Académie des beaux-arts a été convoquée pour délibérer sur cette question, une des plus délicates et des plus intéressantes qui puissent se poser devant une assemblée de sculpteurs, de peintres et de critiques.

Il nous a été permis d'entrer au Louvre et nous avons pu comparer l'ancien moulage et le moulage nouveau, après avoir longtemps contemplé la statue originale replacée provisoirement dans l'attitude connue. Remise d'aplomb sur la base de ses hanches, la Vénus semble plus jeune et plus svelte. Elle n'a pas ce gracieux abandon et cette voluptueuse langueur que lui donne l'affaissement de la pose penchée. Ce n'est plus la Vénus « adorablement épuisée » dont parle Gœthe ; elle est moins femme et plus déesse.

La joie du triomphe étincelle dans son fier maintien, qui explique la direction tant controversée des bras absents. M. Raoul Rochette a supposé une Vénus embrassant Mars, interprétation qui ne peut être soutenue sérieusement ; d'autres savants ont voulu voir dans cette Vénus une Victoire inscrivant un nom de héros ou de bataille sur une tablette ou un bouclier soutenu par la saillie du genou gauche. La Victoire ailée de Brescia offre une pose presque pareille, et autorise cette induction rendue vraisemblable par l'inclinaison donnée à la statue ; mais les bras véritables existent quoique brisés en fragments et s'ajustent, on ne peut mieux, au mouvement du torse redressé. La Vénus de Milo tenait de sa main gauche la pomme décernée par le berger Pâris à la plus belle des trois déesses qui s'étaient soumises à son jugement et, de la main droite, relevait la draperie prête à glisser, dont elle s'était dépouillée pour l'épreuve.

Le plus sage est peut-être de ne pas contrarier par un changement logique à coup sûr, mais qui inquiéterait l'œil, les habitudes d'admiration du public. Seulement nous voudrions qu'on fît exécuter en marbre, d'après le moulage que nous avons vu, la dernière version de la Vénus de Milo avec un scrupule religieux, en tâchant de restituer les bras dont on possède des morceaux, notamment la main qui tient la pomme. Il ne manque pas à Paris de sculpteurs de talent pour mener à bien ce travail qui exigerait beaucoup de goût, de délicatesse et de fidélité. En cherchant un nom, nous en trouverions dix. On placerait la copie complétée non loin de l'original, un peu arrière, avec une modestie timide, comme il sied à l'ombre d'un chef-d'œuvre, et le rapprochement serait aussi instructif que curieux, car, enfin, l'élève de Scopas qui avait donné cette attitude à la merveille de la statuaire antique en savait bien autant que M. Bernard Lange, restaurateur du Louvre.

Du long examen de la Vénus, il résulte pour nous que ce n'est pas, comme nous le pensions d'abord, le type idéal de la femme, mais une femme, un modèle sublime copié avec un profond sentiment de la vie, et que le beau n'est ici que la splendeur du vrai.

XXIII

PARIS-CAPITALE

Octobre 1871.

On veut donc abandonner Paris et le mettre en pénitence comme un enfant qui n'a pas été sage ! Il est question sérieusement de lui enlever sa couronne de capitale faite des rayons de toutes les gloires et de le réduire à l'état de chef-lieu de province. Singulier caprice ! déplacer cet astre central, dans le ciel de la France, c'est comme si l'on essayait de transposer le soleil et de faire graviter le système planétaire autour de Mercure ou de Vénus, sans tenir compte des éternelles lois de l'attraction. Cela n'est pas possible ; le corps le plus volumineux et le plus pesant implane toujours autour de lui les astéroïdes par une force inéluctable et fatale. Si cette loi pouvait être méconnue un instant, la machine du monde se détraquerait et s'effondrerait au néant.

Il est aussi difficile de fonder une capitale que de la défaire. La volonté n'y peut rien, il y faut la lente élaboration des siècles, un concours de circonstances qu'on ne peut provoquer mais qu'on subit, des conditions de climat et de topographie, une facilité de cristallisation autour d'un noyau primitif, un charme qui attire et retienne, un rayonnement dont les effluves sont à la fois des chemins ramenant de la circonférence au centre. Une capitale, c'est la réunion de l'intelligence, de l'activité, du pouvoir, de la richesse, du luxe, du plaisir, accumulés dans le milieu le plus favorable, une serre chaude où toute idée mûrit vite et se sert à l'état de primeur, un bazar où affluent tous les produits du monde et qui exporte toujours plus qu'il ne reçoit, un foyer flambant nuit et jour, et dont la réverbération éclaire au loin, un musée toujours ouvert pour l'exposition et l'étude des chefs-d'œuvre de l'art, une bibliothèque où il ne manque aucun livre, fût-il introuvable, ce qui permet de consulter l'esprit humain à toutes ses pages, un théâtre aux représentations jamais interrompues, une salle de bal, un salon de réception illuminé à *giorno* d'un bout de l'année à l'autre. C'est le pays concentré, sublimé à sa plus haute expression, une quintessence des forces nationales, ce que chaque province a produit de plus intelligent, de plus énergique, de plus parfait ; car c'est là que se rendent tous les courages, toutes les ambitions, tous les génies, au risque même de s'y brûler comme les phalènes aux lampes du phare. Une capitale n'est pas un être isolé ; dans les veines de Paris coule le sang de la France. Le phosphore de son cerveau est fait de la flamme de tous les esprits qu'il absorbe, esprits accourus du Nord et du Midi, de l'Ouest et de l'Est : car les Parisiens, les vrais Parisiens autochthones sont bien moins nombreux qu'on le pense. Son âme multiple se compose de toutes ces âmes fondues avec la sienne et représente beaucoup mieux le pays dans son ensemble que toutes ces originalités locales de départements ayant une saveur propre, un accent distinct. Il les accueille ces provinciaux ; il les dégrossit et les éduque, il les forme, il leur enseigne sa langue, et leur découvrant peu à peu ses secrets, il en fait des Parisiens accomplis que nul ne reconnaîtra pour être nés à Carcassonne ou à Landerneau. L'autre

jour, nous étions neuf à table, selon le précepte
grec — pas moins que les Grâces, pas plus que les
Muses, — la curiosité nous prit de demander aux
convives leur lieu de naissance. Il n'y avait qu'un
Parisien de Paris. Les autres l'étaient seulement
par la promptitude de l'esprit, l'ironie légère, le
bien-informé, la parfaite connaissance de la vie
et la supériorité incontestable qu'on n'acquiert
que dans les promenades péripatéticiennes faites
devant le passage de l'Opéra, à la sortie des théâtres et des soirées et où le bilan de la journée
se résume en quelques mots décisifs. Tout le
monde s'y serait trompé, même un Russe, et, en
effet, quoiqu'ils eussent vu le jour aux points les
plus opposés de la France, les uns au bord de
l'Océan verdâtre, les autres sur la rive de la bleue
Méditerranée, ceux-ci dans les verts herbages de
Normandie, ceux-là aux penchants des Pyrénées
neigeuses, ils n'en étaient pas moins des Parisiens
purs. Ils avaient tout jeunes respiré cet air vivi-
fiant de Paris, pétillant comme un gaz où crèvent
à chaque instant des globules d'esprit, ils s'étaient
baignés dans cette cuve de pensée toujours en fermentation, ils avaient écouté ce babil perpétuel
comme celui d'une volière qui en apprend plus

que les gros bouquins de la science, quand on sait l'entendre, et surtout ils avaient pu prendre mesure de leur mérite en se comparant à de vrais savants à de vrais artistes, à de vrais hommes d'État ; ce qui les empêchait d'être des sots.

Paris, quoi qu'on dise ou qu'on fasse, n'est pas le chef-lieu du département de la Seine, peuplé seulement de naturels de l'endroit. Vouloir le réduire à ce rôle est l'idée la plus biscornue qui puisse passer par la fantaisie d'un peuple encore ahuri par les événements terribles qu'il vient de traverser. Paris est la synthèse de la France ; il la résume et rayonne sur elle. Il en est l'œil, le cœur et le cerveau, la lumière, la chaleur, la pensée. Qui donc veut décapiter le pays et faire vivre le corps sans la tête, sous prétexte sans doute que c'est une mauvaise tête ? Une mauvaise tête vaut mieux en tout cas que pas de tête du tout. Saint Denis seul savait se conduire en portant son chef dans ses mains, mais c'était un saint, et encore n'allait-il pas bien loin, et les anges vinrent le prendre pour le mettre dans le chemin du ciel.

Si Paris s'éteignait, la nuit se ferait sur le monde, comme si le soleil disparaissait pour ne plus renaître. Les milliers d'étoiles du firmament ne remplaceraient pas cette lumière unique qui seule peut faire le jour. Il y aurait de l'ombre dans les meilleurs esprits ; mais les autres peuples de l'univers ne permettraient pas à la France de supprimer Paris, quand même elle le voudrait et le pourrait ; ils en ont trop besoin, et ils le savent et ils en conviennent ; le czaréwitch lui-même disait que Paris empêchait le monde de s'abêtir. S'il n'existait plus, comme on serait lourd, comme on serait pesant, comme on serait ennuyé et ennuyeux ! Sa plaisanterie ailée et lumineuse comme une abeille dans un rayon d'or harcèle et pique la sottise qui se dégonfle. Dans sa joie étincelante, il y a une clarté divine. Sa légèreté n'est qu'une sagesse qui voltige. La lui reprocher, c'est reprocher à un oiseau de ne pas marcher par les rues avec des bottes de postillon. Sans le persiflement de sa moquerie, comme le ridicule se rengorgerait dans sa roue de dindon et s'épanouirait inconscient de sa difformité grotesque ! Pour avoir de l'esprit, du goût, de la grâce, pour apprendre à causer, à s'habiller, à plaire, il faut venir à Paris comme les Romains allaient à Athènes, et quand on a l'approbation de cet arbitre des élégances, on peut se présenter partout, sûr d'être bien accueilli. Pour les choses d'art, c'est lui qui juge en dernier ressort et distribue les couronnes. Qui n'a pas l'applaudissement de Paris, eût-il été acclamé par Londres, Saint-Pétersbourg, Naples, Milan ou Vienne, n'est qu'une réputation de province. Les ténors, les divas de la danse et du chant le savent bien.

On frémit à la pensée des chapeaux extravagants, des robes ridicules, des bijoux bêtement riches que porterait l'univers, si Paris, transformé en Carpentras gigantesque, ne donnait plus la mode, prêtant sa grâce au moindre chiffon. Les femmes en deviendraient laides !

Oui, oui, bougonneront les esprits chagrins, les pédants, les gens graves, tous les hiboux que la lumière joyeuse offusque, et qui feraient haïr le bon sens, nous savons cela, Paris est frivole ! (Voilà le grand mot lâché !) il manque de sérieux. Le sérieux ! cette belle invention du *cant* moderne pour déprécier les talents aimables, faciles et spirituels qui se jettent à pleines mains par toutes les fenêtres, sûrs d'être ramassés avant d'arriver à terre : le sérieux, ce morne refuge où les sots silencieusement ruminent leur absence d'idées ! Mais en cela encore on se trompe, Paris n'est pas si frivole qu'il en a l'air ; il ne s'occupe pas seulement de modes, de courtisanes, de courses, de petits théâtres, de bals publics, de fins soupers, de promenades au Bois, — au temps où il y avait encore un Bois, — de cancans de coulisse, de racontars, de l'attelage en Daumont de telle ou telle *impure* à cheveux jaunes ; il cherche, il invente, il crée. C'est la ville par excellence de la pensée et du travail ; du travail incessant, acharné, fiévreux, diurne et nocturne. Nulle part l'homme n'exige plus de lui-même, tout autre s'affaisserait sous ce labeur excessif ; lui, résiste et continue. Dans cette cité prodigieuse qui réunit tous les contrastes, qui est à la fois le tourbillon et le désert, on peut dépenser des millions et vivre avec trente sols par jour, on peut à son gré se créer une thébaïde ou habiter la place publique, ne connaître personne ou connaître tout le monde. On a la liberté du travail et la liberté du plaisir. Si vous levez les yeux par une nuit de février, pendant que le carnaval s'enroue à crier son *évohé* devant les ifs de gaz de l'Opéra, que les roues des coupés brûlent le pavé de leurs disques étincelants, qu'un incendie intérieur de bougies fait flamboyer les vitres des cabarets à la mode, et que des théâtres, le spectacle fini, sortent des théories de spectateurs, si vous levez, disons-nous, les yeux, vous verrez à l'étage supérieur de cette façade éteinte, trembloter comme une petite étoile, derrière la rougeur du rideau, une faible clarté de lampe, compagne d'une veillée studieuse. C'est là que médite, aussi absorbé dans sa contemplation que le Philosophe de Rembrandt sous la spirale de son escalier, un penseur, un savant acharné à la solution d'un problème d'où dépend peut-être l'avenir du monde, un historien faisant revivre le passé par des évocations magiques, un poëte nouant et dénouant le nœud gordien du drame ou lançant vers le ciel le groupe des strophes étoilées. Malgré la dissipation apparente de Paris, au milieu de ses places fourmillantes, des stylites de la pensée se tiennent toujours debout sur la colonne de leur idée ou de leur rêve, insouciant de la foule qui bourdonne à leurs pieds.

On accuse Paris, la noble ville, de manquer d'idéal, de douter de l'âme, de ne croire à rien, de mépriser la vertu et de se ruer effrénément aux jouissances de la matière. Quelle erreur ou quelle calomnie ! Cette brutalité d'appétits n'est pas dans son caractère ; il est trop raffiné, trop élégant, trop ingénieux, trop blasé même, si l'on veut, pour s'abaisser à des plaisirs grossiers. Sa gourmandise cherche les petits plats fins, sa débauche l'ivresse légère des vins de Champagne, mêlant l'argent de leur écume aux roses qui couronnent la coupe ; son vice, très-peu sensuel au fond, s'amuse à chiffonner les dentelles, les rubans et les fleurs, à soutenir des causeries galantes, à débiter des paradoxes de sentiment. D'une jolie bouche il préfère le mot piquant au baiser voluptueux. A force de goût il a pour ainsi dire spiritualisé la matière, il lui a ôté sa lourdeur et donné des ailes. Ce n'est plus une chair pantelante sur l'étal, c'est un arome, un fumet, une essence qui s'évapore comme le parfum d'une cassolette. Qu'a-t-on donc mangé ? On n'en sait rien souvent. Mais quelles sauces, quels condiments, quelle manière de dresser et de servir ! Paris n'a pas les basses voracités des autres pays ; pour s'enfoncer dans la matière, il a l'esprit trop occupé par le spectacle de formes choisies, de riches toilettes, d'objets d'art, de tout un monde de choses variées et brillantes, qui se renouvellent sans cesse. Il est trop artiste et trop poëte.

Ce ne serait peut-être pas un paradoxe de soutenir que, dans aucune ville capitale, on n'est aussi sobre, aussi tempérant, aussi chaste et aussi moral qu'à Paris. Nous n'en voulons d'autre preuve que la nombreuse armée des mercenaires du plaisir, hétaïres, petites dames, biches, lorettes, cocottes, qui témoignent de la vertu des honnêtes femmes que l'amour n'essaye même pas d'attaquer, convaincu qu'il perdrait son temps.

Il faut donc laisser aux piétistes et aux mômiers, aux tartufes de la philosophie et de la politique, aux imbéciles de toutes les sectes, aux petits Juvénals à la suite, aux rabâcheurs de lieux communs démodés, ces banales déclamations, où Paris est comparé à la grande prostituée de Babylone, chevauchant la bête de l'Apocalypse et autres aménités bibliques. Cela sent son cuistre et n'est pas de bonne compagnie. La cité que Henri IV appelait déjà « Paris la grand'ville, » mérite plus d'égards ; ces injures sont de noires ingratitudes. Paris, qu'on disait si profondément gangrené par les pourritures de la décadence, si énervé par le luxe et la débauche, si incapable de se passer de son comfort, s'est montré héroïque sans emphase et, seul, n'a pas désespéré de cette France qui le voudrait répudier aujourd'hui. Ce corrompu a été grand, simple, courageux, sublime cinq mois de suite. Il a montré des vertus qu'on n'attendait pas de lui : la constance inébranlable, la résignation obstinée, la patience à supporter les souffrances obscures, le froid, la faim, la maladie, les longues stations sous le vent, la pluie et la neige, les pieds dans la boue glaciale, à la porte des boulangeries de sciure de bois et des boucheries de charogne. Enfermé dans sa tour, comme Ugolin, il ne voulait pas se rendre et prétendait qu'il avait bien dîné. Cet épicurien s'accommodait de pâtés de rats et disait qu'il n'avait jamais rien mangé de plus délicieux ; il riait des obus hégéliens de la Prusse, quoique lancés au vrai moment psychologique, et s'endormait sans s'inquiéter du projectile qui, tombant sur son lit par une brèche du toit, pouvait le faire passer du sommeil à la mort. Le cœur de la France battait dans la maigre poitrine de Paris affamé. C'est le sceptique qui a eu le plus de foi : il attendait avec une confiance robuste, aux dépens de sa propre vie, un miracle que la province n'a pas fait.

Mais, dit-on, Paris a la mauvaise habitude de

fabriquer des émeutes, de casser des gouvernements et d'en jeter les morceaux à tous les diables. Hélas! les gouvernements qui se cassent ainsi sont déjà fêlés, et fuir la capitale n'est peut-être pas un moyen de sécurité à toute épreuve. La Révolution, l'autre, la grande, comme on l'appelle dans l'argot du café de Madrid, est bien allée chercher à Versailles le boulanger, la boulangère et le petit mitron, pour les coiffer d'un bonnet rouge et leur couper la tête ensuite ; ce n'est pas la faute de Paris. Il y a sous toutes les grandes villes des fosses aux lions, des cavernes fermées d'épais barreaux où l'on parque les bêtes fauves, les bêtes puantes, les bêtes venimeuses, toutes les perversités réfractaires que la civilisation n'a pu apprivoiser, ceux qui aiment le sang, ceux que l'incendie amuse comme un feu d'artifice, ceux que le vol délecte, ceux pour qui l'attentat à la pudeur représente l'amour, tous les monstres du cœur, tous les difformes de l'âme ; population immonde, inconnue au jour, et qui grouille sinistrement dans les profondeurs des ténèbres souterraines. Un jour il advient ceci, que le belluaire distrait oublie ses clefs aux portes de la ménagerie, et les animaux féroces se répandent par la ville épouvantée avec des hurlements sauvages.

Des cages ouvertes s'élancent les hyènes de 93 et les gorilles de la Commune. Mais ce n'est pas la faute de Paris.

Il faut donc y faire une rentrée triomphale, enseignes déployées, clairons sonnant, tambours battant, les palmes à la main, avec un appareil guerrier et pacifique, montrant la force et la confiance. Que la France montée sur un char d'or, traîné par des chevaux blancs, ait le courage de venir chez ce fils aîné qu'elle aime et qui fait sa gloire; elle en sera bien reçue. Un fils aime toujours sa mère quand elle se confie à lui sans réserve. La France sans Paris n'est qu'une veuve qui a perdu son premier-né. On criait autrefois : « A Berlin ! à Berlin ! » Il est beaucoup plus sage et plus patriotique de crier aujourd'hui : « A Paris ! à Paris!

FIN

TABLE DES MATIÈRES

I. Une nouvelle madone. — La statue de Strasbourg.	1
II. Navigation.	8
III. La place Saint-Pierre-Montmartre.	36
IV. Un tour au rempart.	49
V. Le chemin de fer de ceinture.	63
VI. Au Théâtre-Français.	78
VII. La maison abandonnée.	92
VIII. Bouts de croquis.	106
Dans le Jardin des Tuileries.	108
Mélancolies gastronomiques.	112
Un peu de musique.	116
Effet de nuit.	120
IX. Une lecture d'Eschyle pendant le siége.	122
X. Autres croquis. — Musée de neige.	136
L'art pendant le siége.	142
Dans la nuit.	146
Clair de lune au bastion.	147

TABLE DES MATIÈRES.

XI. Les animaux pendant le siége.	140
XII. Les bêtes du Jardin des Plantes.	161
XIII. Henri Regnault.	174
XIV. Trois aquarelles inédites.	190
XV. Victor Giraud.	201
XVI. Gustave Doré. — Souvenir du siége.	212
XVII. Saint-Cloud.	224
XVIII. Les barbares modernes.	235
XIX. Les marches de marbre rose.	247
XX. Le Versailles de Louis XIV.	260
Les vasques carrées, l'arc de triomphe, les trois fontaines.	271
Les bains d'Apollon, le théâtre d'Eau, les dômes.	283
Le labyrinthe, les fables d'Ésope, l'isle royale ou l'isle d'amour, la salle de bal.	296
XXI. Une visite aux ruines.	315
XXII. La Vénus de Milo.	348
XXIII. Paris-Capitale.	360

CATALOGUE

DE LA

LIBRAIRIE CHARPENTIER ET Cie

PREMIÈRE PARTIE

BIBLIOTHÈQUE-CHARPENTIER

A 3 FR. 50 LE VOLUME

Relié en demi-chagrin.. . . . . 5 fr.

LITTÉRATURE MODERNE

ALFRED DE MUSSET

Premières poésies (Contes d'Espagne et d'Italie. — Spectacle dans un fauteuil. — Poésies diverses. — Namouna). . . 1 vol.

Poésies nouvelles (Rolla. — Les nuits. — Poésies nouvelles. — Contes en vers).. . . . . 1 vol.

Comédies et proverbes (André del Sarto. — Lorenzaccio. — Les caprices de Marianne. — Fantasio. — On ne badine pas avec l'amour. — La nuit vénitienne. — Barberine. — Le chandelier. — Il ne faut jurer de rien. — Un caprice. — Il faut qu'une porte soit ouverte ou fermée. — Louison. — On ne peut penser à tout. — Carmosine. — Bettine).. . . . . 2 vol.

Nouvelles (Les deux maîtresses. — Emmeline. — Le fils du Titien. — Frédéric et Bernerette. — Croisilles. — Margot). . . 1 vol.

Contes (La Mouche. — Pierre et Camille. — Mademoiselle Mimi Pinson. — Le secret de Javotte. — Le merle blanc. — Lettres de Dupuis et Cotonet).. . . . . 1 vol.

La Confession d'un enfant du siècle. . . . . . . 1 vol.

Mélanges de littérature et de critique (Le tableau d'église. — La tragédie à propos des débuts de mademoiselle Rachel. — Salon de 1836. — Faire sans dire. — Revues fantastiques. — Discours de réception, etc., etc.). . . . . 1 vol.

Œuvres posthumes (Un souper chez mademoiselle Rachel. — Le poëte et le prosateur. — Poésies diverses. — Le songe d'Auguste.

— L'âne et le ruisseau. — Faustine. — Lettres familières, etc., etc).. . . . . 1 vol.
(Voir éditions diverses, pages 28, 29, 30 et 34.)

ON VEND SÉPARÉMENT, 1 FRANC CHACUNE, LES PIÈCES SUIVANTES

Il faut qu'une porte soit ouverte ou fermée, proverbe en un acte, en prose.
Un caprice, proverbe en un acte, en prose.
Bettine, comédie en un acte et en prose.
André del Sarto, drame en deux actes et en prose.
Louison, comédie en deux actes et en vers.
Fantasio, comédie en trois actes et en prose.
Carmosine, comédie en trois actes et en prose.

THÉOPHILE GAUTIER

Premières poésies (Albertus. — La comédie de la mort. — Poésies diverses, etc.). . . . . 1 vol.

Émaux et Camées. . . . . 1 vol.

Théâtre de poche. . . . . 1 vol.

Mademoiselle de Maupin.. . . . . 1 vol.

Le capitaine Fracasse. . . . . 2 vol.
(Voir édition illustrée par Gustave Doré, page 31.)

Le Roman de la Momie. Nouvelle édition. . . . 1 vol.

Spirite, nouvelle fantastique. . . . . 1 vol.
— Exemplaires sur papier de Hollande (voir p. 35).

Voyage en Russie.. . . . . 2 vol.

Voyage en Espagne (Tra los montes). . . . . . 1 vol.

Romans et contes (Avatar. — Jettatura. — Arria Marcella. — La mille et deuxième nuit. — Le pavillon sur l'eau. — L'enfant aux souliers de pain. — Le chevalier double. — Le pied de momie. — La pipe d'opium. — Le club des hachichins). . . 1 vol.

Nouvelles (La morte amoureuse. — Fortunio. — La toison d'or. — Omphale. — Le petit chien de la marquise. — La chaîne d'or. — Le nid de rossignols. — Le roi Candaule. — Une nuit de Cléopâtre).. . . . . 1 vol.

Tableaux de siège. — Paris, 1870-1871. . . . . 1 vol.

GÉRARD DE NERVAL

Voyage en Orient (LES FEMMES DU CAIRE. — Les mariages cophtes. — Les esclaves. — Le harem. — Les Pyramides. — La Cange. — La Santa Barbara. — DRUSES ET MARONITES. — Un prince du Liban. — Le prisonnier. — Histoire du calife Hakem. — L'Anti-Liban. — LES NUITS DU RAMAZA. — Stamboul. — Théâtres et fêtes. — Les conteurs. — HISTOIRE DE LA REINE DU MATIN ET DE SOLIMAN PRINCE DES GÉNIES. — LE BAÏRAM, etc.). 7ᵉ édition corr. et augmentée. 2 vol.

EDOUARD LABOULAYE

Paris en Amérique. 26ᵉ édition. . . . . 1 vol.
Le Prince-Caniche. 16ᵉ édition. . . . . 1 vol.
Abdallah, ou le Trèfle à quatre feuilles, suivi de *Aziz et Aziza*. 4ᵉ édition, ornée du *portrait de l'auteur*. . . . . . . 1 vol.
Souvenirs d'un voyageur. Nouvelles (Marina. — Le Jasmin de Figline. — Le Château de la vie. — Le Rêve de Jodocus. — Don Ottavio). 4ᵉ édition. . . . . 1 vol.
Contes bleus (Yvon et Finette. — La bonne Femme. — Poucinet. — Contes bohèmes. — Les trois Citrons. — Pif paf, ou l'art de gouverner les hommes). 4ᵉ édition. . . . . 1 vol.
Le parti libéral et son avenir. 8ᵉ édition. . . . . . 1 vol
La liberté religieuse. 4ᵉ édition. . . . . 1 vol.
Études morales (De la personnalité divine. — La dévotion. — Mademoiselle de la Vallière. — Le rationalisme chrétien. — Les moines d'Occident. — Philippe II. — Les États-Unis. — L'éducation en Amérique — L'esclavage aux États-Unis. — Le message de 1856. — La guerre civile aux États-Unis. — L'Amérique et la Révolution française. — Les horizons prochains. — Les lettres d'Éverard. — La loterie. — La manie des livres. — Sur un catalogue). 5ᵉ édit. 1 vol.
L'État et ses limites (L'État et ses limites. — La liberté antique et la liberté moderne. — Alexis de Tocqueville. — L'instruction publique et le suffrage universel. — Le droit de pétition suivant la constitution de 1852. — La question financière. — La France en Amérique. — Les États-Unis et la France. — Pourquoi le Nord ne peut accepter la séparation). 5ᵉ édition. . . . . 1 vol.
Études sur l'Allemagne contemporaine et les pays slaves (Le partage de la Pologne. — Goergei et Kossuth. — Les Serbes. — Les Albanais. — De Radowitz. — Gervinus, etc.). 3ᵉ édit. 1 vol.
Histoire des États-Unis d'Amérique, depuis les premiers essais de colonisation jusqu'à l'adoption de la constitution fédérale (1620-1789). 4ᵉ édition. . . . . 3 vol.
Discours populaires (Droit de réunion. — Éducation. — Bibliothèques. — Franklin. — Quesnay. — Horace Mann. — *Rhétorique populaire*) 2ᵉ édition. . . . . 1 vol.

CHANNING
TRADUCTION FRANÇAISE, AVEC INTRODUCTION ET NOTICES
PAR ÉDOUARD LABOULAYE

Œuvres sociales (De l'Éducation personnelle. — De l'Élévation des classes ouvrières. — De la Tempérance. — Les Droits et les Devoirs des pauvres) précédées d'un Essai sur la vie et la doctrine de Channing. . . . . 1 vol

La liberté spirituelle et traités religieux (L'Église. — Preuves du christianisme. — Caractère du Christ. — La religion est un principe social. — Le christianisme est une religion raisonnable) 1 vol.
Le christianisme libéral. . . . . 1 vol.
De l'esclavage. . . . . 1 vol.
Œuvres littéraires, variétés, etc. (sous presse).

P. LANFREY
Histoire de Napoléon Ier (Les tomes I à IV sont en vente). 6 vol.
Études et portraits politiques (L'Histoire du Consulat et de l'Empire de M. Thiers. — Daunou. — Carnot. — Armand Carrel. — M. Guizot. — M. Proudhon. — Le rétablissement de la Pologne. — Paris en Amérique. — Du régime parlementaire sous Louis-Philippe. — Un dernier mot sur Carnot). . . . . 1 vol.
Histoire politique des papes. Nouvelle édition. . . . 1 vol.

THÉOPHILE LAVALLÉE
Histoire des Français, depuis le temps des Gaulois jusqu'en 1848; édition revue et corrigée par l'auteur. . . . . 4 vol.
(Voir édition in-8° page 32.)
Géographie physique, historique et militaire, ouvrage adopté pour l'École militaire de Saint-Cyr. . . . . 1 vol.

AUGUSTIN THIERRY
Histoire de la Conquête de l'Angleterre par les Normands, de ses causes et de ses suites jusqu'à nos jours, en Angleterre, en Écosse, en Irlande et sur le Continent. — Nouvelle édition, suivie de la *Liste alphabétique des Conquérants de l'Angleterre*, et de la description de la *Tapisserie de Bayeux*. 1 vol.

MIGNET
Histoire de Marie Stuart. . . . . 2 vol.
Antonio Perez et Philippe II. . . . . 1 vol.
Mémoires historiques, suivis de l'*Introduction à l'Histoire de la succession d'Espagne*. . . . . 1 vol.
Notices et portraits historiques et littéraires (Sieyès, Rœderer, Livingston, le prince de Talleyrand, Broussais, Destutt de Tracy, Daunou, le comte Siméon, de Sismondi, Rossi, Cabanis, Droz, Franklin, etc., etc.). . . . . 2 vol.
Éloges historiques, faisant suite aux notices et portraits. Nouvelle édition. 1 vol.
Charles-Quint, SON ABDICATION, SON SÉJOUR ET SA MORT AU MONASTÈRE DE YUSTE. 7e édition. . . . . 1 vol.
Histoire de la Révolution française depuis 1789 jusqu'à 1814. 9e édition. . . . . 2 vol.

PROSPER MÉRIMÉE

Chronique du temps de Charles IX, suivie de la Double méprise — La Guzla, etc., etc. . . . . 1 vol.

Colomba, suivie de la Vénus d'Ille. — Les âmes du purgatoire. — Mateo Falcone. — Vision de Charles XI. — L'enlèvement de la redoute. — Tamango. — La perle de Tolède. — La partie de trictrac. — Le vase étrusque. — Les mécontents, etc. . . . . . 1 vol.

Théâtre de Clara Gazul (Les Espagnols en Danemark. — Une femme est un diable. — L'amour africain. — Inès Mendo. — Le ciel et l'enfer. — Le carrosse du Saint-Sacrement. — La jacquerie. — La famille de Carvajal).. . . . . 1 vol.

Histoire de don Pèdre Ier, roi de Castille. . . . . . . 1 vol.

CHARLES NODIER

Souvenirs de la Révolution et de l'Empire. . . . 2 vol.

Souvenirs de jeunesse (Séraphine. — Thérèse. — Clémentine. — Amélie).. . . . . 1 vol.

Contes de la veillée (J. François-les-bas-bleus. — Hélène Gillet. — M. Cazotte. — Légende de sœur Béatrix. — Les aveugles de Chamouny. — Le chien de Brisquet. — Les quatre talismans. — Polichinelle. — Baptiste Montauban. — La filleule du seigneur. — L'homme et la fourmi). . . . . 1 vol.

Contes fantastiques (La fée aux miettes. — Smarra. — Le songe d'or. — Le génie bonhomme). . . . . 1 vol.

Nouvelles (Trilby. — Inès de las Sierras. — Lydie. — Les Proscrits. — Les Marionnettes, etc., etc.). . . . . 1 vol.

Romans (Jean Sbogar, Thérèse Aubert, Adèle.). . . . . 1 vol.

JULES SANDEAU

Madeleine, ouvrage couronné par l'Académie française. . 1 vol.

Mademoiselle de la Seiglière. . . . . 1 vol.

Marianna. . . . . 1 vol

Le docteur Herbeau. . . . . 1 vol.

Fernand, suivi de **Vaillance** et de **Richard**. . . . . 1 vol.

Valcreuse. . . . . 1 vol.

Madame de Sommerville. — **Chasse au roman**. . 1 vol.

AIMÉ MARTIN

Éducation des mères de famille, ou *de la civilisation du genre humain par les femmes*. 8° édition.. . . . . . 2 vol.

MADAME DE STAEL

Corinne, avec préface de madame N. de Saussure. . . . . 1 vol.

De l'Allemagne, avec notice par X. Marmier. . . . . . 1 vol.

Delphine, avec une préface de Sainte-Beuve. . . . . . 1 vol.

De la littérature considérée dans ses rapports avec les institutions sociales. . . . . 1 vol.

Considérations sur la Révolution française. Ouvrage posthume publié par M. le duc de Broglie. . . . . 2 vol.

Mémoires (DIX ANNÉES D'EXIL), précédés d'une notice sur la vie et les ouvrages de Mme de Staël, par Mme Necker de Saussure. 1 vol.

BENJAMIN CONSTANT

Adolphe, anecdote trouvée dans les papiers d'un inconnu. Nouvelle édition, suivie des *Réflexions sur le théâtre allemand*, et précédée d'une notice par GUSTAVE PLANCHE. . . . . 1 vol.

BRILLAT-SAVARIN

Physiologie du goût, ou *méditations de gastronomie transcendante*; ouvrage théorique, historique et à l'ordre du jour, dédié aux gastronomes parisiens, par BRILLAT-SAVARIN. Nouvelle édition précédée d'une notice sur l'auteur et accompagnée des ouvrages suivants : TRAITÉS DES EXCITANTS MODERNES, par H. de Balzac; — LA GASTRONOMIE, de Berchoux; — L'ART DE DÎNER EN VILLE, de Colnet; — ANECDOTES ET FRAGMENTS D'HISTOIRE CULINAIRE par des amateurs; — PENSÉES ET PRÉCEPTES recueillis par un philosophe; — RECETTES ET FORMULES, par un cordon bleu, etc. . . . . 1 vol.

XAVIER DE MAISTRE

Œuvres complètes (Voyage autour de ma chambre. — Expédition nocturne. — Le lépreux de la cité d'Aoste. — Les prisonniers du Caucase. — La jeune Sibérienne). *Nouvelle édition*, ornée d'un beau portrait de l'auteur, dessiné d'après nature, et gravé sur acier. . . . . 1 vol.

JOSEPH DE MAISTRE

Du pape. *Nouvelle édition.* . . . . 1 vol.

DE SÉNANCOUR

Obermann. *Nouvelle édition* avec une préface par madame GEORGE SAND. . . . . 1 vol.

J.-M. DARGAUD

Histoire de la liberté religieuse en France et de ses fondateurs. . . . . 4 vol.

ANDRÉ CHÉNIER

Poésies (Idylles. — Fragments d'idylles. — Élégies. — Fragments d'élégies. — Épîtres. — Poëmes. — Poésies diverses. — Hymnes. — Odes. — Iambes, etc., etc.), précédées d'une notice par M. H. DE LATOUCHE.. . . . . 1 vol.

(Voir édition in-8° sur papier de Hollande, page 35.)

MILLEVOYE

Poésies (Élégies. — Chants élégiaques. — Poëmes. — Poésies légères. — Dizains et huitains. — Ballades. — Romances. — Épigrammes. — Odes d'Anacréon); précédées d'une notice par M. DE PONGERVILLE, de l'Académie française. . . . . 1 vol.

MADAME DESBORDES-VALMORE

Poésies (Idylles. — Élégies. — Romances. — Contes. — Pleurs et pauvres fleurs. — Aux petits enfants). *Nouvelle édition* augmentée de plusieurs pièces et précédée d'une notice sur la vie et les ouvrages de l'auteur, par M. SAINTE-BEUVE. . . . . 1 vol.

SAINTE-BEUVE

Poésies complètes (Joseph Delorme. — Les Consolations. — Pensées d'août, etc.). Nouvelle édition. . . . . 1 vol

Tableau historique et critique de la poésie française et du Théâtre français au XVI° siècle. Nouvelle édition, suivie de Portraits particuliers des principaux poëtes. . . . . . . 1 vol.

Volupté. 6° édition, avec un appendice contenant les témoignages et jugements contemporains. . . . . 1 vol.

SAINT-MARC GIRARDIN

Cours de littérature dramatique. 7° édition corrigée. 5 vol.

Essais de littérature et de morale, 3° édition. . . . 2 vol.

E. GÉRUSEZ

Histoire de la littérature française pendant la Révolution (1789-1800). Ouvrage qui a obtenu le prix Bordin, décerné par l'Académie française. 3° édition. . . . . 1 vol.

H. RIGAULT

Conversations littéraires et morales, avec un beau portrait de l'auteur gravé par M. Levasseur et une notice sur sa vie par M. Paul Mesnard. 3° édition. . . . . 1 vol.

MÉZIÈRES

Shakspeare, ses œuvres et ses critiques. . . . . . 1 vol.
Prédécesseurs et Contemporains de Shakspeare.. 1 vol.
Contemporains et Successeurs de Shakspeare... 1 vol.
(*Ouvrages couronnés par l'Académie française.*)

MISTRAL

Mirèio, poëme provençal, avec la traduction littérale en regard par l'auteur. 3° édit. accompagnée de notes. . . . . 1 vol.

P. LEROY-BEAULIEU

La question ouvrière au XIX° siècle (Le socialisme et les grèves. — L'organisation des forces ouvrières. — Les *trades unions*. — Mise sur pied de guerre des forces ouvrières. — La société internationale des travailleurs. — Examen des remèdes proposés. — Le système de la participation aux bénéfices. — Les associations coopératives. — Le rôle de la bourgeoisie dans la production. — Les remèdes efficaces. — Le régime que doit observer la société moderne)............ 1 vol.

EUGÈNE POITOU

Portraits littéraires et philosophiques (Saint-Simon. — Vauvenargues. — Balzac. — Alfred de Musset. — De Tocqueville. — Lacordaire. — Édouard Laboulaye. — Mortimer-Ternaux. — Guizot. — Victor Cousin)............ 1 vol.

Les philosophes français contemporains (Lamennais. — Pierre Leroux. — Jean Reynaud. — Proudhon. — E. Pelletan. — Charles Dollfus. — Aug. Comte. — Littré. — Lanfrey. — Taine. — Renan. — Vacherot. — L'abbé Maret. — Le P. Gratry. — Cousin. — Jules Simon. — Émile Saisset)....... 1 vol.

La Liberté civile et le Pouvoir administratif en France............ 1 vol.

EUGÈNE DESPOIS

Les lettres et la liberté (Périclès. — Auguste. — Louis XIV. — Frédéric II. — Napoléon. — Mélanges, etc.)....... 1 vol.

ÉMILE JONVEAUX

L'Amérique actuelle, précédé d'une introduction par Édouard Laboulaye, de l'Institut........... 1 vol.

L. SIMONIN

Le Grand-Ouest des États-Unis (les Pionniers et les Peaux-Rouges. — Les Colons du Pacifique), accompagné d'une petite carte-itinéraire du voyage............ 1 vol.

J. VILBORT

L'Œuvre de M. de Bismark (Sadowa. — La campagne des sept jours), accompagné de 2 cartes.......... 1 vol.

JURIEN DE LA GRAVIÈRE

Guerres maritimes sous la République et l'Empire, avec plans et cartes. 5ᵉ édition............ 2 vol.

FERRY

Scènes de la vie sauvage au Mexique. 6ᵉ édition.. 1 vol.

ÉD. KIRKE

Les noirs et les petits blancs dans les États du sud de l'Amérique du Nord, traduction de Franck Bertin, avec une préface de M. Édouard Laboulaye............ 1 vol.

N. COTTE

Le Maroc contemporain............ 1 vol.

PAUL DE MUSSET
Lui et elle. 6ᵉ édition. . . . . 1 vol.
Voyage en Italie et en Sicile en 1843. 5ᵉ édition. . 1 vol.
Nouvelles italiennes et siciliennes (La foire de Sinigaglia. — La pagota. — Le vomero). 3ᵉ édition. . . . . 1 vol.
Le nouvel Aladin, suivi de *la Frascatane*, du *Bisceliais* et de *la Saint-Joseph*. 2ᵉ édition. . . . . 1 vol.
Les originaux du dix-septième siècle (Le cheval de Créqui. — Mademoiselle Paulet. — Le marquis de Mariani et la reine Christine. — Le premier favori de Monsieur (Gaston d'Orléans). — Un mauvais sujet en 1645. — Michel Lambert. — Un homme aimable en 1615. — Les précieuses. — Le duc de Coislin). 5ᵉ édition. . . . . 1 vol.
Extravagants du dix-septième siècle (Madame de la Guette Le chevalier Plénoches. — Mademoiselle de Gournay. — M. de Guise, le dernier. — Benserade. — Boutteville et Des Chapelles). 1 vol.
Les femmes de la Régence (La duchesse de Berry. — La comtesse de Verrue. — Claudine de Tencin. — Mademoiselle Quinault. — Mademoiselle de Lespinasse). 5ᵉ édition. . . . . . . 1 vol.
Mémoires de Charles Gozzi, poëte vénitien du dix-huitième siècle, traduction libre. . . . . 1 vol.

FORGUES
Beaux esprits et originaux de l'Angleterre. . . . . . . 2 vol.
Vie de Nelson, d'après sa correspondance et les papiers de sa famille. 1 vol.

ANTONIN BARTHÉLEMY
Un philosophe en voyage (Londres et les Anglais. — La Grèce. — Les moines byzantins. — Contes orientaux. — L'immortalité. — Le dracophage). . . . . 1 vol.

E.-J. DELÉCLUZE
Romans, contes et nouvelles. . . . . 1 vol.
Les beaux-arts dans les deux mondes (Exposition des beaux-arts à Paris, en 1855.) . . . . 1 vol.

HORACE DE LAGARDIE
Causeries parisiennes (1ʳᵉ et 2ᵉ séries.). . . . . . . 2 vol.

TAXILE DELORD
Les matinées littéraires (La poésie au seizième siècle. — Le dix-septième siècle. — La mort de Bossuet. — Un prêtre peint par lui-même. — La comédie au dix-septième siècle. — Beaumarchais. — M. Louis Veuillot. — Madame Émile de Girardin. — Les poésies en prose de M. Michelet. — Œuvres littéraires de M. Granier de Cassagnac. — M. S. de Sacy. — Orphée et les Bacchantes. — La nouvelle poésie provençale). . . . . 1 vol.

ERNEST DAUDET

Le Missionnaire. . . . . 1 vol.
Le Roman d'une jeune Fille (1770-1794). . . . 1 vol.
Fleur de péché. 1 vol.

EDMOND ET JULES DE GONCOURT

Renée Mauperin. . . . . 1 vol.
Germinie Lacerteux. 2ᵉ édition. . . . . 1 vol.

FRANCISQUE SARCEY

Le nouveau seigneur de village, — les *Petites misères d'un fonctionnaire chinois.*— *Henri Perrier*. . . . . 1 vol.

CAMILLE SELDEN

Daniel Vlady. . . . . 1 vol.
L'esprit des femmes de notre temps (Eugénie de Guérin. — Charlotte Brontë. — Rahel de Varnhagen d'Ense). . . . 1 vol.

JULES DE LA MADELÈNE

Brigitte. — Le comte Alghiera. . . . . 1 vol.

MARC DEBRIT

Laura, ou l'Italie contemporaine. . . . . 1 vol.

ARNOULD FRÉMY

La cousine Julie. . . . . 1 vol.

ÉMILE LAMÉ

Julien l'Apostat, précédé d'une étude sur la formation du christianisme. . . . . 1 vol.

IVAN TOURGUENEF

Pères et enfants, précédé d'une lettre à l'éditeur par M. Prosper Mérimée, de l'Académie française. . . . . 1 vol.

LOUIS MÉNARD

Poëmes. 2ᵉ édit. . . . . 1 vol.
La morale avant les philosophes. 2ᵉ édit. . . . 1 vol.
Du polythéisme hellénique. 2ᵉ édit. . . . . 1 vol.

PAUL MESNARD

Histoire de l'Académie française. . . . . 1 vol.

JULES GIRARD

Essai sur Thucydide. . . . . 1 vol.

OUVRAGES DIVERS

P.-P. DEHÉRAIN

Annuaire scientifique (Les progrès des sciences de 1861 à 1869), publié, depuis 1862, sous la direction de M. P.-P. Dehérain, docteur ès sciences, lauréat de l'Institut, professeur de chimie, etc., avec la collaboration de MM. H. Blerzy, P. Brouardel, J. Dalsème, A. Duméril, Ernouf, Fargues de Taschereau, W. de Fonvielle, Ch. Gariel, M. Gomont, Ch. Goschler, A. Guillemin. F. Hément, J.-E. Horn, E. Lamé, E. Landrin, Marey, Margollé, Mascart, Menu de Saint-Mesmin, S. Meunier, E. Morin, Pouriau, R. Radeau, G. Rayet, A. Rettop, Saint-Edme, Schæblé, L. Simonin, G. Tissandier, U. Trélat, E. Vignes, J. Worms, Zurcher. — Chaque année forme un volume avec figures dans le texte; la 9ᵉ année (1870) est en vente. — Chaque volume se vend séparément. . . 9 vol.

DE QUATREFAGES

Souvenirs d'un naturaliste. . . . . 2 vol.

CABANIS

Rapports du physique et du moral de l'homme, nouvelle édition. . . . . 2 vol.

BICHAT

Recherches physiologiques sur la vie et la mort, avec une introduction et des notes, par le docteur Cerise, et un beau portrait en pied de Bichat. . . . . 1 vol.

ZIMMERMANN

De la solitude, des causes qui en font naître le goût; de ses inconvénients, de ses avantages et de son influence sur les passions, l'imagination, l'esprit et le cœur; traduction X. Marmier, avec une notice sur l'auteur. . . . . 1 vol.

ROUSSEL

Système physique et moral de la femme. Édition augmentée d'une notice biographique, d'une esquisse du rôle des émotions dans la vie des femmes, et de notes sur plusieurs sujets importants, par le docteur Cerise. . . . . 1 vol.

VERDÉ-DELISLE

De la dégénérescence physique et morale de l'homme **par le vaccin** et des moyens d'y remédier. . . . . 1 vol.

ADOLPHE D'HOUDETOT

Le chasseur rustique, contenant la théorie des armes, du tir et de la chasse au chien d'arrêt, en plaine, en bois, en marais et sur les bancs, suivi d'un *Traité complet sur les maladies des chiens*, par J. Prud'homme, chef du service des hôpitaux de l'École vétérinaire d'Alfort. Nouvelle édition, revue, corrigée et augmentée. 1 vol.

La petite vénerie, suite au *Chasseur rustique*. . . . . 1 vol.

Galerie des chasseurs illustres. Nemrod, Saint-Hubert, Gaston Phœbus, Clamorgan, Labruyerre, Jules Gérard, Ad. Delegorgue, Bombonnel, Elzéar Blaze. Nouvelle édition. . . . . . . 1 vol.

Le tir au fusil de chasse, à la carabine et au pistolet, petit traité à l'usage des chasseurs. . . . . 1 vol.

Braconnage et contre-braconnage. . . . . 1 vol.

Les femmes chasseresses. . . . . 1 vol.

Dix épines pour une fleur (nouvelle édition.) . . . . . 1 vol.

LITTÉRATURE FRANÇAISE
DES XVe, XVIe, XVIIe ET XVIIIe SIÈCLES

MÉMOIRES ET CORRESPONDANCES

AGRIPPA D'AUBIGNÉ
Mémoires publiés pour la première fois d'après le manuscrit du Louvre, accompagnés de notes et éclaircissements, et suivis d'un index, par M. Ludovic Lalanne (*rare*, prix 5 fr.) . . . . 1 vol.

MARGUERITE DE VALOIS
Mémoires publiés par Ch. Caboche, avec notes. . . . . . 1 vol.

MADAME DE MOTTEVILLE
Mémoires. Édition d'après le manuscrit de Conrart, accompagnée de notes. . . . . 4 vol.

FOUQUET
Mémoires sur la vie privée et publique de Fouquet, surintendant des finances, d'après des pièces secrètes inédites provenant du cabinet de Colbert et de la Bibliothèque impériale, par M. Chéruel, inspecteur général de l'Université. . . . . 2 vol.

BUSSY-RABUTIN
Mémoires. Nouvelle édition, augmentée d'un grand nombre de fragments inédits, suivie de l'*Histoire amoureuse des Gaules*, et accompagnée de notes et éclaircissements, par M. Ludovic Lalanne. . . . . 2 vol.
Correspondance *avec sa famille et ses amis, durant son exil*. Nouvelle édition, d'après le manuscrit de l'auteur, contenant un très-grand nombre de lettres inédites et accompagnée de notes, par M. Lalanne. . . . . 6 vol.

VOITURE
Lettres et poésies. Nouvelle édition revue sur le manuscrits de Conrart, corrigée et augmentée de lettres et pièces inédites, avec le commentaire de Tallemant des Réaux, des éclaircissements et des notes, par M. A. Ubicini. . . . . 2 vol.

CARDINAL DE RETZ
Mémoires d'après le texte du manuscrit original, avec les instructions de Mazarin, des notes, notices, commentaires et un index par M. Aimé Champollion. . . . . 4 vol.

MADEMOISELLE DE MONTPENSIER
Mémoires de mademoiselle de Montpensier, *fille de Gaston de France, duc d'Orléans*, nouvelle édition publiée pour la première fois d'après les manuscrits autographes, accompagnée de notes historiques et biographiques, par M. Chéruel. . . . 4 vol.

MADAME DE MAINTENON

Correspondance générale, publiée pour la première fois d'après les textes originaux ou copies authentiques, avec un commentaire et des notes, par M. Théophile Lavallée; et précédée d'une étude sur les *Lettres de madame de Maintenon*, publiées par La Beaumelle (les tomes I à IV sont en vente). . . . . 8 vol.

Lettres et Entretiens sur l'Éducation des filles. . 2 vol.

Conseils aux demoiselles. . . . . 2 vol.

DE CHAMBRUN

Les Larmes de J. Pineton de Chambrun, pasteur de la maison de S. A. S. et de l'Église d'Orange; contenant les persécutions arrivées aux Églises de la principauté d'Orange depuis 1660. 1 vol.

DUCHESSE D'ORLÉANS

Correspondance de la duchesse d'Orléans, princesse palatine, mère du Régent, traduction nouvelle par M. G. Brunet, accompagnée de notes et d'éclaircissements. *Seule édition complète*. . . . . 2 vol.

BARBIER

Journal complet de Barbier, avocat au parlement de Paris. *Mémoires historiques et anecdotiques sur Paris et la société française au dix-huitième siècle* (1718-1762), SEULE ÉDITION COMPLÈTE publiée d'après le manuscrit autographe de l'auteur avec notes, éclaircissements et un index. . . . . 8 vol.

MADAME D'ÉPINAY

Mémoires contenant les détails sur ses liaisons avec les personnes célèbres du dix-huitième siècle. *Seule édition complète* accompagnée d'un grand nombre de lettres inédites de Grimm, Diderot, J.-J. Rousseau, avec des notes et éclaircissements par M. Paul Boiteau. . . . . 2 vol.

BARONNE D'OBERKIRCH

Mémoires sur la cour de Louis XVI *et la société française avant* 1789, publiés d'après le manuscrit de l'auteur, par le comte de Montbrison, son petit-fils. . . . . 2 vol.

MADAME VIGÉE LE BRUN

Souvenirs, suivis de la liste complète de ses tableaux et portraits. 2ᵉ édition augmentée et annotée. . . . . 2 vol.

CLASSIQUES FRANÇAIS
ÉDITIONS CH. LOUANDRE

1° Les textes de ces éditions ont été rétablis dans leur pureté primitive, d'après un collationnement rigoureux sur les originaux ou les meilleures versions, et ils se trouvent ainsi dégagés des interpolations dont on les avait surchargés.

2° Un classement plus rigoureux a été introduit. Les sources originales, les emprunts et les imitations ont été indiqués. Des références à d'autres ouvrages sur les mêmes sujets ont été signalées.

3° Les variantes ont été ajoutées, les préfaces et les examens rétablis, ce qui permet au lecteur d'assister au travail de la composition, et d'avoir la théorie esthétique de ces beaux génies.

4° Pour les annotations, M. Louandre a suivi tous les travaux de critique, les remarques, les commentaires dont ces auteurs ont été l'objet jusqu'à nos jours, et il a résumé sous une forme concise et variée ce que ces travaux ont produit de plus remarquable. Il y a ajouté un travail philologique, historique, littéraire et moral.

Ces éditions sont en outre accompagnées non-seulement de l'histoire de chaque auteur d'après les documents les plus authentiques et les plus complets, mais aussi de celle de ces ouvrages et des sujets qui les ont fait naître ou qui s'y réfèrent. Ainsi les *Œuvres de Molière* sont précédées de l'histoire du théâtre en France; les *Provinciales de Pascal* de l'histoire du jansénisme, etc., etc.

Nous avons encore ajouté à ces éditions une amélioration importante, celle d'INDEX ou plutôt de DICTIONNAIRES, qui sont, par ordre alphabétique, l'essence de ces ouvrages et qui en résument l'esprit selon les propositions de l'auteur. Pour les moralistes, comme Pascal et Montaigne, cette amélioration est de la plus grande importance.

MONTAIGNE

Essais, suivis de sa correspondance et de *la Servitude volontaire* d'Estienne de la Boétie. Édition variorum, accompagnée d'une notice biographique, de notes historiques, philologiques, etc., et d'un index analytique............................ 4 vol.

PIERRE ET THOMAS CORNEILLE

Œuvres. — Édition variorum collationnée sur les meilleurs textes, précédée de la Vie de Pierre Corneille, rédigée d'après les documents anciens et nouveaux; — avec les variantes et les corrections de Pierre Corneille, ses dédicaces, ses avertissements et ses examens; — ses trois discours sur la tragédie; — accompagnée de notices historiques et littéraires sur chaque pièce des deux Corneille, ainsi que de notes historiques, philologiques, et littéraires formant le résumé des travaux de Voltaire, du P. Brunoy, de l'abbé Le Batteux, Palissot, Victorin Fabre, Guinguené, l'empereur Napoléon, Guizot, Saint-Marc Girardin, Sainte-Beuve, Nisard, Taschereau, etc., etc................................ 2 vol.

MOLIÈRE

Œuvres complètes. — Édition variorum collationnée sur les meilleurs textes, précédée d'un précis de l'histoire du théâtre en France depuis les origines jusqu'à nos jours; — de la biographie de Molière rectifiée d'après les documents récemment découverts; — avec les variantes, les pièces et fragments de pièces retrouvés dans ces derniers temps; — accompagnée de notices historiques et littéraires sur chaque comédie de Molière, ainsi que de notes historiques, philologiques et littéraires formant le résumé des travaux

de Voltaire, La Harpe, Cailhava, Auger, Bazin, Sainte-Beuve, Saint-Marc Girardin, Génin, Aimé Martin, Nisard, Taschereau, Grimarest, Petitot, E. Soulié, Fournier, Beffara, etc., etc. — Édition ornée du portrait de Molière, d'après l'original de Coypel. 3 vol.
(*Voir édition illustrée, p.* 31).

JEAN RACINE

Théâtre complet. — Édition variorum annotée d'après Racine fils, madame de Sévigné, Le Batteux, Voltaire, La Harpe, Napoléon, Schlegel, Roger, Geoffroy, Patin, Sainte-Beuve, Saint-Marc Girardin, Nisard, etc.. . . . . 1 vol.

LA FONTAINE

Fables, suivies de Philémon et Baucis et des Filles de Minée; — précédées de la vie d'Ésope et d'une préface par la Fontaine. — Édition variorum, accompagnée d'une notice par M. Sainte-Beuve, de l'Académie française, et ornée d'un beau portrait gravé sur acier. . . . . 1 vol.

BOILEAU DESPRÉAUX

Œuvres poétiques. — Édition collationnée sur les meilleurs textes, — avec une notice biographique; — les variantes et les corrections de l'auteur; — des notes choisies dans tous les commentateurs; — une annotation nouvelle et un index; — ornée d'un beau portrait gravé sur acier.. . . . . 1 vol.

LA BRUYÈRE

Les Caractères, accompagnés des Caractères de Théophraste; — du Discours à l'Académie française; — d'une notice sur la Bruyère. — Édition variorum collationnée sur les meilleurs textes et suivie d'un index. . . . . 1 vol.

BLAISE PASCAL

Pensées. — Édition variorum d'après le texte du manuscrit autographe, contenant les Lettres et opuscules; — l'histoire des éditions des *Pensées;* — la vie de Pascal par sa sœur; — des notes choisies et inédites et un index complet. . . . . 1 vol.
Les Provinciales, ou lettres écrites par Louis de Montalte à un provincial de ses amis et aux RR. PP. Jésuites sur le sujet de la morale et de la politique de ces pères. — Édition accompagnée de notes et précédée d'un précis historique sur le jansénisme. 1 vol.

BOSSUET

Discours sur l'Histoire universelle, précédé d'une notice biographique et de la liste des ouvrages de Bossuet. . . . . 1 vol.

VOLTAIRE

Siècle de Louis XIV, suivi de la liste raisonnée des personnages célèbres de son temps. — Nouvelle édition annotée d'après les lettres, mémoires, documents et actes officiels du dix-septième et du dix-huitième siècles et les principaux historiens étrangers ou français. . . . . 1 vol.

PARIS. — IMP. SIMON RAÇON ET COMP., RUE D'ERFURTH, 1.

www.ingramcontent.com/pod-product-compliance
Lightning Source LLC
Chambersburg PA
CBHW050438170426
43201CB00008B/714